조현기 변호사의

쉽게 이해하는

재개발
재건축
정비조합
해설집

조현기 변호사의
쉽게 이해하는

재개발 재건축

조현기 지음

재개발 · 재건축 조합원, 예비조합원, 투자자,
임 · 직원 등이 반드시 알아야 할 사항

정비조합 해설집

바른북스

필자는 부동산 전문 변호사로서 활동하며 특히 다수의 재개발·재건축조합, 지역주택조합의 자문 및 소송을 진행하고 있다. 필자는 오랜 기간 블로그(blog.naver.com/helplaw119)등을 통해 재개발·재건축 정비사업에 관한 내용을 전달하려고 계속해서 노력하고 있으나, 그 내용이 방대하고 상세한 내용 확인이 가능한 책으로 만들어 달라는 요청이 많았다.

이에 필자는 재개발·재건축 정비사업에 관해 전반적인 내용 및 다수의 자문 및 소송사건을 통해 알게 된 내용을 바탕으로 재개발·재건축 정비구역 조합원, 예비조합원, 임·직원들이 반드시 알아야 될 내용을 선별하여 '쉽게 이해하는 재개발·재건축 정비조합 해설집'을 만들게 되었다.

재개발·재건축 정비사업에 관한 내용이 어렵게 느껴지는 이유는 재개발·재건축 정비사업에 관해서는 주거 및 도시환경정비법(이하 '도정법'이라고만 합니다)에서 관련 내용을 규정하고 있으나, 재개발·재건축 사업을 제대로 이해하기 위해서는 도정법만 알아서는 부족하고 도정법 시행령, 도정법 시행규칙, 공익사업을 위한 토지 등의 취득 및 보상에 관한 법률(이하 '토지보상법'이라고만 합니다), 토지보상법 시행령, 토지보상법 시행규칙, 해당 정비조합 시·도의 도시정비조례 등 종합적인 근거규정의 내용을 숙지해야 하는 데 있다고 할 것이다.

또한, 위 재개발·재건축 정비구역의 관련 규정이 계속해서 변경되고 있어 재개발·재건축 전문가들도 매일 같이 공부하고 변경되는 내용을 파악해야만 할 정도이다. 위와 같은 상황에서 일반인이 위와 같은 내용을 모두 파악한다는 것은 사실상 불가능에 가깝다고 할 것이다.

이에 필자는 재개발·재건축 정비사업에 관해 반드시 알아야 할 내용을 선별하여 위 정비사업의 전반적인 내용을 알 수 있는 책을 만들게 되었다. 본서에서는 재개발·재건축 사업에 있어서 반드시 알아야만 하는 사항과 사업 진행단계별로 근거되는 법조문 및 법원의 판결 등을 제시하여 해당 조문 등을 쉽게 찾을 수 있도록 정리하였고 해당 내용을 최대한 간략하게 서술하려고 노력했다.

필자는 본서를 완성도를 더 높이기 위해 내용을 더 다듬고 추가하고 싶은 내용이 많으나, 언제까지나 본서의 출판을 미룰 수가 없어 부족한 상태에서 출판하게 되었다. 추후 본서에서 부족한 부분을 보충한 개정판과 많은 분들이 자문을 구하는 부분에 관해 더욱 상세하게 기재된 별도의 도서 등을 출판할 것을 약속드리며, 필자가 정비사업 제도에 계속해서 작은 부분이라도 기여할 수 있기를 기원한다.

2022. 2. 1.

재개발 · 재건축 · 주택조합 전문
변호사 조현기 드림

본서에 오류가 있거나 질의하실 내용이 있다면 저희 사무실 메일주소를 남겨드리니 이메일로 주시거나 메일을 사용하지 않는 분들은 아래 연락처로 주시면 됩니다. 최대한 성실히 답변을 드리도록 하겠습니다.

-법률사무소 현인-

사무실 이메일주소 : helplaw911@hanmail.net
지역주택조합 블로그 : blog.naver.com/helplaw119
카카오톡, 메시지 수신전화 : 010 7483 9625

제3장 재개발 · 재건축 정비사업에 적용되는 기준

제4장 기본계획 및 정비구역의 지정

제5장 조합설립추진위원회

제6장 재개발 · 재건축조합원의 자격

제7장 조합설립인가 및 운영

제8장 사업시행계획인가

이주정착금·주거이전비·이사비

제12장

매도청구권

제13장

관련 자료의 공개

제14장

제15장 정비사업의 비용부담

제16장 글을 마치며

제17장 참고자료-별지 모음

제1장

용어의 정리

1.
도시 및 주거환경정비법

· · · · · ·

재개발 · 재건축 정비사업의 근거규정인 도시 및 주거환경정비법은 줄여서 '도정법'이라고 많이 부르는데, 위 법은 '도시기능의 회복이 필요하거나 주거환경이 불량한 지역을 계획적으로 정비하고 노후 · 불량건축물을 효율적으로 개량하기 위하여 필요한 사항을 규정함으로써 도시환경을 개선하고 주거생활의 질을 높이는 데 이바지함을 목적'으로 하고 있다.

※ 본서에서 되도록 도정법 등의 근거규정을 제시하여 추후 해당 조문이 개정될 경우 개정된 내용을 쉽게 확인할 수 있도록 하였다. 또한, 법에서 시행령 등에 구체적인 내용을 정할 것을 위임하고 있는 경우 해당 시행령의 내용을 연결하여 기재하는 방법으로 해당 내용을 확인하기 쉽게 하였다.

-도정법-

제1조(목적)

이 법은 도시기능의 회복이 필요하거나 주거환경이 불량한 지역을 계획적으로 정비하고 노후 · 불량건축물을 효율적으로 개량하기 위하여 필요한 사항을 규정함으로써 도시환경을 개선하고 주거생활의 질을 높이는 데 이바지함을 목적으로 한다.

※ 본서에서는 편의상 도시 및 주거환경정비법을 줄여서 '도정법'이라고만 기재하거나 '법'이라고만 기재하도록 하겠다. 또한, 도시 및 주거환경정비법 시행령은 '시행령', 도시 및 주거환경정비법 시행규칙은 '시행규칙'이라고만 기재하도록 하겠다.

나아가, 본서에서는 법조문을 나열할 때 편의상 "도정법-〉 도정법 시행령-〉 도정법 시행규칙-〉 토지보상법-〉 토지보상법 시행령-〉 토지보상법 시행규칙"의 순서로 기재하도록 하겠다. 독자들이 본서를 읽을 때 위 순서대로 기재되어 있다는 점을 참고하길 바란다.

2.
재개발 정비사업

도정법에서 정하고 있는 재개발 사업의 정의는 "정비기반시설이 열악하고 노후 · 불량건축물이 밀집한 지역에서 주거환경을 개선하거나 상업지역 · 공업지역 등에서 도시기능의 회복 및 상권 활성화 등을 위하여 도시환경을 개선하기 위한 사업"을 말한다.

이해하기 쉽게 설명하자면 과거 소위 '달동네'라고 불렀던 지역과 같이 도로망 등의 시설이 제대로 갖춰지지 않고 노후 · 불법 건축물이 많은 지역에서 위 노후 · 불법 건축물을 철거하고 새 아파트 등을 건설하는 재개발 사업을 하는 것이라 생각하면 이해가 편할 것이다.

-도시정비법-

제2조(정의)

이 법에서 사용하는 용어의 뜻은 다음과 같다.

2. "정비사업"이란 이 법에서 정한 절차에 따라 도시기능을 회복하기 위하여 정비구역에서 정비기반시설을 정비하거나 주택 등 건축물을 개량 또는 건설하는 다음 각 목의 사업을 말한다.

나. 재개발사업: 정비기반시설이 열악하고 노후 · 불량건축물
    이 밀집한 지역에서 주거환경을 개선하거나 상업지역 · 공
    업지역 등에서 도시기능의 회복 및 상권활성화 등을 위하
    여 도시환경을 개선하기 위한 사업.

3.
재건축 정비사업

· · · · · ·

도정법상 재건축 사업은 "정비기반시설은 양호하나 노후 · 불량건축물에 해당하는 공동주택이 밀집한 지역에서 주거환경을 개선하기 위한 사업"을 말한다.

이해하기 쉽게 생각하면, 재개발 정비사업이 소위 '달동네'를 개발하는 것이라면, 재건축은 도로 등 정비기반시설은 양호하지만 오래된 아파트 밀집된 곳에서 기존의 아파트 등을 철거하고 새 아파트 등을 건축하는 사업이라고 생각하면 된다.

-도시정비법-

제2조(정의)
이 법에서 사용하는 용어의 뜻은 다음과 같다.

2. "정비사업"이란 이 법에서 정한 절차에 따라 도시기능을 회복하기 위하여 정비구역에서 정비기반시설을 정비하거나 주택 등 건축물을 개량 또는 건설하는 다음 각 목의 사업을 말한다.
다. 재건축사업: 정비기반시설은 양호하나 노후·불량건축물에 해당하는 공동주택이 밀집한 지역에서 주거환경을 개선하기 위한 사업.

※ 자주 하는 질문 – 재개발과 재건축 사업의 차이점

필자에게 재개발과 재건축 사업의 차이점에 관해서 물어보는 경우가 종종 있는데, 재개발 사업은 정비기반시설이 열악한 곳에서 이뤄지는 반면 재건축 사업은 정비기반시설이 양호한 곳에서 이뤄진다는 점에서 차이가 있다.

또한, 재개발 정비사업에서의 조합원 자격은 토지 '또는' 건축물의 소유자인 반면에 재건축 사업에서는 정비구역에 위치하는 토지 '및' 건축물의 소유자이다. 그 외에도 재개발·재건축 정비사업은 이주정착금 등이 인정되는지 여부, 매도청구소송 대상인지 여부 등에서도 차이가 있다고 할 것이다.

4-1.
종전자산평가액
· · · · · · ·

재개발 사업에서는 사업계획승인 후 손실보상, 분담금 추산액 산정 등을 위해 조합원들의 토지 등 부동산에 관해 감정평가를 실시하게 되고, 위 조합원들의 보유 부동산의 감정평가액을 종전자산평가액이라고 한다.

참고로, 도정법에서는 사업시행자는 사업시행계획인가의 고시가 있는 날부터 120일 이내에 토지 등 소유자에게 분양대상자별 종전의 토지 또는 건축물에 관해 사업시행계획인가의 고시가 있는 날을 기준으로 한 가격을 감정평가하여 통지할 의무를 정하고 있다(법 제72조 제1항).

4-2.
감정평가액

· · · · · ·

정비사업에서 조합원들, 토지 등 소유자들, 관계자들이 말하는 '감정평가액'이란 구체적인 사안에 따라 다를 수 있겠으나 대개 사업시행계획승인 후에 조합원의 토지 등 부동산 자산에 관해 감정평가사를 통한 감정평가액을 의미한다(전술한 바와 같이 이를 정확히 표현하자면 종전자산평가액이 맞다고 할 것이다).

참고로 정비조합에서는 사업시행계획 승인 후에 감정평가를 실시하면서 본격적으로 정비사업을 진행하고 있다고 홍보하기도 한다.

5.
종후자산평가액

· · · · · ·

재개발 사업이 완료되어 해당 사업으로 인한 총자산의 총액을 말한다. 종후자산평가액은 이해하기 쉽게 기술하자면 조합원 분양 수입에 일반 분양을 통한 수익을 합한 금액이라고 생각하면 된다.

6.
비례율

· · · · · ·

정비사업에서의 비례율이란 전술한 종전자산평가액에서 종후자산평가액에서 총사업비용을 공제한 금액이 차지하는 비율을 말하는 것이다. 즉, 간단히 말해 재개발·재건축 정비사업을 통해 종전자산평가액에 비해서 종후자산평가액이 얼마나 증가했느냐는 것으로 해당 사업의 수익률이 어느 정도인지를 알 수 있는 지표이며 비례율이 높을수록 해당 사업의 수익률이 높다고 볼 수 있다.

※ 비례율 = [(종후자산가치 총액– 총사업비)/종전자산가치 총액] × 100

7.
권리가액
· · · · · ·

권리가액이란 정비조합의 조합원이 주장할 수 있는 자산의 가치로 전술한 종전자산가치 평가액에서 비례율을 곱한 금액이다. 위 권리가액을 기초로 추후 납입해야 할 분담금 등이 정해지게 되는데, 조합원 분양가에서 조합원의 권리가액을 뺀 금액이 조합원의 분담금이 되는 것이다.

※ 조합원 권리가액 = 조합원 종전자산가치 평가액 × 비례율
※ 조합원 분담금 = 조합원 분양가 − 조합원 권리가액

8.
조합원 분담금
· · · · · ·

정비조합의 조합원들이 아파트 등을 분양받기 위해서 부담해야 하는 금액을 말하는 것으로, 조합원 아파트 분양가에서 전술한 권리가액을 공제한 금액을 말한다.

※ 조합원 분담금 = 조합원 분양가 − 조합원 권리가액

9.
입주권과 분양권

· · · · · ·

혹자는 입주권과 분양권을 구분해서 조합원이 아파트를 분양받을 수 있는 권리를 입주권이라고 지칭하고, 일반 분양을 통해 아파트를 분양할 수 있는 권리를 분양권이라고 구분하여 말하는 경우가 있다. 잘못되었다고 할수는 없으나, 도정법 제72조에서 '조합원들의 분양신청 및 분양공고'라고 기재하고 있는 것으로 보아 도정법상으로만 봤을 때는 반드시 입주권과 분양권으로 구분할 수 있다고 보기는 어렵다고 할 것이다.

필자의 개인적인 견해로는 의미만 통한다면 반드시 입주권과 분양권을 반드시 구분할 필요는 없다고 할 것이나, 조합원과 일반 분양받는 자의 권리를 구분하기 위해 위와 같이 선별하여 사용하는 것은 무방하다고 생각한다. 본서에는 의미에 혼돈을 가져오지 않는 범위 내에서 입주권과 분양권을 특별히 구분하지는 않겠다.

10.
재개발 · 재건축 사업의 시행자

· · · · · ·

가. 재개발 사업
재개발 사업에 관한 시행방법으로는 "조합이 시행"하거나 "조합이 조합원의 과반수 동의를 받아 시장·군수 등, 토지주택공사 등, 건설업자, 등록자업자 또는 대통령령으로 정하는 요건을 갖춘자와 공동으로 진행하는 방법", "토지등소유자가 20인 미만인 경우에는 토지등소유자가 시행하거나 토지등소유자가 토지등소유자의 과반수의 동의를 받아 시장·군수등, 토지주택공사등, 건설업자, 등록사업자 또는 대통령령으로 정하는 요건을 갖춘 자와 공동으로 시행하는 방법"이 있다(법 제25조 제1항).

-도정법-

제25조(재개발사업·재건축사업의 시행자)

① 재개발사업은 다음 각 호의 어느 하나에 해당하는 방법으로 시행할 수 있다.

  1. 조합이 시행하거나 조합이 조합원의 과반수의 동의를 받아 시장·군수등, 토지주택공사등, 건설업자, 등록사업자 또는 대통령령으로 정하는 요건을 갖춘 자와 공동으로 시행하는 방법

  2. 토지등소유자가 20인 미만인 경우에는 토지등소유자가 시행하거나 토지등소유자가 토지등소유자의 과반수의 동의를 받아 시장·군수등, 토지주택공사등, 건설업자, 등록사업자 또는 대통령령으로 정하는 요건을 갖춘 자와 공동으로 시행하는 방법

실무상 재개발 사업에서 조합이 시행하는 경우가 많기 때문에 본서에서는 조합이 시행하는 경우를 중심으로 기술하도록 하겠다. 따라서 본서에 기재하는 사업시행자는 특별한 사정이 없다면 조합이라고 보면 된다.

나. 재건축 사업

재건축 사업은 "조합이 시행"하거나 "조합이 조합원의 과반수의 동의를 받아 시장·군수등, 토지주택공사등, 건설업자 또는 등록사업자와 공동으로 시행"할 수 있다(법 제25조 제2항). 재건축 사업도 전술한 재개발 사업과 마찬가지로 조합이 시행하는 경우가 많기 때문에 본서에서는 조합이 시행하는 경우를 중심으로 기술하도록 하겠다.

-도정법-

제25조(재개발사업 · 재건축사업의 시행자)

② 재건축사업은 조합이 시행하거나 조합이 조합원의 과반수의 동의를 받아 시장·군수등, 토지주택공사등, 건설업자 또는 등록사업자와 공동으로 시행할 수 있다.

11.
토지등소유자

· · · · · · ·

도정법에서는 "정비사업의 조합원은 토지등소유자"로 한다고 정하고 있다(법 제39조 제1항). 그리고 토지 등 소유자의 정의에 관하여 재개발 사업의 경우에는 "정비구역에 위치한 토지 '또는' 건축물의 소유자 또는 그 지상권자"로 정하고 있고, 재건축 사업의 경우에는 "정비구역에 위치한 건축물 '및' 그 부속토지의 소유자"라고 정하고 있다.

-도정법-

제39조(조합원의 자격 등)

① 제25조에 따른 정비사업의 조합원(사업시행자가 신탁업자인 경우에는 위탁자를 말한다. 이하 이 조에서 같다)은 토지등소유자(재건축사업의 경우에는 재건축사업에 동의한 자만 해당한다)로 하되, 다음 각 호의 어느 하나에 해당하는 때에는 그 여러 명을 대표하는 1명을 조합원으로 본다. 다만, 「국가균형발전 특별법」 제18조에 따른 공공기관지방이전 및 혁신도시 활성화를 위한 시책 등에 따라 이전하는 공공기관이 소유한 토지 또는 건축물을 양수한 경우 양수한 자(공유의 경우 대표자 1명을 말한다)를 조합원으로 본다. 〈개정 2017.8.9, 2018.3.20〉

제2조(정의)

이 법에서 사용하는 용어의 뜻은 다음과 같다. 〈개정 2017.8.9, 2021.1.5, 2021.1.12, 2021.4.13〉

9. "토지등소유자"란 다음 각 목의 어느 하나에 해당하는 자를 말

한다. 다만, 제27조제1항에 따라 「자본시장과 금융투자업에 관한 법률」 제8조제7항에 따른 신탁업자(이하 "신탁업자"라 한다)가 사업시행자로 지정된 경우 토지등소유자가 정비사업을 목적으로 신탁업자에게 신탁한 토지 또는 건축물에 대하여는 위탁자를 토지등소유자로 본다.

　가. 주거환경개선사업 및 재개발사업의 경우에는 정비구역에 위치한 토지 또는 건축물의 소유자 또는 그 지상권자

　나. 재건축사업의 경우에는 정비구역에 위치한 건축물 및 그 부속토지의 소유자

정비사업의 조합원은 토지등소유자라고 정하고 있으나, 재건축 사업에서는 토지등소유자가 재건축 사업에 동의한 자에 한하여 조합원이 된다는 점, 재개발 사업과 재건축 사업에서의 토지등소유자의 의미가 다르다는 점을 유의해야 한다.

나아가, 토지등소유자라고 하더라도 일정한 경우 조합원이 될 수 없거나 여러 명을 대표하는 1인을 조합원으로 보는 경우가 있어 유의해야 한다. 이에 관해서는 본서의 "제6장 재개발 · 재건축조합원의 자격" 편을 참조하기 바란다.

제2장

정비사업의

개략적인

진행과정

1.
서설
· · · · · ·

    정비사업의 전체적인 과정을 알면 정비사업에 관해 알고 싶은 필요한 부분을 쉽게 찾아볼 수 있다. 도정법에서 정비사업의 진행단계별로 조문을 규정한 것도 진행단계별로 필요한 조문을 쉽게 찾아볼 수 있게 하기 위한 입법자의 의도라고 생각된다.

    본서에서도 독자들의 정비사업에 관한 전반적인 이해를 돕기 위해서 본장에서 정비사업의 대략적인 진행과정을 소개하고자 한다. 본장에서 대략적으로 설명한 부분은 해당 부분에서 더욱 자세하게 설명을 기재했으므로 본장에서는 정비사업의 대략적인 흐름만 알고 가면 될 것이다.

2.
정비 기본계획의 수립 및 정비구역의 지정

· · · · · · ·

가. 기본계획의 수립

도정법에서는 "특별시장 · 광역시장 · 특별자치시장 · 특별자치도지사 또는 시장은 관할 구역에 대하여 도시 · 주거환경정비기본계획(이하 편의상 '기본계획'이라고만 한다)을 10년 단위로 수립해야 한다. 다만, 도지사가 대도시가 아닌 시로서 기본계획을 수립할 필요가 없다고 인정하는 시에 대해서는 기본계획을 수립하지 않을 수 있다."고 정하고 있다(법 제4조 제1항). 이에 원칙적으로 특별시장, 광역시장 등은 관할 구역에 대해서 기본계획을 10년 단위로 수립해야 할 의무를 부담한다고 할 것이다.

기본계획의 수립권자는 기본계획을 수립하기 위해서는 14일 이상 주민에게 공람하여 의견을 들어야 하며, 제시된 의견이 타당하다고 인정되면 이를 기본계획에 반영해야 하고 위 공람과 함께 지방의회의 의견도 들어야 한다(법 제6조 제1항, 제2항).

나. 정비구역의 지정

특별시장 · 광역시장 · 특별자치시장 · 특별자치도지사 · 시장 또는 군수(광역시의 군수는 제외하며, 이하 "정비구역의 지정권자"라 한다)는 기본계획에 적합한 범위에서 노후 · 불량건축물이 밀집하는 등 대통령령으로 정하는 요건에 해당하는 구역에 대하여 정비계획을 결정하여 정비구역을 지정(변경지정을 포함한다)할 수 있다(법 제8조 제1항).

위 정비구역으로 지정된 지역이 재개발·재건축의 방식으로 개발이 된
다는 것이고 이제 드디어 정비사업이 진행될 수 있는 길이 생겼다고 할 수
있다. 나아가, 정비구역의 지정권자는 정비구역의 진입로 설치를 위해 필
요한 경우에 진입로 지역과 그 인접지역을 포함하여 정비구역을 지정할 수
있고, 정비구역의 지정을 위해 직접 정비계획을 입안할 수 있다(제8조 제3항,
제4항).

3.
조합설립추진위원회

· · · · · · ·

정비구역으로 지정되었으면 이제 본격적으로 정비사업을 진행할 수 있
는 길이 생겼다고 볼 수 있다. 위와 같이 정비사업을 진행할 수 있는 길에
서 해당 정비구역에서 조합설립인가를 위해 활동하는 단체가 바로 조합설
립추진위원회이다.

재개발 사업에서는 조합설립인가를 받기 위해서 "토지 등 소유자의 4분
의 3 이상의 동의 및 토지면적의 2분의 1 이상의 토지소유자의 동의"가, 재
건축 사업에서는 "주택단지의 공동주택의 각 동별 구분소유자의 과반수 동
의와 주택단지의 전체 구분소유자의 4분의 3 이상 및 토지면적의 4분의 3
이상의 토지소유자의 동의"가 필요하다(법 제35조 제2항, 제3항).

위와 같은 조합설립인가 요건을 충족하기 위해 토지 소유자 등으로부터

조합설립인가 신청 동의서를 받아 조합설립인가 절차를 진행하는 것이 바로 조합설립추진위원회의 주된 역할이다.

4.
조합설립인가
· · · · · · ·

조합설립인가를 받게 되면 해당 토지 등 소유자는 조합원이 되는 것이고 재개발 조합이라는 '법인'이 만들어지게 되며 행정청과 유사한 지위를 얻게 된다. 조합설립인가를 받았다면 본격적으로 정비사업을 진행하게 되고 조합장 및 임원들의 선출, 대의원회의 구성, 그리고 서울을 제외한 지역에서는 시공사를 선정하게 된다(다만, 서울특별시에서는 사업계획승인 이후 시공사를 선정하게 되어 있다).

5.
시공사의 선정
· · · · · · ·

정비사업에서 시공사의 선정은 매우 중요하다. 어느 시공사가 되느냐에 따라 사업의 원활한 추진 여부, 시공사로부터의 대출이 가능한지 여부 및 대출금액의 정도, 향후 입주할 아파트의 가치 등이 정해지기 때문이다.

또한, 어느 시공사가 선정되느냐에 따라 해당 정비사업의 수익성도 가늠

해 볼 수도 있다. 이는 대형 시공사들은 수익성이 높은 대규모 정비사업에 참여하는 경향이 있기 때문이다.

6.
사업시행계획인가
. . . . . .

사업시행계획인가는 일반적인 주택 등 건설에 있어서 '건축허가'와 비슷한 개념으로 관청과 조합 사이의 관계를 설정하는 것으로 생각하면 이해하기 쉽다. 정비사업에서는 새로 지을 아파트를 몇 동으로 할 것이며 몇 개의 호실로 건설할 것이며 그 배치는 어떻게 할 것인지 등의 내용을 포함한 사업시행계획을 정하게 되고 이에 관한 관청이 인가를 내주면 사업시행계획인가를 받게 되는 것이다.

사업시행계획인가를 받게 되면 조합원들이 소유하고 있는 토지 등 부동산에 대한 감정평가와 분양신청이 진행하게 된다. 해당 분양신청에서 분양신청을 하지 않게 되면 현금청산자가 된다(조합규약에 따라 다를 수 있으나 추후 분양계약을 하지 않는 방법으로 현금청산자가 되면 되기 때문에 신중하게 고민하되, 되도록 분양신청을 해두는 것이 좋다고 생각된다). 재개발·재건축정비조합이 사업시행계획인가까지 받았다면 정비사업에 성공할 가능성이 높다고 할 수 있다.

사업시행계획에 어떠한 내용이 포함되는지는 아래 〈표〉의 도정법 내용을 참고하면 이해하기 쉽다.

-도정법-

제52조(사업시행계획서의 작성)

① 사업시행자는 정비계획에 따라 다음 각 호의 사항을 포함하는 사업시행계획서를 작성하여야 한다. 〈개정 2018.1.16, 2021.4.13〉

　1. 토지이용계획(건축물배치계획을 포함한다)

　2. 정비기반시설 및 공동이용시설의 설치계획

　3. 임시거주시설을 포함한 주민이주대책

　4. 세입자의 주거 및 이주 대책

　5. 사업시행기간 동안 정비구역 내 가로등 설치, 폐쇄회로 텔레비전 설치 등 범죄예방대책

　6. 제10조에 따른 임대주택의 건설계획(재건축사업의 경우는 제외한다)

　7. 제54조제4항, 제101조의5 및 제101조의6에 따른 국민주택규모 주택의 건설계획(주거환경개선사업의 경우는 제외한다)

　8. 공공지원민간임대주택 또는 임대관리 위탁주택의 건설계획(필요한 경우로 한정한다)

　9. 건축물의 높이 및 용적률 등에 관한 건축계획

　10. 정비사업의 시행과정에서 발생하는 폐기물의 처리계획

　11. 교육시설의 교육환경 보호에 관한 계획(정비구역부터 200미터 이내에 교육시설이 설치되어 있는 경우로 한정한다)

　12. 정비사업비

　13. 그 밖에 사업시행을 위한 사항으로서 대통령령으로 정하는 바에 따라 시·도조례로 정하는 사항

7.
관리처분계획인가
· · · · · ·

사업시행계획승인은 정비조합과 관할 관청사이의 관계를 정립하는 것이라면, 관리처분인가는 조합원과 정비조합간 사이의 관계를 정립하는 것이다. 조합에서는 조합원분양신청 마지막 날을 기준으로 관리처분계획을 수립하게 되고 조합원들에게 종전자산 및 부담금 내역을 통지하게 된다. 이후 사업시행자(조합)는 관리처분계획인가를 신청하게 되는데, 관리처분인가를 받게 되면 드디어 철거 및 이주가 시작되며 철거 및 이주가 완료되면 착공을 하게 된다.

실무적으로 관리처분계획인가가 났다면 해당 정비사업은 거의 성공했다고 판단하게 된다. 관리처분계획에 어떠한 내용이 포함되는지는 아래 〈표〉의 도정법 내용을 참고하면 이해하기 쉽다.

-도정법-

제74조(관리처분계획의 인가 등)

① 사업시행자는 제72조에 따른 분양신청기간이 종료된 때에는 분양신청의 현황을 기초로 다음 각 호의 사항이 포함된 관리처분계획을 수립하여 시장·군수등의 인가를 받아야 하며, 관리처분계획을 변경·중지 또는 폐지하려는 경우에도 또한 같다. 다만, 대통령령으로 정하는 경미한 사항을 변경하려는 경우에는 시장·군수등에게 신고하여야 한다.〈개정 2018. 1. 16.〉

---

1. 분양설계
2. 분양대상자의 주소 및 성명
3. 분양대상자별 분양예정인 대지 또는 건축물의 추산액(임대관리 위탁주택에 관한 내용을 포함한다)
4. 다음 각 목에 해당하는 보류지 등의 명세와 추산액 및 처분방법. 다만, 나목의 경우에는 제30조제1항에 따라 선정된 임대사업자의 성명 및 주소(법인인 경우에는 법인의 명칭 및 소재지와 대표자의 성명 및 주소)를 포함한다.
    가. 일반 분양분
    나. 공공지원민간임대주택
    다. 임대주택
    라. 그 밖에 부대시설·복리시설 등
5. 분양대상자별 종전의 토지 또는 건축물 명세 및 사업시행계획인가 고시가 있은 날을 기준으로 한 가격(사업시행계획인가 전에 제81조제3항에 따라 철거된 건축물은 시장·군수등에게 허가를 받은 날을 기준으로 한 가격)
6. 정비사업비의 추산액(재건축사업의 경우에는 「재건축초과이익 환수에 관한 법률」에 따른 재건축부담금에 관한 사항을 포함한다) 및 그에 따른 조합원 분담규모 및 분담시기
7. 분양대상자의 종전 토지 또는 건축물에 관한 소유권 외의 권리명세
8. 세입자별 손실보상을 위한 권리명세 및 그 평가액
9. 그 밖에 정비사업과 관련한 권리 등에 관하여 대통령령으로 정하는 사항

8.
이주 및 착공

· · · · · ·

　종전의 토지 또는 건축물의 소유자, 전세권자, 임차권자 등 권리자는 관리처분계획인가의 고시가 있던 때에는 이전고시가 있는 날까지 종전의 토지 또는 건축물을 사용하거나 수익할 수 없다(법 제81조 제1항).

　위 규정을 근거로 사업시행자는 관리처분계획 인가가 나면 정비조합에서는 이주기간을 정하여 조합원들로 하여금 이주를 독려하게 된다. 이는 조합원들이 집을 비워야 해당 건축물을 철거할 수 있고, 위 철거 후 착공할 수 있기 때문이다. 또한, 조합에서는 관리처분계획의 인가 이후 본격적으로 수용절차, 명도소송 등을 진행하게 된다.

9.
입주 및 해산, 청산

· · · · · ·

　정비사업의 완성으로 신축 아파트가 완공되면 조합원 및 일반 분양자들이 입주를 시작하게 된다. 위와 같이 조합원 및 일반 분양자들이 입주를 하게 되면 정비사업은 종료되었기 때문에 해산절차를 진행하고 남은 재산을 청산하는 절차를 진행하게 된다. 이렇게 하여 청산절차가 완료되면 드디어 정비사업은 완전히 종료하게 되는 것이다.

지금까지 재개발·재건축 정비사업의 대략적인 진행에 관해서 알아보았다. 이제부터는 본격적으로 정비사업의 각 단계별로 알아야 하는 구체적인 내용을 살펴보도록 하겠다.

제3장

재개발·재건축
정비사업에
적용되는 기준

1.
도시 및 주거환경정비법
. . . . . .

도시 및 주거환경정비법은 줄여서 '도정법'이라고 부른다. 재개발·재건축 정비구역에 관한 기본적인 법률관계를 위 도정법에서 규율하고 있어 재개발·재건축 정비사업에서 문제가 되는 사항이 있는 경우 반드시 위 법을 우선적으로 확인해봐야 한다.

필자는 도정법이 제정되어 오랜 기간 수차례 개정되면서 사업단계별로 매우 체계적이며 실무적으로 문제 되는 사항에 관하여 꼼꼼하게 기술하고 있다고 생각한다. 다만, 도정법에서 정비사업에 관한 모든 내용을 규정할 수 없어 도정법 시행령 및 시행규칙 등에서 그 세부내용을 정하고 있고 토지보상법의 내용을 준용하며 시·도 도시정비조례에서 각 지역마다 규정하고 있는 내용이 달라 위 규정들을 모두 확인해야 하는 복잡한 면이 있다.

도정법의 구성체계는 아래 〈표〉와 같이 사업단계별로 체계적으로 구성되어 있는데, 그 세부적인 내용이 많은 편이라 전체적인 구조를 확인하는 것이 재개발 · 재건축 정비사업의 전반적인 이해에 도움이 된다고 할 것이다. 아래〈표〉의 도정법 체계를 대략적으로 알고 있으면 정비사업의 전체적인 구조를 이해하는 데 도움이 된다고 하겠다.

제1장 총칙	제1조~제3조
제2장 기본계획의 수립 및 정비구역의 지정	제4조~제22조
제3장 정비사업의 시행	제23조~제91조
제4장 비용의 부담	제92조~제101조
제5장 공공재개발사업 및 공공재건축사업	제101조의 2~제101조의 7
제6장 정비사업전문관리업	제102조~제110조
제7장 감독 등	제111조~제121조
제8장 보칙	제122조~제134조
제9장 벌칙	제135조~제142조

재개발 · 재건축 정비사업과 관련하여 필자에게 가장 많이 질의를 하는 부분은 바로 "제3장 정비사업의 시행" 부분이다. 위 제3장에는 "제2절 조합설립추진위원회 및 조합의 설립등", "제3절 사업시행계획 등", "제4절 정비사업 시행을 위한 조치 등", "제5절 관리처분계획 등"이 포함되어 있어 정비사업과 관련하여 실질적으로 분쟁이 많이 발생하는 영역을 포함하고 있

다. 이에 도정법을 모두 살펴보기 어렵다면 위 제3장 부분이라도 내용을 숙지하고 개정되는 부분이 있는지 확인할 것을 권한다.

도정법에서 법의 제정목적을 "도시기능의 회복이 필요하거나 주거환경이 불량한 지역을 계획적으로 정비하고 노후·불량건축물을 효율적으로 개량하기 위하여 필요한 사항을 규정함으로써 도시환경을 개선하고 주거생활의 질을 높이는 데 이바지함을 목적으로 한다."라고 규정하고 있다.

위와 같이 재개발·재건축 사업에서 도정법이 적용되고 이에 도정법의 위임으로 세부적인 내용을 규정하고 있는 하위법령이라고 할 수 있는 도정법 시행령, 도정법 시행규칙 또한 근거규정으로 적용되며, 재개발·재건축 조합의 조합원, 임원, 실무진이라면 도정법, 도정법 시행령, 도정법 시행규칙의 내용 정도는 확인하고 언제든지 찾아볼 수 있도록 대강의 내용을 숙지하는 것이 좋다.

참고로, 도정법, 도정법시행령, 도정법 시행규칙은 대한민국 법원에서 제공하는 "종합법률정보" 또는 법제처에서 제공하는 "국가법령정보센터" 등의 홈페이지를 이용하면 검색 및 확인이 용이하다.

2.
공익사업을 위한 토지 등의 취득 및 보상에 관한 법률

· · · · · · ·

도정법에서는 정비사업에 있어서 '공익사업을 위한 토지 등의 취득 및 보상에 관한 법률'을 준용하고 있는데, 위 법을 줄여서 '토지보상법'이라고 말하는 경우가 많다. 본서에서도 편의상 위 법을 '토지보상법'이라고만 기재하도록 하겠다.

-도정법-

제65조(「공익사업을 위한 토지 등의 취득 및 보상에 관한 법률」의 준용)

① 정비구역에서 정비사업의 시행을 위한 토지 또는 건축물의 소유권과 그 밖의 권리에 대한 수용 또는 사용은 이 법에 규정된 사항을 제외하고는 「공익사업을 위한 토지 등의 취득 및 보상에 관한 법률」을 준용한다. 다만, 정비사업의 시행에 따른 손실보상의 기준 및 절차는 대통령령으로 정할 수 있다.

② 제1항에 따라 「공익사업을 위한 토지 등의 취득 및 보상에 관한 법률」을 준용하는 경우 사업시행계획인가 고시(시장·군수 등이 직접 정비사업을 시행하는 경우에는 제50조제9항에 따른 사업시행계획서의 고시를 말한다. 이하 이 조에서 같다)가 있은 때에는 같은 법 제20조제1항 및 제22조제1항에 따른 사업인정 및 그 고시가 있은 것으로 본다. 〈개정 2021.3.16〉

③ 제1항에 따른 수용 또는 사용에 대한 재결의 신청은 「공익사업을 위한 토지 등의 취득 및 보상에 관한 법률」 제23조 및 같은

법 제28조제1항에도 불구하고 사업시행계획인가(사업시행계획
변경인가를 포함한다)를 할 때 정한 사업시행기간 이내에 하여
야 한다.
④ 대지 또는 건축물을 현물보상하는 경우에는 「공익사업을 위한
토지 등의 취득 및 보상에 관한 법률」 제42조에도 불구하고 제
83조에 따른 준공인가 이후에도 할 수 있다.

위 '준용한다'는 말이 생소하게 느껴질 수 있으나, 이해하기 쉽게 풀이하
면 해당 법조문에서 새로 정하지 않고 다른 법에 있는 내용을 차용하여 사
용한다는 말로 생각하면 된다.

정비사업은 간단하게 말해 '헌집을 주고 새집을 받는다'는 것으로, 기존
의 헌집을 가지는 사람이 모두 새집을 분양받게 되지 않고 경우에 따라서
현금청산이라는 방식으로 금전으로 손실보상을 받고 해당 토지 등 부동산
의 소유권을 조합에 이전하게 된다. 도정법에서는 위와 같은 손실보상에
관하여 토지보상법을 준용하여 해결하고 있다. 상세한 내용은 후술하는 현
금청산, 주거이전비 · 이주정착금 · 이사비 등에서 구체적으로 다루도록 하
겠다.

다만, 재건축 정비사업에서의 손실보상은 위 토지보상법상의 수용 · 재결
이 아닌 매도청구소송으로 해결된다는 점을 유의해야 한다(법 제64조).

3.
각 시·도의 도시 및 주거환경정비조례

· · · · · · ·

　도정법인 재개발 · 재건축 사업에 관한 전반적인 규정을 두고 있으나, 재개발 사업이 전국적으로 진행되며 해당 지역의 특징을 모두 반영할 수 없기 때문에 법에서는 각 시 · 도에서 '도시 및 주거환경정비조례'를 제정하여 해당 지역의 재개발 · 재건축 사업에 관해서 규정하고 있다. 본서에서는 위 '도시 및 주거환경정비조례'를 편의상 '도시정비조례'라고만 줄여서 기재하도록 하겠다.

　예를 들면, 도정법에서의 관리처분계획의 수립기준을 살펴보면 아래 〈표〉와 같이 '1세대 또는 1명이 하나 이상의 주택 또는 토지를 소유한 경우 1세대를 공급하고, 같은 세대에 속하지 아니하는 2명 이상이 1주택 또는 1토지를 공유한 경우에는 1주택만 공급한다'고 정하고 있다(법 제76조).

　위 법에서는 2명 이상이 1토지를 공유하는 경우로 시 · 도 조례로 주택공급을 따로 정하고 있는 경우에는 '시 · 도조례로 정하는 바에 따라 주택을 공급할 수 있다'고 정하고 있다.

제76조(관리처분계획의 수립기준)

① 제74조제1항에 따른 관리처분계획의 내용은 다음 각 호의 기준에 따른다. 〈개정 2017.10.24, 2018.3.20〉

1. 종전의 토지 또는 건축물의 면적 · 이용 상황 · 환경, 그 밖의 사항을 종합적으로 고려하여 대지 또는 건축물이 균형 있게 분양신청자에게 배분되고 합리적으로 이용되도록 한다.

2. 지나치게 좁거나 넓은 토지 또는 건축물은 넓히거나 좁혀 대지 또는 건축물이 적정 규모가 되도록 한다.

3. 너무 좁은 토지 또는 건축물이나 정비구역 지정 후 분할된 토지를 취득한 자에게는 현금으로 청산할 수 있다.

4. 재해 또는 위생상의 위해를 방지하기 위하여 토지의 규모를 조정할 특별한 필요가 있는 때에는 너무 좁은 토지를 넓혀 토지를 갈음하여 보상을 하거나 건축물의 일부와 그 건축물이 있는 대지의 공유지분을 교부할 수 있다.

5. 분양설계에 관한 계획은 제72조에 따른 분양신청기간이 만료하는 날을 기준으로 하여 수립한다.

6. 1세대 또는 1명이 하나 이상의 주택 또는 토지를 소유한 경우 1주택을 공급하고, 같은 세대에 속하지 아니하는 2명 이상이 1주택 또는 1토지를 공유한 경우에는 1주택만 공급한다.

7. 제6호에도 불구하고 다음 각 목의 경우에는 각 목의 방법에 따라 주택을 공급할 수 있다.

　가. 2명 이상이 1토지를 공유한 경우로서 시 · 도조례로 주택공급을 따로 정하고 있는 경우에는 시 · 도조례로 정하는 바에 따라 주택을 공급할 수 있다.

이에 서울특별시 도시정비조례에서는 재개발 정비사업에서 토지 90㎡ 이상 소유한 자에게 조합원 입주권을 부여하고 있으나, 부산광역시 도시정비조례에서는 토지 60㎡ 이상의 소유한 자에게 조합원 입주권을 부여한다. 따라서 재개발 · 재건축 사업에서 분양대상 여부 등의 근거규정을 확인할 때에는 도정법에 더하여 해당 지역의 도시정비조례를 반드시 확인할 필요가 있다.

-서울특별시 도시 및 주거환경정비 조례-

제36조(재개발사업의 분양대상 등)

① 영 제63조제1항제3호에 따라 재개발사업으로 건립되는 공동주택의 분양대상자는 관리처분계획기준일 현재 다음 각 호의 어느 하나에 해당하는 토지등소유자로 한다.

   1. 종전의 건축물 중 주택(주거용으로 사용하고 있는 특정무허가건축물 중 조합의 정관등에서 정한 건축물을 포함한다)을 소유한 자

   2. 분양신청자가 소유하고 있는 종전토지의 총면적이 90제곱미터 이상인 자

   3. 분양신청자가 소유하고 있는 권리가액이 분양용 최소규모 공동주택 1가구의 추산액 이상인 자. 다만, 분양신청자가 동일한 세대인 경우의 권리가액은 세대원 전원의 가액을 합하여 산정할 수 있다.

   4. 사업시행방식전환의 경우에는 전환되기 전의 사업방식에 따라 환지를 지정받은 자. 이 경우 제1호부터 제3호까지는 적용하지 아니할 수 있다.

   5. 도시재정비법 제11조제4항에 따라 재정비촉진계획에 따른 기반시설을 설치하게 되는 경우로서 종전의 주택(사실상 주거용으로 사용되고 있는 건축물을 포함한다)에 관한 보상을 받은 자

-부산광역시 도시 및 주거환경정비 조례-

제37조(재개발사업의 분양대상 등)

① 영 제63조제1항제3호 단서에 따라 재개발사업으로 조성되는 대지 및 건축시설 중 공동주택의 분양대상자는 관리처분계획 기준일 현재 다음 각 호의 어느 하나에 해당하는 자로 한다.

1. 종전 건축물 중 주택(기존무허가건축물로서 사실상 주거용으로 사용되고 있는 건축물을 포함한다)을 소유한 자

2. 분양신청자가 소유하고 있는 종전 토지의 총면적이 「부산광역시 건축 조례」 제39조의 규모 이상인 자. 다만, 법 제77조에 따른 권리산정 기준일 이전에 분할된 1필지 토지로서 그 면적이 20제곱미터 이상인 토지(지목이 도로이며, 도로로 이용되고 있는 경우를 제외한다)의 소유자는 사업시행계획인가 고시일 이후부터 법 제83조제3항에 따른 공사완료 고시일까지 분양신청자를 포함한 세대원(세대주 및 세대주와 동일한 세대별 주민등록표상에 등재되어 있지 아니한 세대주의 배우자 및 배우자와 동일한 세대를 이루고 있는 세대원을 포함한다) 전원이 주택을 소유하고 있지 아니한 경우에 한정하여 분양대상자로 할 수 있다.

3. 분양신청자가 소유하고 있는 종전 토지 및 건축물의 가액이 분양용 최소규모 공동주택 1가구의 추산액 이상인 자

4. 사업시행방식이 전환되는 경우 전환되기 전의 사업방식에 의하여 환지를 지정받은 자. 이 경우 제1호부터 제3호까지의 규정은 적용하지 아니할 수 있다.

-부산광역시 건축조례-

제39조(건축물이 있는 대지의 분할제한) 법 제57조제1항에서 "조례로 정하는 면적"이란 다음 각 호의 어느 하나에 해당하는 규모 이상을 말한다. 〈개정 2006. 12. 27, 2008. 12. 31, 2010. 3. 3〉

1. 주거지역 : 60제곱미터
2. 상업지역 : 150제곱미터
3. 공업지역 : 150제곱미터
4. 녹지지역 : 200제곱미터
5. 제1호부터 제4호까지의 규정에 해당하지 아니하는 지역 : 60
   제곱미터

4.
조합정관
· · · · · · ·

조합정관은 재개발 정비조합 내부적인 규범으로 조합원과 조합의 관계 등을 규정하게 된다. 조합정관에는 도정법에 따라 아래 〈표〉의 내용을 기재하는데 해당 정관에 조합원의 자격, 임원의 수 및 업무의 범위, 총회의 소집절차 · 시기 · 의결방법 등을 조합의 중요 내용에 관해서 규정하고 있기 때문에 조합원들, 예비조합원, 조합의 임직원들은 위 정관의 내용을 반드시 확인해야 한다.

-도정법-

제2조(정의)

이 법에서 사용하는 용어의 뜻은 다음과 같다.

11. "정관등"이란 다음 각 목의 것을 말한다.

　　가. 제40조에 따른 조합의 정관

　　나. 사업시행자인 토지등소유자가 자치적으로 정한 규약

　　다. 시장·군수등, 토지주택공사등 또는 신탁업자가 제53조
　　　　에 따라 작성한 시행규정

제40조(정관의 기재사항 등)

① 조합의 정관에는 다음 각 호의 사항이 포함되어야 한다.

　　1. 조합의 명칭 및 사무소의 소재지

　　2. 조합원의 자격

　　3. 조합원의 제명·탈퇴 및 교체

　　4. 정비구역의 위치 및 면적

　　5. 제41조에 따른 조합의 임원(이하 "조합임원"이라 한다)의 수
　　　　및 업무의 범위

　　6. 조합임원의 권리·의무·보수·선임방법·변경 및 해임

　　7. 대의원의 수, 선임방법, 선임절차 및 대의원회의 의결방법

　　8. 조합의 비용부담 및 조합의 회계

　　9. 정비사업의 시행연도 및 시행방법

　　10. 총회의 소집 절차·시기 및 의결방법

　　11. 총회의 개최 및 조합원의 총회소집 요구

　　12. 제73조제3항에 따른 이자 지급

　　13. 정비사업비의 부담 시기 및 절차

14. 정비사업이 종결된 때의 청산절차
15. 청산금의 징수 · 지급의 방법 및 절차
16. 시공자 · 설계자의 선정 및 계약서에 포함될 내용
17. 정관의 변경절차
18. 그 밖에 정비사업의 추진 및 조합의 운영을 위하여 필요
    한 사항으로서 대통령령으로 정하는 사항

정비조합과 관련한 분쟁이 발생하여 재판을 진행하게 되는 경우, 해당 재판부에서는 도정법과 더불어 조합정관에 기재된 내용을 기준으로 재판을 하게 된다(필자가 정비조합에서 자문을 구하는 경우 반드시 조합정관을 먼저 보내달라고 하는 이유이기도 하다). 따라서, 조합의 임원 · 조합원들은 조합정관에 어떤 내용이 기재되어 있고, 다른 조합과는 내용상 어떠한 차이가 있는지, 조합정관의 내용을 어떤 방향으로 개정할 필요성이 있는지, 개정 시 조합과 관련된 법적 분쟁 발생 시 조합에 어떠한 영향을 미치게 될지 등을 고민하는 것이 필요하다.

최근 대법원은 재개발 정비조합 정관의 법적 성질을 자치법규에 해당하며 조합과 조합원에 대하여 구속력을 가지며, 이는 조합과 조합원을 위한 규정이며 조합 외부의 제3자를 보호하거나 제3자를 위한 규정은 아니라고 판단하였다.

도시 및 주거환경정비법에 의한 주택재개발 정비사업조합의 정관은 해당 조합의 조직, 기관, 활동, 조합원의 권리의무관계 등 단체법적 법률관계를 규율하는 것으로서 공법인인 조합과 조합원에 대하여 구속력을 가지는 자치법규이다. 따라서 주택재개발 정비사업조합의 단체 내부를 규율하는 자치법규인 정관에서 정한 사항은 원칙적으로 해당 조합과 조합원을 위한 규정이라고 봄이 타당하고 조합 외부의 제3자를 보호하거나 제3자를 위한 규정이라고 볼 것은 아니다.

※ 자주 하는 질문 – 조합정관과 조합규약

조합정관에 관해서 '조합규약' 등의 용어를 사용하기도 하는데, 도정법에서 '정관'이라고 규정하고 있어 조합정관이라는 말이 정확한 표현이라고 할 수 있다. 다만, 실무상 조합규약이라는 말도 많이 사용하고 있으며 위 조합규약을 사용한다고 하더라도 별다른 문제는 없다고 생각한다.

5.
법원의 판결

· · · · · ·

정비조합의 임원, 조합원, 기타 관계자들은 도정법, 도시정비조례 등의 개정 및 내용에 관심을 가지고 항상 찾아보려고 노력해야 한다. 이에 더불어 위 규정들을 종합적으로 해석하는 법원의 판결례는 항상 예의주시해야 한다.

필자를 포함한 재개발·재건축 전문가가 정비사업에 관한 자문을 요청받으면 위 규정들을 종합적으로 해석하여 판단하되, 해당 사안에 관해서 법원의 판결이 있다면 해당 판결을 기준으로 판단하여 자문에 답변하는 것이 최선이라 할 것이다.

물론, 법원의 판결은 시간이 지남에 따라 그 내용이 변경될 수는 있고 판결의 내용이 변경될 것이라고 충분히 예상되는 경우도 있다. 그러나, 재개발·재건축 정비사업에 관한 중요한 결정을 해야 한다면 섣불리 변경될 것으로 예상되는 판결을 기준으로 결정하기보다는 변경된 판결이 나올 때까지 기다릴 수 있다면 기다리던가 만약 기다릴 수 없다면 당시 존재하는 판결을 기준으로 해당 사안을 판단하는 것이 타당하고 생각한다.

제4장

기본계획 및

정비구역의

지정

1.
도시·주거환경정비 기본방침

· · · · · ·

    재개발 · 재건축 정비사업은 해당 지역에 부동산 시장에 상당한 영향을 미치며, 공사기간 인근 주민들에게 소음 · 진동 등의 불편함 등의 손해가 발생하기도 하고 기존의 건축물을 철거하면서 발생하는 폐기물의 양도 상당하기 때문에 환경에도 상당한 영향을 미친다. 이에 재개발 · 재건축 정비사업이 이해관계인들의 의지에 따라 임의대로 진행될 수는 없다고 할 것이다.

    이에, 도정법은 아래 〈표〉와 같이 국토교통부장관이 도시 및 주거환경을 개선하기 위해 10년마다 "도시 및 주거환경 정비를 위한 국가 정책방향", "도시 · 주거환경정비기본계획의 수립방향", "노후 · 불량 주거지 조사 및 개선계획의 수립", "도시 및 주거환경 개선에 필요한 재정지원계획" 등의 내용을 포함한 기본방침을 정하고, 5년마다 타당성을 검토하여 그 결과를 기본방침에 반영해야 한다고 정하고 있다(**법 제3조**).

즉, 국토교통부 장관은 아래〈표〉의 내용이 포함된 기본방침을 정하고 그 타당성을 검토하여 그 결과를 기본방침에 반영해야 할 의무를 부담하는 것이며, 위 기본방침을 살펴보면 도시 · 주거환경정비기본계획의 수립 방향 등을 예상할 수 있다.

-도정법-

제3조(도시 · 주거환경정비 기본방침)

국토교통부장관은 도시 및 주거환경을 개선하기 위하여 10년마다 다음 각 호의 사항을 포함한 기본방침을 정하고, 5년마다 타당성을 검토하여 그 결과를 기본방침에 반영하여야 한다.

1. 도시 및 주거환경 정비를 위한 국가 정책 방향
2. 제4조제1항에 따른 도시 · 주거환경정비기본계획의 수립 방향
3. 노후 · 불량 주거지 조사 및 개선계획의 수립
4. 도시 및 주거환경 개선에 필요한 재정지원계획
5. 그 밖에 도시 및 주거환경 개선을 위하여 필요한 사항으로서 대통령령으로 정하는 사항

2
도시·주거환경정비기본계획의 수립
· · · · · ·

가. 기본계획의 수립

　도정법에서는 아래 〈표〉와 같이 특별시장 · 광역시장 · 특별자치시장 등에게 관할 구역에 대해서 도시 · 주거환경정비기본계획을 10년 단위로 수립해야 하는 의무를 부여하고 있다. 또한, 위 기본계획에 대해서는 5년마다 타당성을 검토해서 그 결과를 기본계획에 반영해야 한다고 정하고 있다(법 제4조).

-도정법-

제4조(도시 · 주거환경정비기본계획의 수립)

① 특별시장 · 광역시장 · 특별자치시장 · 특별자치도지사 또는 시장은 관할 구역에 대하여 도시 · 주거환경정비기본계획(이하 "기본계획"이라 한다)을 10년 단위로 수립하여야 한다. 다만, 도지사가 대도시가 아닌 시로서 기본계획을 수립할 필요가 없다고 인정하는 시에 대하여는 기본계획을 수립하지 아니할 수 있다.

② 특별시장 · 광역시장 · 특별자치시장 · 특별자치도지사 또는 시장(이하 "기본계획의 수립권자"라 한다)은 기본계획에 대하여 5년마다 타당성을 검토하여 그 결과를 기본계획에 반영하여야 한다

나. 기본계획의 내용

위 기본계획에는 "정비사업의 기본방향", "정비사업의 계획기간", "주거
지 관리계획", "토지이용계획 · 정비기반시설계획 · 공동이용시설설치계
획 및 교통계획", "녹지 · 조경 · 에너지공급 · 폐기물처리 등에 관한 환경계
획", "건폐율 · 용적률 등에 관한 건축물의 밀도계획", "세입자에 대한 주거
안정대책" 등에 관한 사항이 포함되어야 한다(법제5조).

-도정법-

제5조(기본계획의 내용)

① 기본계획에는 다음 각 호의 사항이 포함되어야 한다.

1. 정비사업의 기본방향
2. 정비사업의 계획기간
3. 인구 · 건축물 · 토지이용 · 정비기반시설 · 지형 및 환경
   등의 현황
4. 주거지 관리계획
5. 토지이용계획 · 정비기반시설계획 · 공동이용시설설치계
   획 및 교통계획
6. 녹지 · 조경 · 에너지공급 · 폐기물처리 등에 관한 환경계
   획
7. 사회복지시설 및 주민문화시설 등의 설치계획
8. 도시의 광역적 재정비를 위한 기본방향
9. 제16조에 따라 정비구역으로 지정할 예정인 구역(이하 "정
   비예정구역"이라 한다)의 개략적 범위
10. 단계별 정비사업 추진계획(정비예정구역별 정비계획의 수립
    시기가 포함되어야 한다)

---

11. 건폐율 · 용적률 등에 관한 건축물의 밀도계획

12. 세입자에 대한 주거안정대책

13. 그 밖에 주거환경 등을 개선하기 위하여 필요한 사항으로서 대통령령으로 정하는 사항

② 기본계획의 수립권자는 기본계획에 다음 각 호의 사항을 포함하는 경우에는 제1항제9호 및 제10호의 사항을 생략할 수 있다.

1. 생활권의 설정, 생활권별 기반시설 설치계획 및 주택수급계획

2. 생활권별 주거지의 정비 · 보전 · 관리의 방향

③ 기본계획의 작성기준 및 작성방법은 국토교통부장관이 정하여 고시한다.

-도정법 시행령-

제5조(기본계획의 내용) 법 제5조제1항제13호에서 "대통령령으로 정하는 사항"이란 다음 각 호의 사항을 말한다.

1. 도시관리 · 주택 · 교통정책 등 「국토의 계획 및 이용에 관한 법률」 제2조제2호의 도시 · 군계획과 연계된 도시 · 주거환경정비의 기본방향

2. 도시 · 주거환경정비의 목표

3. 도심기능의 활성화 및 도심공동화 방지 방안

4. 역사적 유물 및 전통건축물의 보존계획

5. 정비사업의 유형별 공공 및 민간부문의 역할

6. 정비사업의 시행을 위하여 필요한 재원조달에 관한 사항

다. 기본계획 수립을 위한 주민의견청취 등

기본계획의 수립권자(특별시장·광역시장·특별자치시장·특별자치도지사 또는 시장)는 기본계획을 수립하거나 변경하려는 경우 14일 이상 주민에게 공람하여 의견을 들어야 하고, 제시된 의견이 타당하다고 인정된다면 이를 기본계획에 반영해야 한다. 또한, 기본계획의 수립권자는 위 공람과 함께 지방의회의 의견도 들어야 하며 지방의회는 기본계획의 수립권자가 통지한 날부터 60일 이내에 의견을 제시해야 한다(법 제6조 제1항, 제2항).

라. 기본계획의 확정·고시

기본계획이 수립되거나 변경하는 경우 관계행정기관의 장과 협의한 후 지방도시계획위원회의 심의를 거쳐야 하며, 기본계획의 수립권자는 기본계획을 수립하거나 변경한 때에는 지체 없이 이를 해당 지방자치단체의 공보에 고시하고 일반인이 열람할 수 있도록 해야 한다(법 제7조).

-도정법-

제7조(기본계획의 확정·고시 등)

① 기본계획의 수립권자(대도시의 시장이 아닌 시장은 제외한다)는 기본계획을 수립하거나 변경하려면 관계 행정기관의 장과 협의한 후 「국토의 계획 및 이용에 관한 법률」 제113조제1항 및 제2항에 따른 지방도시계획위원회(이하 "지방도시계획위원회"라 한다)의 심의를 거쳐야 한다. 다만, 대통령령으로 정하는 경미한 사항을 변경하는 경우에는 관계 행정기관의 장과의 협의 및 지방도시계획위원회의 심의를 거치지 아니한다.

---

② 대도시의 시장이 아닌 시장은 기본계획을 수립하거나 변경하려면 도지사의 승인을 받아야 하며, 도지사가 이를 승인하려면 관계 행정기관의 장과 협의한 후 지방도시계획위원회의 심의를 거쳐야 한다. 다만, 제1항 단서에 해당하는 변경의 경우에는 도지사의 승인을 받지 아니할 수 있다.

③ 기본계획의 수립권자는 기본계획을 수립하거나 변경한 때에는 지체 없이 이를 해당 지방자치단체의 공보에 고시하고 일반인이 열람할 수 있도록 하여야 한다.

④ 기본계획의 수립권자는 제3항에 따라 기본계획을 고시한 때에는 국토교통부령으로 정하는 방법 및 절차에 따라 국토교통부장관에게 보고하여야 한다.

나아가, 기본계획의 수립권자가 기본계획을 고시한 때에는 "기본계획의 요지", "기본계획서의 열람 장소"를 포함해야 하며, 국토교통부장관에게 위 고시내용에 기본계획서를 첨부하여 보고 해야 한다(시행규칙 제2조).

3.
정비계획의 수립 및 정비구역의 지정

가. 정비계획의 수립

정비계획은 전술한 기본계획을 상위계획으로 하여 원칙적으로 위 기본계획의 범위 내에서 수립하게 된다. 특별시장 · 광역시장 · 특별자치시장 · 특별자치도지사 · 시장 · 군수 또는 자치구의 구청장(이하 편의상 '정비구역의 지정권자'라고만 한다)는 도정법 시행령 [별표 1]의 요건에 해당하는 지역에 대하여 정비계획을 입안할 수 있다(도정법 시행령 제7조). 위 정비계획의 입안대상지역에 관한 도정법 시행령 [별표1]의 구체적인 내용은 아래 〈표〉와 같다.

-도정법 시행령-

제7조(정비계획의 입안대상지역)

① 특별시장 · 광역시장 · 특별자치시장 · 특별자치도지사 · 시장 · 군수 또는 자치구의 구청장은 법 제8조제4항 및 제5항에 따라 별표 1의 요건에 해당하는 지역에 대하여 법 제8조제1항 및 제5항에 따른 정비계획(이하 "정비계획"이라 한다)을 입안할 수 있다.

■ **도시 및 주거환경정비법 시행령 [별표 1]**

정비계획의 입안대상지역(제7조제1항 관련)

1. 주거환경개선사업을 위한 정비계획은 다음 각 목의 어느 하나에 해당하는 지역에 대하여 입안한다.
   가. 1985년 6월 30일 이전에 건축된 건축물로서 법률 제3533호 특정건축물정리에관한특별조치법 제2조에 따른 무허가건축물 또는 위법시공건축물과 노후 · 불량건축물이 밀집되어 있어 주거지로서의 기능을 다하지 못하거나 도시미관을 현저히 훼손하고 있는 지역
   나. 「개발제한구역의 지정 및 관리에 관한 특별조치법」에 따른 개발제한구역으로서 그 구역지정 이전에 건축된 노후 · 불량건축물의 수가 해당 정비구역의 건축물 수의 50

퍼센트 이상인 지역

다. 재개발사업을 위한 정비구역의 토지면적의 50퍼센트 이상
　　의 소유자와 토지 또는 건축물을 소유하고 있는 자의 50퍼
　　센트 이상이 각각 재개발사업의 시행을 원하지 않는 지역

라. 철거민이 50세대 이상 규모로 정착한 지역이거나 인구가
　　과도하게 밀집되어 있고 기반시설의 정비가 불량하여 주
　　거환경이 열악하고 그 개선이 시급한 지역

마. 정비기반시설이 현저히 부족하여 재해발생 시 피난 및 구
　　조 활동이 곤란한 지역

바. 건축대지로서 효용을 다할 수 없는 과소필지 등이 과다하
　　게 분포된 지역으로서 건축행위 제한 등으로 주거환경이
　　열악하여 그 개선이 시급한 지역

사. 「국토의 계획 및 이용에 관한 법률」 제37조제1항제5호에
　　따른 방재지구로서 주거환경개선사업이 필요한 지역

아. 단독주택 및 다세대주택 등이 밀집한 지역으로서 주거환
　　경의 보전 · 정비 · 개량이 필요한 지역

자. 법 제20조 및 제21조에 따라 해제된 정비구역 및 정비예
　　정구역

차. 기존 단독주택 재건축사업 또는 재개발사업을 위한 정비
　　구역 및 정비예정구역의 토지등소유자의 50퍼센트 이상이
　　주거환경개선사업으로의 전환에 동의하는 지역

카. 「도시재정비 촉진을 위한 특별법」 제2조제6호에 따른 존
　　치지역 및 같은 법 제7조제2항에 따라 재정비촉진지구가
　　해제된 지역

2. 재개발사업을 위한 정비계획은 노후 · 불량건축물의 수가 전체

건축물의 수의 3분의 2(시·도조례로 비율의 10퍼센트포인트 범위에서 증감할 수 있다) 이상인 지역으로서 다음 각 목의 어느 하나에 해당하는 지역에 대하여 입안한다. 이 경우 순환용주택을 건설하기 위하여 필요한 지역을 포함할 수 있다.

가. 정비기반시설의 정비에 따라 토지가 대지로서의 효용을 다할 수 없게 되거나 과소토지로 되어 도시의 환경이 현저히 불량하게 될 우려가 있는 지역

나. 노후·불량건축물의 연면적의 합계가 전체 건축물의 연면적의 합계의 3분의 2(시·도조례로 비율의 10퍼센트포인트 범위에서 증감할 수 있다) 이상이거나 건축물이 과도하게 밀집되어 있어 그 구역 안의 토지의 합리적인 이용과 가치의 증진을 도모하기 곤란한 지역

다. 인구·산업 등이 과도하게 집중되어 있어 도시기능의 회복을 위하여 토지의 합리적인 이용이 요청되는 지역

라. 해당 지역의 최저고도지구의 토지(정비기반시설용지를 제외한다)면적이 전체 토지면적의 50퍼센트를 초과하고, 그 최저고도에 미달하는 건축물이 해당 지역 건축물의 바닥면적합계의 3분의 2 이상인 지역

마. 공장의 매연·소음 등으로 인접지역에 보건위생상 위해를 초래할 우려가 있는 공업지역 또는 「산업집적활성화 및 공장설립에 관한 법률」에 따른 도시형공장이나 공해발생 정도가 낮은 업종으로 전환하려는 공업지역

바. 역세권 등 양호한 기반시설을 갖추고 있어 대중교통 이용이 용이한 지역으로서 「주택법」 제20조에 따라 토지의 고도이용과 건축물의 복합개발을 통한 주택 건설·공급이 필요한 지역

사. 제1호라목 또는 마목에 해당하는 지역

3. 재건축사업을 위한 정비계획은 제1호 및 제2호에 해당하지 않는 지역으로서 다음 각 목의 어느 하나에 해당하는 지역에 대하여 입안한다.

　가. 건축물의 일부가 멸실되어 붕괴나 그 밖의 안전사고의 우려가 있는 지역

　나. 재해 등이 발생할 경우 위해의 우려가 있어 신속히 정비사업을 추진할 필요가 있는 지역

　다. 노후·불량건축물로서 기존 세대수가 200세대 이상이거나 그 부지면적이 1만 제곱미터 이상인 지역

　라. 셋 이상의 「건축법 시행령」 별표 1 제2호가목에 따른 아파트 또는 같은 호 나목에 따른 연립주택이 밀집되어 있는 지역으로서 법 제12조에 따른 안전진단 실시 결과 전체 주택의 3분의 2 이상이 재건축이 필요하다는 판정을 받은 지역으로서 시·도조례로 정하는 면적 이상인 지역

4. 무허가건축물의 수, 노후·불량건축물의 수, 호수밀도, 토지의 형상 또는 주민의 소득 수준 등 정비계획의 입안대상지역 요건은 필요한 경우 제1호부터 제3호까지에서 규정한 범위에서 시·도조례로 이를 따로 정할 수 있으며, 부지의 정형화, 효율적인 기반시설의 확보 등을 위하여 필요하다고 인정되는 경우에는 지방도시계획위원회의 심의를 거쳐 제1호부터 제3호까지의 규정에 해당하는 정비구역의 입안대상지역 면적의 100분의 110 이하의 범위에서 시·도조례로 정하는 바에 따라 제1호부터 제3호까지의 규정에 해당하지 않는 지역을 포함하여 정비계획을 입안할 수 있다.

5. 건축물의 상당수가 붕괴나 그 밖의 안전사고의 우려가 있거나 상
   습 침수, 홍수, 산사태, 해일, 토사 또는 제방 붕괴 등으로 재해가
   생길 우려가 있는 지역에 대해서는 정비계획을 입안할 수 있다.

나. 정비계획의 내용

정비계획에는 "정비사업의 명칭", "정비구역 및 그 면적", "도시·군계획
시설의 설치에 관한 계획", "공동이용시설 설치계획", "건축물의 주용도·
건폐율·용적률·높이에 관한 계획", "환경보전 및 재난방지에 관한 계
획", "세입자 주거대책", "정비사업시행 예정시기" 등 아래 〈표〉의 사항이
포함되어야 한다(법 제9조 제1항).

-도시정비법-

제9조(정비계획의 내용)

① 정비계획에는 다음 각 호의 사항이 포함되어야 한다. 〈개정
   2018. 1. 16., 2021. 4. 13.〉

   1. 정비사업의 명칭
   2. 정비구역 및 그 면적
   3. 도시·군계획시설의 설치에 관한 계획
   4. 공동이용시설 설치계획
   5. 건축물의 주용도·건폐율·용적률·높이에 관한 계획
   6. 환경보전 및 재난방지에 관한 계획

7. 정비구역 주변의 교육환경 보호에 관한 계획

8. 세입자 주거대책

9. 정비사업시행 예정시기

10. 정비사업을 통하여 공공지원민간임대주택을 공급하거나 같은 조 제11호에 따른 주택임대관리업자(이하 "주택임대관리업자"라 한다)에게 임대할 목적으로 주택을 위탁하려는 경우에는 다음 각 목의 사항. 다만, 나목과 다목의 사항은 건설하는 주택 전체 세대수에서 공공지원민간임대주택 또는 임대할 목적으로 주택임대관리업자에게 위탁하려는 주택(이하 "임대관리 위탁주택"이라 한다)이 차지하는 비율이 100분의 20 이상, 임대기간이 8년 이상의 범위 등에서 대통령령으로 정하는 요건에 해당하는 경우로 한정한다.

    가. 공공지원민간임대주택 또는 임대관리 위탁주택에 관한 획지별 토지이용 계획

    나. 주거 · 상업 · 업무 등의 기능을 결합하는 등 복합적인 토지이용을 증진시키기 위하여 필요한 건축물의 용도에 관한 계획

    다. 「국토의 계획 및 이용에 관한 법률」 제36조제1항제1호가목에 따른 주거지역을 세분 또는 변경하는 계획과 용적률에 관한 사항

    라. 그 밖에 공공지원민간임대주택 또는 임대관리 위탁주택의 원활한 공급 등을 위하여 대통령령으로 정하는 사항

11. 「국토의 계획 및 이용에 관한 법률」 제52조제1항 각 호의 사항에 관한 계획(필요한 경우로 한정한다)

12. 그 밖에 정비사업의 시행을 위하여 필요한 사항으로서 대통령령으로 정하는 사항

다. 정비구역의 지정

정비구역 지정권자인 특별시장 · 광역시장 · 특별자치시장 · 특별자치도 지사 · 시장 또는 군수(광역시의 군수는 제외한다)는 기본계획에 적합한 범위에 서 노후 · 불량건축물이 밀집하는 지역에 대해서 정비계획을 결정하여 정 비구역을 지정할 수 있다(법 제8조 제1항).

또한, 정비구역의 지정권자는 정비구역의 진입로 설치를 위하여 필요한 경우에는 진입로 지역과 그 인접지역을 포함해서 정비구역을 지정할 수 있 다(법 제8조 제3항). 따라서 정비구역으로 지정하려는 곳이 도로 등의 시설이 부족하여 진입 자체가 쉽지 않다고 하더라도 정비구역의 인접지역을 정비 구역으로 지정하여 진입로를 용이하게 설치할 수 있다.

앞서 살펴보았듯이 정비구역 지정권자에서 광역시의 군수는 포함되지 않는데, 이에 자치구의 구청장 또는 광역시의 군수는 정비계획을 입안하여 특별시장 · 광역시장에게 정비구역 지정을 신청해야 하고, 이 경우 지방의 회의 의견을 첨부해야 한다(법 제8조 제5항).

-도정법-

제8조(정비구역의 지정)
① 특별시장 · 광역시장 · 특별자치시장 · 특별자치도지사 · 시장 또는 군수(광역시의 군수는 제외하며, 이하 "정비구역의 지정권자" 라 한다)는 기본계획에 적합한 범위에서 노후 · 불량건축물이 밀집하는 등 대통령령으로 정하는 요건에 해당하는 구역에 대

하여 제16조에 따라 정비계획을 결정하여 정비구역을 지정(변경지정을 포함한다)할 수 있다.

② 제1항에도 불구하고 제26조제1항제1호 및 제27조제1항제1호에 따라 정비사업을 시행하려는 경우에는 기본계획을 수립하거나 변경하지 아니하고 정비구역을 지정할 수 있다.

③ 정비구역의 지정권자는 정비구역의 진입로 설치를 위하여 필요한 경우에는 진입로 지역과 그 인접지역을 포함하여 정비구역을 지정할 수 있다.

④ 정비구역의 지정권자는 정비구역 지정을 위하여 직접 제9조에 따른 정비계획을 입안할 수 있다.

⑤ 자치구의 구청장 또는 광역시의 군수(이하 제9조, 제11조 및 제20조에서 "구청장등"이라 한다)는 제9조에 따른 정비계획을 입안하여 특별시장·광역시장에게 정비구역 지정을 신청하여야 한다. 이 경우 제15조제2항에 따른 지방의회의 의견을 첨부하여야 한다.

정비구역의 지정권자가 정비구역을 지정하거나 변경지정하는 경우 원칙적으로 지방도시계획위원회의 심의를 거쳐야 한다. 다만, 경미한 사항을 변경하는 경우에는 지방도시계획위원회의 심의를 거치지 않을 수 있다(법 제16조 제1항).

위 지방도시계획위원회의 심의를 거치지 않을 수 있는 경미한 사항은 "정비구역의 면적을 10% 미만의 범위에서 변경하는 경우", "정비기반시설의 위치를 변경하는 경우와 정비기반시설의 규모를 10% 미만의 범위에서 변경하는 경우", "공동이용시설 설치계획을 변경하는 경우", "재난방지에 관한 계획을 변경하는 경우", "정비사업시행 예정시기를 3년의 범위에서 조정하는 경우" 등으로 구체적인 내용은 아래의 〈표〉와 같다.

-도정법-

제16조(정비계획의 결정 및 정비구역의 지정·고시)

① 정비구역의 지정권자는 정비구역을 지정하거나 변경지정하려면 지방도시계획위원회의 심의를 거쳐야 한다. 다만, 제15조제3항에 따른 경미한 사항을 변경하는 경우에는 지방도시계획위원회의 심의를 거치지 아니할 수 있다. 〈개정 2018. 6. 12.〉

제15조(정비계획 입안을 위한 주민의견청취 등)

③ 제1항 및 제2항에도 불구하고 대통령령으로 정하는 경미한 사항을 변경하는 경우에는 주민에 대한 서면통보, 주민설명회, 주민공람 및 지방의회의 의견청취 절차를 거치지 아니할 수 있다.

-도정법 시행령-

제13조(정비구역의 지정을 위한 주민공람 등)

④ 법 제15조제3항에서 "대통령령으로 정하는 경미한 사항을 변경하는 경우"란 다음 각 호의 어느 하나에 해당하는 경우를 말한다.

　1. 정비구역의 면적을 10퍼센트 미만의 범위에서 변경하는 경우(법 제18조에 따라 정비구역을 분할, 통합 또는 결합하는 경우를 제외한다)

　2. 정비기반시설의 위치를 변경하는 경우와 정비기반시설 규

모를 10퍼센트 미만의 범위에서 변경하는 경우
3. 공동이용시설 설치계획을 변경하는 경우
4. 재난방지에 관한 계획을 변경하는 경우
5. 정비사업시행 예정시기를 3년의 범위에서 조정하는 경우
6. 「건축법 시행령」 별표 1 각 호의 용도범위에서 건축물의 주용도(해당 건축물의 가장 넓은 바닥면적을 차지하는 용도를 말한다. 이하 같다)를 변경하는 경우
7. 건축물의 건폐율 또는 용적률을 축소하거나 10퍼센트 미만의 범위에서 확대하는 경우
8. 건축물의 최고 높이를 변경하는 경우
9. 법 제66조에 따라 용적률을 완화하여 변경하는 경우
10. 「국토의 계획 및 이용에 관한 법률」 제2조제3호에 따른 도시·군기본계획, 같은 조 제4호에 따른 도시·군관리계획 또는 기본계획의 변경에 따라 정비계획을 변경하는 경우
11. 「도시교통정비 촉진법」에 따른 교통영향평가 등 관계법령에 의한 심의결과에 따른 변경인 경우
12. 그 밖에 제1호부터 제8호까지, 제10호 및 제11호와 유사한 사항으로서 시·도조례로 정하는 사항을 변경하는 경우

정비구역을 지정하거나 정비계획을 결정한 때에는 정비계획을 포함한 정비구역 지정의 내용을 해당 지자체의 공보에 고시하여야 한다(법 제16조 제2항).

※ 자주 하는 질문 – 노후화로 인하여 철거가 불가피한 건축물의 의미
필자가 정비구역 지정과 관련하여 질문을 많이 받는 것이 바로 준공된

후 20년이 경과한 경우 별다른 사유 없이 도정법에서 정한 "노후화로 인하여 철거가 불가피한 건축물"에 해당하는지 여부이다. 간단하게 설명하면 위 "노후화로 인하여 철거가 불가피한 건축물"을 '노후화가 되면 철거가 불가피한 건축물이 되는 것인지', 아니면 '노후화되고 이로 인해 철거가 불가피한 건물을 요하는 것인지' 둘 중 어떻게 해석하느냐의 문제이다. 결론부터 말하면 대법원은 후자로 해석하고 있다.

재개발·재건축 정비사업에 관하여 도정법 등에서 일정한 요건을 규정하고 있으나, 위와 같은 규정에 해당한다고 하여 무한정 허용할 수는 없다고 할 것이다. 이는 재개발과 재건축 과정에서 토지 수용 등으로 인한 다수인의 재산권 침해가 발생하고 인근 주민들에게도 공사로 인한 소음·분진·진동 등의 손해가 발생한다는 점, 기존의 건축물 철거과정에서 폐기물 등이 다량으로 발생하기 때문이다. 이에 해당 지역을 철거할 필요한 경우에 한해서만 인정된다고 해석하는 것이 타당하다고 할 것이다.

결론적으로 말하자면 "노후화로 인하여 철거가 불가피한 건축물"이란 노후화되었고 이로 인하여 철거가 불가피한 건축물일 것을 요한다.

대법원 전원합의체에서도 아래 〈표〉와 같이 준공된 후 20년 등의 기간이 경과하기만 하면 그로써 곧 도정법 등에서 정한 '노후화로 인하여 철거가 불가피한 건축물'에 해당하지 않는다고 판단하고 있다. 위 대법원 판결은 필요한 경우에만 재개발·재건축을 허용해야 한다는 것으로 필요한 경우에 한하여 재개발·재건축 정비사업이 진행되어야 한다는 취지라고 할 것이다.

-대법원 2012. 6. 18. 선고 2010두16592 전원합의체 판결-

도시 및 주거환경정비법(이하 '도시정비법'이라 한다)과 그 시행령이 '준공된 후 20년(시·도 조례가 그 이상의 연수로 정하는 경우에는 그 연수로 한다, 이하 '20년 등'이라 한다)이 지난 건축물'을 '노후화로 인한 구조적 결함 등으로 인하여 철거가 불가피한 건축물'의 하나로 규정하고 있는 취지는 준공된 후 일정기간이 경과하면 건축물이 그에 비례하여 노후화하고 그에 따라 구조적 결함 등이 발생할 가능성도 크다는 데 있으므로, 구 도시 및 주거환경정비법 시행령(2009. 8. 11. 대통령령 제21679호로 개정되기 전의 것, 이하 '구 도시정비법 시행령'이라 한다) 제2조 제2항 제1호가 규정하고 있는 '준공된 후 20년 등'과 같은 일정기간의 경과는 도시정비법 제2조 제3호 (다)목이 정한 철거가 불가피한 노후·불량건축물에 해당하는지를 판단할 때 노후·불량화의 징표가 되는 여러 기준의 하나로서 제시된 것이라고 보아야 하고, 이와 달리 준공된 후 20년 등의 기간이 경과하기만 하면 그로써 곧 도시정비법과 그 시행령이 정한 '노후화로 인하여 철거가 불가피한 건축물'에 해당하게 되는 것은 아니다. 또한 도시정비법 제12조가 일정한 경우 필수적으로 주택단지 내의 건축물을 대상으로 안전진단을 실시한 다음 그 결과 등을 종합적으로 검토하여 정비계획 수립 또는 주택재건축사업 시행 여부를 결정하도록 규정하고 있는 점에 비추어 보더라도, 준공된 후 20년 등의 기간이 경과하였다는 것이 노후·불량건축물에 해당하는지를 판단하는 유일한 기준이 된다고 할 수 없다. 나아가 정비사업에는 토지 또는 건축물 수용이나 매도청구 등과 같이 재산권 제한에 관한 절차가 필수적으로 수반되는 것을 고려할 때, 토지 또는 건축물 소유자 등의 이해관계도 충분히 고려되어야 한다. 이러한 점과 규정의 형식 및 취지 등을 종합해 보면, 도시정비법 제2조 제3호 (다)목 및 구 도시정비법 시행령 제2조 제2항 제1호가 규정한 '건축물의 노후화로 인한 구조적 결함 등으로 인하여 철거가 불가피한 건축물로서 대통령령으로 정하는 바에 따라 시·도 조례로 정하는 건축물'이란, 준공된 후 20년 등이 지난 건축물로서 그로 인하여 건축물이 노후화되고 구조적 결함 등이 발생하여 철거가 불가피한 건축물을 말한다고 해석하는 것이 타당하다.

참고로, 현재의 도정법에서는 "노후·불량건축물"에 관하여 "건축물이 훼손되거나 일부가 멸실되어 붕괴, 그 밖의 안전사고의 우려가 있는 건축물", "내진성능이 확보되지 아니한 건축물 중 중대한 기능적 결함 또는 부실 설계·시공으로 구조적 결함 등이 있는 건축물" 등으로 구체적으로 규정하고 있다.

-도정법-

제2조(정의) 이 법에서 사용하는 용어의 뜻은 다음과 같다. 〈개정 2017. 8. 9., 2021. 1. 5., 2021. 1. 12., 2021. 4. 13.〉

3. "노후·불량건축물"이란 다음 각 목의 어느 하나에 해당하는 건축물을 말한다.

　　가. 건축물이 훼손되거나 일부가 멸실되어 붕괴, 그 밖의 안전사고의 우려가 있는 건축물

　　나. 내진성능이 확보되지 아니한 건축물 중 중대한 기능적 결

함 또는 부실 설계 · 시공으로 구조적 결함 등이 있는 건축물로서 대통령령으로 정하는 건축물

다. 다음의 요건을 모두 충족하는 건축물로서 대통령령으로 정하는 바에 따라 특별시 · 광역시 · 특별자치시 · 도 · 특별자치도 또는 「지방자치법」 제198조에 따른 서울특별시 · 광역시 및 특별자치시를 제외한 인구 50만 이상 대도시(이하 "대도시"라 한다)의 조례(이하 "시 · 도조례"라 한다)로 정하는 건축물

　　1) 주변 토지의 이용 상황 등에 비추어 주거환경이 불량한 곳에 위치할 것

　　2) 건축물을 철거하고 새로운 건축물을 건설하는 경우 건설에 드는 비용과 비교하여 효용의 현저한 증가가 예상될 것

라. 도시미관을 저해하거나 노후화된 건축물로서 대통령령으로 정하는 바에 따라 시 · 도조례로 정하는 건축물

4.
정비구역의 해제

· · · · · · ·

가. 정비구역 등의 해제

전국적으로 수많은 정비사업이 진행되고 있으나, 경기침체나 주민들 간의 갈등, 사업성의 부족 등으로 오랜 기간 정비사업 진행이 지연되는 경우

가 있다. 위와 같이 사업이 오랜 기간 지연이 되고 이로 인하여 해당 정비
구역의 토지 등 소유자, 임차인들, 인근 주민들이 피해를 입는 것을 방지하
기 위해서 도정법에서는 일정한 요건에 해당 경우 정비구역이 해제된다고
규정하고 있다(법 제20조 제1항).

정비구역을 해제해야 하는 사유로는 "정비예정구역에 대해서 기본계획
에서 정한 정비구역 지정 예정일로부터 3년이 되는 날까지 정비구역을 지
정하지 아니하거나 정비구역의 지정을 신청하지 아니하는 경우", "토지 등
소유자가 정비구역으로 지정 · 고시된 날로부터 2년이 되는 날까지 조합설
립추진위원회의 승인을 신청하지 아니하는 경우", "토지등 소유자가 정비
구역으로 지정 · 고시된 날로부터 3년이 경과하는 날까지 조합설립인가를
신청하지 아니하는 경우", "추진위원회가 추진위원회 승인일부터 2년이 되
는 날까지 조합설립인가를 신청하지 아니하는 경우", "조합이 조합설립인
가를 받은 날로부터 3년이 되는 날까지 사업시행계획인가를 신청하지 아
니하는 경우" 등이 있다.

다만, 법에서는 "정비구역 등의 토지 등 소유자의 100분의 30 이상의 동
의로 연장을 요청"하거나, "정비사업의 추진상황으로 보아 주거환경의 계
획적 정비 등을 위하여 정비구역 등의 존치가 필요하다고 인정하는 경우"
에는 2년의 범위에서 연장하여 정비구역 등을 해제하지 않을 수 있다고 정
하고 있다(법 제20조 제6항).

-도시정비법-

제20조(정비구역등의 해제)

① 정비구역의 지정권자는 다음 각 호의 어느 하나에 해당하는 경우에는 정비구역등을 해제하여야 한다. 〈개정 2018.6.12〉

　1. 정비예정구역에 대하여 기본계획에서 정한 정비구역 지정 예정일부터 3년이 되는 날까지 특별자치시장, 특별자치도지사, 시장 또는 군수가 정비구역을 지정하지 아니하거나 구청장등이 정비구역의 지정을 신청하지 아니하는 경우

　2. 재개발사업 · 재건축사업[제35조에 따른 조합(이하 "조합"이라 한다)이 시행하는 경우로 한정한다]이 다음 각 목의 어느 하나에 해당하는 경우

　　가. 토지등소유자가 정비구역으로 지정 · 고시된 날부터 2년이 되는 날까지 제31조에 따른 조합설립추진위원회(이하 "추진위원회"라 한다)의 승인을 신청하지 아니하는 경우

　　나. 토지등소유자가 정비구역으로 지정 · 고시된 날부터 3년이 되는 날까지 제35조에 따른 조합설립인가(이하 "조합설립인가"라 한다)를 신청하지 아니하는 경우(제31조제4항에 따라 추진위원회를 구성하지 아니하는 경우로 한정한다)

　　다. 추진위원회가 추진위원회 승인일부터 2년이 되는 날까지 조합설립인가를 신청하지 아니하는 경우

　　라. 조합이 조합설립인가를 받은 날부터 3년이 되는 날까지 제50조에 따른 사업시행계획인가(이하 "사업시행계

확인가"라 한다)를 신청하지 아니하는 경우

    3. 토지등소유자가 시행하는 재개발사업으로서 토지등소유자
      가 정비구역으로 지정·고시된 날부터 5년이 되는 날까지
      사업시행계획인가를 신청하지 아니하는 경우

② <u>구청장등은 제1항 각 호의 어느 하나에 해당하는 경우에는 특별시
장·광역시장에게 정비구역등의 해제를 요청하여야 한다.</u>

③ 특별자치시장, 특별자치도지사, 시장, 군수 또는 구청장등이
다음 각 호의 어느 하나에 해당하는 경우에는 30일 이상 주민
에게 공람하여 의견을 들어야 한다.
    1. 제1항에 따라 정비구역등을 해제하는 경우
    2. 제2항에 따라 정비구역등의 해제를 요청하는 경우

④ 특별자치시장, 특별자치도지사, 시장, 군수 또는 구청장등은
제3항에 따른 주민공람을 하는 경우에는 지방의회의 의견을
들어야 한다. 이 경우 지방의회는 특별자치시장, 특별자치도
지사, 시장, 군수 또는 구청장등이 정비구역등의 해제에 관한
계획을 통지한 날부터 60일 이내에 의견을 제시하여야 하며,
의견제시 없이 60일이 지난 경우 이의가 없는 것으로 본다.

⑤ 정비구역의 지정권자는 제1항부터 제4항까지의 규정에 따라
정비구역등의 해제를 요청받거나 정비구역등을 해제하려면
지방도시계획위원회의 심의를 거쳐야 한다. 다만,「도시재정
비 촉진을 위한 특별법」제5조에 따른 재정비촉진지구에서는
같은 법 제34조에 따른 도시재정비위원회(이하 "도시재정비위원

회"라 한다)의 심의를 거쳐 정비구역등을 해제하여야 한다. 〈개정 2021.4.13.〉

⑥ 제1항에도 불구하고 정비구역의 지정권자는 다음 각 호의 어느 하나에 해당하는 경우에는 제1항제1호부터 제3호까지의 규정에 따른 해당 기간을 2년의 범위에서 연장하여 정비구역등을 해제하지 아니할 수 있다.

1. 정비구역등의 토지등소유자(조합을 설립한 경우에는 조합원을 말한다)가 100분의 30 이상의 동의로 제1항제1호부터 제3호까지의 규정에 따른 해당 기간이 도래하기 전까지 연장을 요청하는 경우

2. 정비사업의 추진 상황으로 보아 주거환경의 계획적 정비 등을 위하여 정비구역등의 존치가 필요하다고 인정하는 경우

⑦ 정비구역의 지정권자는 제5항에 따라 정비구역등을 해제하는 경우(제6항에 따라 해제하지 아니한 경우를 포함한다)에는 그 사실을 해당 지방자치단체의 공보에 고시하고 국토교통부장관에게 통보하여야 하며, 관계 서류를 일반인이 열람할 수 있도록 하여야 한다.

나. 정비구역 등의 직권해제

정비구역의 지정권자는 "정비사업의 시행으로 토지등 소유자에게 과도한 부담이 발생할 것으로 예상되는 경우", "정비구역 등의 추진 상황으로 보아 지정 목적을 달성할 수 없다고 인정되는 경우", "토지 등 소유자의 100분의 30 이상이 정비구역 등의 해제를 요청하는 경우", "추진위원회 구

성 또는 조합 설립에 동의한 토지등 소유자의 2분의 1이상 3분의 2 이하의
범위에서 시·도 조례로 정하는 비율 이상의 동의로 정비구역의 해제를 요
청하는 경우" 등의 사유가 있으면 지방도시계획위원회의 심의를 거쳐 정비
구역을 해제할 수 있다(법 제21조 제1항).

-도시정비법-

제21조(정비구역등의 직권해제)

① 정비구역의 지정권자는 다음 각 호의 어느 하나에 해당하는
경우 지방도시계획위원회의 심의를 거쳐 정비구역등을 해
제할 수 있다. 이 경우 제1호 및 제2호에 따른 구체적인 기준
등에 필요한 사항은 시·도조례로 정한다. 〈개정 2019.4.23,
2020.6.9〉

1. 정비사업의 시행으로 토지등소유자에게 과도한 부담이 발
생할 것으로 예상되는 경우
2. 정비구역등의 추진 상황으로 보아 지정 목적을 달성할 수
없다고 인정되는 경우
3. 토지등소유자의 100분의 30 이상이 정비구역등(추진위원회가
구성되지 아니한 구역으로 한정한다)의 해제를 요청하는 경우
4. 제23조제1항제1호에 따른 방법으로 시행 중인 주거환경개
선사업의 정비구역이 지정·고시된 날부터 10년 이상 지
나고, 추진 상황으로 보아 지정 목적을 달성할 수 없다고
인정되는 경우로서 토지등소유자의 과반수가 정비구역의
해제에 동의하는 경우
5. 추진위원회 구성 또는 조합 설립에 동의한 토지등소유자의
2분의 1 이상 3분의 2 이하의 범위에서 시·도조례로 정하

는 비율 이상의 동의로 정비구역의 해제를 요청하는 경우 (사업시행계획인가를 신청하지 아니한 경우로 한정한다)

6. 추진위원회가 구성되거나 조합이 설립된 정비구역에서 토지등소유자 과반수의 동의로 정비구역의 해제를 요청하는 경우(사업시행계획인가를 신청하지 아니한 경우로 한정한다)

② 제1항에 따른 정비구역등의 해제의 절차에 관하여는 제20조제3항부터 제5항까지 및 제7항을 준용한다.

③ 제1항에 따라 정비구역등을 해제하여 추진위원회 구성승인 또는 조합설립인가가 취소되는 경우 정비구역의 지정권자는 해당 추진위원회 또는 조합이 사용한 비용의 일부를 대통령령으로 정하는 범위에서 시 · 도조례로 정하는 바에 따라 보조할 수 있다.

다. 정비구역 해제의 효력

앞서 살펴본 '가', '나'항에 의해서 정비구역이 해제되는 경우 정비계획으로 변경된 용도지역, 정비기반시설 등은 정비구역 지정 이전의 상태로 환원되는 것으로 본다(법 제22조 제1항). 또한 재개발 사업 및 재건축 사업을 시행하려고 지정한 정비구역이 해제된 경우 정비구역의 지정권자는 해제된 정비구역 등을 주거환경개선구역으로 지정할 수 있다(법 제22조 제2항).

라. 필자의 개인적인 의견

재개발 · 재건축 실무를 담당하는 필자의 입장에서 보면 위 도정법에 예외규정이 존재하기는 하지만 정비사업이 진행되는 평균적인 속도 및 정비사업에서의 변수가 발생하는 빈도 등을 고려해 보면 정비구역 해제 요건에 해당하는 조합이 다수 발생할 가능성이 높다.

이에 위와 같이 정비구역을 해제해야 하는 요건이 너무 까다로운 것은 아닌지 이로 인하여 정비사업의 진행이 위 해제요건에 해당하지 않기 위해서 졸속으로 처리될 우려가 있다고 생각된다.

※ 쉬어가는 상식

정비구역 해제에 관하여 시간이 지나면 해가 지듯이 일정한 시간이 지나면 정비구역 등이 해제된다고 하여 '일몰제'라고 표현하기도 한다.

제5장

조합설립

추진

위원회

1.
추진위원회의 구성
. . . . . .

　재개발 또는 재건축 정비사업을 진행하는 지역을 지나다 보면 "추진위원회 구성을 위한 동의서 XX% 완료", "추진위원회 승인완료" 등의 현수막을 붙여 놓을 것을 볼 수 있다. 추진위원회는 조합설립인가를 받기 위한 단체로 해당 정비구역이 지정되어 조합설립을 위한 준비단계에 있다고 생각하면 된다.

　실무적으로 '추진위원회'라고만 표현하는 경우가 많은데 도정법상 정확한 용어는 '조합설립추진위원회'라고 할 것이다. 정비사업이 위 추진위원회 단계에 있다면 해당 정비사업은 초기 단계에 있는 것이다.

　조합을 설립하려는 경우 정비구역 지정 · 고시 후 "추진위원장을 포함한 5명 이상의 추진위원회 위원", "추진위원회 운영규정"에 관하여 토지 등 소유자 과반수의 동의를 받아 조합설립을 위한 추진위원회를 구성하여 시장 ·

군수의 승인을 받아야 한다(법 제31조 제1항). 다만, 정비사업에 대하여 공공지원을 하는 경우에는 추진위원회를 구성하지 아니할 수 있다(법 제31조 제4항).

2.
추진위원회 구성 동의서
· · · · · · ·

토지 등 소유자의 동의를 받기 위해서는 동의서에 추진위원회 위원장, 추진위원회 위원, 추진위원회의 업무 및 업무규정을 미리 쓴 후 토지 등 소유자의 동의를 받아야 하며, 위 동의를 받으려고 하는 자는 "동의를 받으려는 사항 및 목적", "동의로 인하여 의제되는 사항", "동의의 철회 또는 반대의사 표시의 절차 및 방법"에 관하여 설명·고지해야 한다(시행령 제25조).

3.
추진위원회 구성승인 신청
· · · · · · ·

조합설립추진위원회를 구성하여 승인을 받으려는 자는 조합설립추진위원회 승인신청서에 "토지 등 소유자의 명부", "토지 등 소유자의 동의서", "추진위원회 위원장 및 위원의 주소 및 성명", "추진위원회 위원 선정을 증명하는 서류"를 첨부하여 시장·군수에게 제출하여야 한다(시행규칙 제7조 제1항). 위 토지 등 소유자의 동의서는 본서의 말미에 첨부된 "[별지1] 정비사업 조합설립추진위원회 구성동의서(시행규칙 별지 제3호)"를 참조하기 바란다.

4.
추진위원회의 업무

· · · · · ·

추진위원회의 업무는 "정비사업전문관리업자의 선정 및 변경", "설계자의 선정 및 변경", "개략적인 정비사업 시행계획서의 작성", "조합설립인가를 받기 위한 준비업무", "추진위원회 운영규정의 작성", "조합정관의 초안 작성" 등이며, 구체적인 업무의 내역은 아래의 〈표〉와 같다(법 제32조 제1항).

추진위원회의 업무 중 가장 중요한 의무는 조합설립인가를 받기 위해 위한 준비업무일 것이며, 그 중 특히 조합설립인가 신청을 위해 토지 등 소유자로부터 동의서를 받는 것이 핵심업무라고 할 것이다(법 제32조 제1항)

-도정법-

제32조(추진위원회의 기능)
① 추진위원회는 다음 각 호의 업무를 수행할 수 있다.
  1. 제102조에 따른 정비사업전문관리업자(이하 "정비사업전문
    관리업자"라 한다)의 선정 및 변경
  2. 설계자의 선정 및 변경
  3. 개략적인 정비사업 시행계획서의 작성
  4. 조합설립인가를 받기 위한 준비업무
  5. 그 밖에 조합설립을 추진하기 위하여 대통령령으로 정하는 업무

-도정법 시행령-

제26조(추진위원회의 업무 등) 법 제32조제1항제5호에서 "대통령령
으로 정하는 업무"란 다음 각 호의 업무를 말한다.
1. 법 제31조제1항제2호에 따른 추진위원회 운영규정의 작성
2. 토지등소유자의 동의서의 접수
3. 조합의 설립을 위한 창립총회(이하 "창립총회"라 한다)의 개최
4. 조합 정관의 초안 작성
5. 그 밖에 추진위원회 운영규정으로 정하는 업무

5.
추진위원회의 운영

추진운영회는 운영규정에 따라 운영되어야 하며, 토지 등 소유자는 운영
에 필요한 경비를 운영규정에 따라 납부해야 한다(법제34조 제2항). 국토교통
부장관은 추진위원회의 공정한 운영을 위하여 운영규정을 정하여 고시하
고 있다. 추진위원회에서 운영규정 내용을 구성할 때 위 운영규정에 반하
지 않게 정해야 한다.

참고로, 위 국토교통부 장관이 고시한 운영규정은 본서 말미에 "[별지2]
정비사업 조합설립추진위원회 운영규정(국토교통부고시 제2018-102호)"으로
첨부하였다.

한편, 정비사업조합을 설립하고자 하는 경우 추진위원회를 시장·군수 등에게 승인 신청하기 전에 운영규정을 작성하여 토지 등 소유자의 과반수의 동의를 얻어야 하고(운영규정 제3조 제1항), 운영규정은 "별표의 운영규정안"을 기본으로 하여 작성한다.

-정비사업 조합설립추진위원회 운영규정-

[시행 2018. 2. 9.] [국토교통부고시 제2018-102호, 2018. 2. 9., 타법개정]

제3조(운영규정의 작성)

① 정비사업조합을 설립하고자 하는 경우 추진위원회를 시장·군수등에게 승인 신청하기 전에 운영규정을 작성하여 토지등 소유자의 과반수의 동의를 얻어야 한다.

② 제1항의 운영규정은 별표의 운영규정안을 기본으로 하여 다음 각 호의 방법에 따라 작성한다.

  1. 제1조·제3조·제4조·제15조제1항을 확정할 것

  2. 제17조제7항·제19조제2항·제29조·제33조·제35조제2항 및 제3항의 규정은 사업특성·지역상황을 고려하여 법에 위배되지 아니하는 범위 안에서 수정 및 보완할 수 있음

  3. 사업추진상 필요한 경우 운영규정안에 조·항·호·목 등을 추가할 수 있음

참고로, 위 '별표의 운영규정안'은 본서의 말미에 "[별지3] 위 [별지2] 고시 중 별표의 운영규정안"으로 첨부하였다.

위 운영규정안은 각 추진위원회가 업무규정을 쉽게 작성할 수 있게 배포한 측면에서는 표준정관과 비슷하다고 이해하면 될 것이다. 다만, 위 국토교통부 장관이 고시한 운영규정은 대외적 구속력이 인정되는 것으로 해당 내용에 반하는 내용은 그 효력에 문제가 발생할 수 있음에 유의해야 한다.

6.
추진위원장 등의 해임

· · · · · ·

가. 서설

필자에게 정비사업과 관련하여 추진위원회 단계에서 자문을 많이 구하는 부분은 바로 추진위원장 등의 해임에 관한 것이다. 이는 추진위원회에서 추진위원장, 추진위원 등으로 일했던 자들이 조합설립인가 후 조합장, 임원으로 활동하는 경우가 많고 아직 조합설립인가 전으로 다수의 이해관계가 정리되지 않았기 때문으로 생각된다.

추진위원장의 해임에 관한 내용은 앞서 살펴본 "[별지3] 위 [별지2] 고시 중 별표의 운영규정안"을 기준으로 하여 설명하도록 하겠다. 추진위원장에 대한 해임청구 등을 고민하는 독자들은 분쟁이 발생하고 있는 해당 추진위원회 운영규정을 다시 한번 확인하기를 권하며, 필자에게 자문을 구하는 경우에 해당 운영규정 등을 미리 보내주기를 부탁드린다.

나. 추진위원의 자격요건 및 결격사유

추진위원회 운영규정에서는 아래 〈표〉와 같이 추진위원의 자격요건 및 결격 사유를 정하고 있다. 추진위원장은 추진위원을 전제로 하기 때문에 위 자격요건 및 결격사유가 당연히 적용된다고 할 것이다.

만약, 추진위원이 자격요건을 충족하지 못하거나 결격사유가 존재한다면 선출된 후 해당 사실이 발견된다고 하더라도 당연퇴직하게 된다고 할 것이다.

-정비사업조합설립추진위원회 운영규정-

제15조(위원의 선임 및 변경)

① 추진위원회의 위원은 다음 각 호의 범위 이내로 둘 수 있으며, 상근하는 위원을 두는 경우 추진위원회의 의결을 거쳐야 한다.
   1. 위원장
   2. 부위원장
   3. 감사 _인
   4. 추진위원 _인

② 위원은 추진위원회 설립에 동의한 자 중에서 선출하되, 위원장·부위원장 및 감사는 다음 각 호의 어느 하나에 해당하는 자이어야 한다.
   1. 피선출일 현재 사업시행구역 안에서 3년 이내에 1년 이상 거주하고 있는 자(다만, 거주의 목적이 아닌 상가 등의 건축물에서 영업 등을 하고 있는 경우 영업 등은 거주로 본다)

2. 피선출일 현재 사업시행구역 안에서 5년 이상 토지 또는 건
축물(재건축사업의 경우 토지 및 건축물을 말한다)을 소유한 자

③ 위원의 임기는 선임된 날부터 2년까지로 하되, 추진위원회에
서 재적위원(추진위원회의 위원이 임기 중 궐위되어 위원 수가 이
운영규정 본문 제2조제2항에서 정한 최소 위원의 수에 미달되게 된
경우 재적위원의 수는 이 운영규정 본문 제2조제2항에서 정한 최소
위원의 수로 본다. 이하 같다) 과반수의 출석과 출석위원 3분의
2 이상의 찬성으로 연임할 수 있으나, 위원장 · 감사의 연임은
주민총회의 의결에 의한다.

④ 임기가 만료된 위원은 그 후임자가 선임될 때까지 그 직무를
수행하고, 추진위원회에서는 임기가 만료된 위원의 후임자를
임기만료 전 2개월 이내에 선임하여야 하며 위 기한 내 추진위
원회에서 후임자를 선임하지 않을 경우 토지등소유자 5분의 1
이상이 시장 · 군수등의 승인을 얻어 주민총회를 소집하여 위
원을 선임할 수 있으며, 이 경우 제20조제5항 및 제6항, 제24
조제2항을 준용한다.

⑤ 위원이 임기 중 궐위된 경우에는 추진위원회에서 재적위원 과
반수 출석과 출석위원 3분의 2 이상의 찬성으로 이를 보궐선
임할 수 있으나, 위원장 · 감사의 보궐선임은 주민총회의 의결
에 의한다. 이 경우 보궐선임된 위원의 임기는 전임자의 잔임
기간으로 한다.

⑥ 추진위원의 선임방법은 추진위원회에서 정하되, 동별 · 가구
별 세대수 및 시설의 종류를 고려하여야 한다.

제16조(위원의 결격사유 및 자격상실 등)

① 다음 각 호의 어느 하나에 해당하는 자는 위원이 될 수 없다.

　1. 미성년자 · 피성년후견인 또는 피한정후견인

　2. 파산선고를 받고 복권되지 아니한 자

　3. 금고 이상의 실형의 선고를 받고 그 집행이 종료(종료된 것
　　으로 보는 경우를 포함한다)되거나 집행이 면제된 날부터 2년
　　이 경과되지 아니한 자

　4. 금고 이상의 형의 집행유예를 받고 그 유예기간 중에 있는 자

　5. 법 또는 관련 법률에 의한 징계에 의하여 면직의 처분을 받
　　은 날부터 2년이 경과되지 아니한 자

　6. 법을 위반하여 벌금 100만 원 이상의 형을 확정판결 받은
　　날로부터 5년이 지나지 아니한 자

② 위원이 제1항 각 호의 어느 하나에 해당하게 되거나 선임 당시
　그에 해당하는 자이었음이 판명되거나, 위원장 · 부위원장 및
　감사가 선임 당시에 제15조제2항 각 호의 어느 하나에 해당하
　지 않은 것으로 판명된 경우 당연 퇴임한다.

③ 제2항에 따라 퇴직된 위원이 퇴직 전에 관여한 행위는 그 효력
　을 잃지 아니한다.

④ 위원으로 선임된 후 그 직무와 관련한 형사사건으로 기소된
　경우에는 기소내용에 따라 확정판결이 있을 때까지 제18조의
　절차에 따라 그 자격을 정지할 수 있고, 위원이 그 사건으로
　받은 확정판결내용이 법 제135조부터 제138조까지의 벌칙규
　정에 따른 벌금형에 해당하는 경우에는 추진위원회에서 신임
　여부를 의결하여 자격상실여부를 결정한다.

다. 직무집행정지 신청 등

추진위원에게 위 결격사유가 존재하거나 발생했다면 당연 퇴임한다고 할 것이다. 만약 해당 추진위원이 위 결격사유를 무시하고 계속해서 업무를 수행한다면 해당 추진위원을 상대로 관할 법원에 직무집행정지가처분 및 추진위원회를 상대로 한 추진위원장 지위확인의 소송 등을 제기하여 직무집행을 정지시킬 수 있다고 할 것이다. 다만, 위 운영규정에서는 업무추진의 안정성을 위해서 퇴직한 위원이 퇴직 전에 관여한 행위는 그 효력을 잃지 않는 것으로 정하고 있다.

7.
추진위원장의 보수

. . . . . .

가. 민법상 무상의 위임관계

필자에게 추진위원장의 보수를 얼마로 정해야 하는지 자문을 구하는 경우가 많다. 이에 관해 답변을 하기 전에 추진위원장과 추진위원회 사이의 법률관계부터 알아볼 필요가 있는데, 위 추진위원장과 추진위원회의 관계는 민법상 '위임관계'이다.

위임관계는 당사자 일방이 상대방에 대하여 사무의 처리를 위탁하고 상대방이 이를 승낙함으로써 그 효력이 발생하는데, 수임인인 추진위원장은 선량한 관리자의 주의로써 위임사무를 처리해야 한다.

위와 같이 추진위원장과 추진위원회가 위와 같이 민법상 위임관계에 있고, 실제 추진위원회의 업무를 수행하기 때문에 보수를 지급하는 게 당연하다고 생각할 수 있으나, 민법상 위임관계에 있어서 특별한 보수에 관한 약정이 없다면 보수를 청구할 수 없다. 민법에서는 아래 〈표〉와 같이 "수임인은 특별한 약정이 없으면 위임인에 대하여 보수를 청구하지 못한다."고 정하고 있다.

-민법-

제680조(위임의 의의)
위임은 당사자 일방이 상대방에 대하여 사무의 처리를 위탁하고 상대방이 이를 승낙함으로써 그 효력이 생긴다.

제681조(수임인의 선관의무)
수임인은 위임의 본지에 따라 선량한 관리자의 주의로써 위임사무를 처리하여야 한다.

제686조(수임인의 보수청구권)
① 수임인은 특별한 약정이 없으면 위임인에 대하여 보수를 청구하지 못한다.
② 수임인이 보수를 받을 경우에는 위임사무를 완료한 후가 아니면 이를 청구하지 못한다. 그러나 기간으로 보수를 정한 때에는 그 기간이 경과한 후에 이를 청구할 수 있다.
③ 수임인이 위임사무를 처리하는 중에 수임인의 책임 없는 사유로 인하여 위임이 종료된 때에는 수임인은 이미 처리한 사무의 비율에 따른 보수를 청구할 수 있다.

나. 하급심 판결

비록, 하급심 판결이기는 하나, 아래〈표〉와 같이 추진위원장과 추진위원회 사이의 관계가 민법상 위임관계에 있으며 별도의 보수 약정이 없는 한 무보수에 해당한다는 판결이 있다.

> -부산지방법원 2008. 5. 13. 선고 2007가단145895 판결 [임금]-
>
> 도시환경정비사업조합 설립추진위원회와 그 위원장의 관계는 민법상 위임관계이고 민법상 위임계약은 무상계약으로서 당사자 사이에 보수의 약정이 없는 한 수임인은 위임인에 대하여 보수의 지급을 구할 수 없다. 따라서 조합이 결성된 후 창립총회에서 의결을 통해서 추진위원회 위원장으로 재직하던 시기의 보수를 결정하기 전에는 위원장과 추진위원회 사이에 별도의 보수 약정이 없는 한 무보수라고 보아야 한다.

추진위원장과 추진위원회 사이에 위임관계라면 민법상 위임관계에 관해서는 무보수의 원칙을 규정하고 있어 추진위원장에게 보수를 지급하기 위해서는 별도의 근거규정이 필요하다고 할 것이다.

많은 정비사업 관계자들이 추진위원장이 추진위원회를 위해서 업무를 수행하는 만큼 당연히 보수청구권을 가진다고 생각하는 경우가 있는데, 법률상 위와 같이 무보수가 원칙이라는 점을 유의해야 한다.

다. 추진위원장의 적정한 보수

추진위원장의 보수를 얼마로 정해야 적당한지에 관한 질문에는 우선 보수를 지급할 규정이 운영규정 등에 존재하는지부터 확인해야 하고, 근거규정이 없다면 근거규정을 신설하는 것이 우선이라고 할 것이다.

또한, 추진위원장의 적당한 보수라는 기준이 있을 수 없고, 결국 해당 정비사업의 규모, 현황, 조합원들의 의사 등 제반사정을 고려하여 결정할 수밖에 없다고 할 것이다. 필자의 개인적인 견해로는, 추진위원장 등이 역할의 중요성 등을 고려해 볼 때 정비사업에 충실할 수 있을 정도로 충분한 보수를 지급하는 것이 타당하다고 본다.

라. 조합장 등의 경우

조합설립인가를 받은 정비조합에서의 조합장과 조합과의 관계도 위와 같이 민법상 위임관계에 해당하여 별다른 근거규정이 없다면 무보수의 원칙이 적용된다고 할 것이다.

다만, 실무적으로는 조합의 업무규정 내에서 보수규정을 만들어 조합의 임·직원, 대의원 및 기타 보수를 지급해야 할 사항을 정하고 있다. 표준정관에서는 아래 〈표〉와 같이 "상근 임원 외의 임원에 대해서는 보수를 지급하지 않으며, 상근하는 임원 및 유급직원에 대하여 조합이 정하는 보수규정에 따라 보수를 지급해야 한다."고 정하고 있다.

-표준정관-

제19조(임직원의 보수 등)

① 조합은 상근임원 외의 임원에 대하여는 보수를 지급하지 아니한
다. 다만, 임원의 직무수행으로 발생되는 경비는 지급할 수 있다.

② 조합은 상근하는 임원 및 유급직원에 대하여 조합이 정하는
별도의 보수규정에 따라 보수를 지급하여야 한다. 이 경우 보
수규정은 미리 총회의 인준을 받아야 한다.

③ 유급직원은 조합의 업무규정이 정하는 바에 따라 조합장이 임
명한다. 이 경우 임명결과에 대하여 사후에 대의원회의 인준
을 받아야 하며 인준을 받지 못하면 즉시 해임하여야 한다.

조합장 및 이사의 보수를 얼마로 정해야 하는지에 관해서도 많은 질의를
하는데, 조합장 및 이사가 조합사무를 실질적으로 주도적으로 한다는 점,
위 임원들의 노력으로 정비사업 비용을 절약할 수도 있다는 점 등을 고려
해 보면 정비사업에 집중할 수 있게 과하지 않는 범위 내에서 충분한 보수
를 지급하는 것이 타당하다고 본다.

8.
조합설립의 동의 의제

추진위원회의 구성에 동의한 토지 등 소유자는 조합설립에 동의한 것으

로 본다. 다만, 조합설립인가를 신청하기 전에 시장·군수 등 및 추진위원회에 조합설립에 대한 반대의 의사표시를 한 추진위원회 동의자의 경우에는 그러하지 아니하다(법 제31조 제2항). 따라서 추진위원회 구성에 동의한 자가 조합설립에 반대하기 위해서는 추진위원회 등에 별도로 조합설립에 반대한다는 의사표시를 해야 한다는 점을 유의해야 한다.

제6장

재개발·재건축
조합원의
자격

1.
서설
· · · · · ·

필자가 재개발·재건축 정비사업과 관련해서 매일 같이 질의를 받는 부분이 바로 조합원의 자격, 조합원으로서의 입주권이 있는지 여부와 관련된 것이다.

이에 본서의 기재 순서상 앞서 "제5장 조합설립추진위원회" 다음으로 "조합설립인가" 부분을 설명하는 것이 타당하다고 할 것이나, 많은 분들이 조합원 자격, 입주권 존재 여부에 관해 질의한다는 점을 고려해서 조합원 자격에 관해 별도의 장으로 구성하기로 하였다.

조합원 자격과 관련하여 도정법을 포함하여 해당 정비사업 구역이 속해 있는 시·도 도시정비조례를 확인해야 하는 복잡함으로 인하여 재개발·재건축 물건의 양도·양수, 중개에 있어서 법률상 분쟁이 많이 발생하기도 한다. 이에 재개발·재건축 정비조합에 조합원이 되려고 하는 자, 재개발 · 재건축 정비사업에 투자를 하려고 하는 자, 기타 정비조합에서 실무를 담당하는 자들이 반드시 정확히 알고 있어야 하는 부분이다.

재개발 · 재건축 정비사업에서의 조합원 자격과 관련해서는 설명할 부분도 많고 유의해야 한 부분도 많다. 어쩌면 책을 따로 한 권을 써야 할 정도이다. 본서에서 분량이 허락하는 한에서 최대한 조합원 자격에 관하여 풍부하게 기재하였다.

2.
조합원 자격의 일반

· · · · · ·

가. 조합원의 자격

재개발 · 재건축 정비사업에서 토지 등의 소유자에게 조합원 자격이 있는데 법에서는 아래 〈표〉와 같이 "정비사업의 조합원은 토지등소유자(**재건축사업의 경우에는 재건축사업에 동의한 자만 해당한다**)로 한다."고 정하고 있다. 따라서 조합원 자격이 있는지 여부를 알기 위해서는 토지 등 소유자의 의미를 파악해야 한다.

나. 토지등소유자의 의미

법에서는 재개발 · 재건축에서의 토지 등의 소유자에 관해서 그 정의를 달리 정하고 있다. 이는 재개발 · 재건축 정비사업을 구별하는 차이점이기도 하다. 재개발 · 재건축 정비사업이 잘 구분되지 않는 분들에게는 위 정비사업의 조합원 자격의 차이점만 알아두더라도 두 정비사업을 구분하는 데 있어 용이할 것이다.

-도정법-

제39조(조합원의 자격 등)

① 제25조에 따른 정비사업의 조합원(사업시행자가 신탁업자인 경우에는 위탁자를 말한다. 이하 이 조에서 같다)은 토지등소유자(재건축사업의 경우에는 재건축사업에 동의한 자만 해당한다)로 하되, 다음 각 호의 어느 하나에 해당하는 때에는 그 여러 명을 대표하는 1명을 조합원으로 본다.

'재개발 사업'에서의 토지 등의 소유자는 "정비구역에 위치한 토지 또는 건축물의 소유자 또는 그 지상권자"라고 정하고 있고, '재건축 사업'에서는 "정비구역에 위치한 건축물 및 그 부속토지의 소유자"라고 정하고 있다.

이에 재개발 사업의 경우 정비구역 내에 토지 또는 건축물 하나만 소유하고 있다고 하더라도 조합원 자격이 있으나, 재건축 사업의 경우 건축물과 그 부속토지를 모두 소유하고 있어야 조합원 자격이 인정된다.

-도시정비법-

제2조(정의)

9. "토지등소유자"란 다음 각 목의 어느 하나에 해당하는 자를 말한다. 다만, 제27조제1항에 따라 「자본시장과 금융투자업에 관한 법률」 제8조제7항에 따른 신탁업자(이하 "신탁업자"라 한다)

가 사업시행자로 지정된 경우 토지등소유자가 정비사업을 목
적으로 신탁업자에게 신탁한 토지 또는 건축물에 대하여는 위
탁자를 토지등소유자로 본다.
　가. 주거환경개선사업 및 재개발사업의 경우에는 정비구역에
　　위치한 토지 또는 건축물의 소유자 또는 그 지상권자
　나. 재건축사업의 경우에는 정비구역에 위치한 건축물 및 그
　　부속토지의 소유자

이해하기 쉽게 설명해 보자면 정비기반 시설이 열악하고 노후·불량한
단독주택이 밀접한 지역인 소위 '달동네'에서 '재개발 정비사업'을 하는 경
우 토지 또는 건축물 중 하나의 소유권만 가지고 있다고 하더라도 토지 등
소유자에 해당하여 조합원이 될 수 있다.

이에 반해 정비기반시설이 양호하나 오래된 아파트가 있는 곳에서 새 아
파트를 건축하는 '재건축 정비사업'을 하는 경우 대지 지분이 있는 오래된
아파트, 빌라를 소유한 자에게 조합원 자격이 인정되는 것이다.

다. 유의점

도정법 제39조 제1항에서 "정비사업의 조합원은 토지 등 소유자로 한다."
고 정하고 있어 토지 등 소유자에게 원칙적으로 조합원 자격이 있다고 볼 수
있으나, 위 법에서 다양한 예외사항을 정하고 있다는 점, 재건축 사업의 경우
재건축 사업에 동의한 자만 조합원이 된다는 점 등을 유의할 필요가 있다. 이
에 후술하는 "3. 조합원 자격의 제한" 부분을 꼼꼼히 읽어보기를 권한다.

3.
조합원 자격의 제한

· · · · · ·

가. 공유자의 경우

재개발·재건축 정비사업은 기존의 오래된 건축물을 철거하고 새 아파트 등을 짓는 사업이며 정비사업을 추진이 다른 부동산 가격에도 상당한 영향을 주기 때문에 부동산 투기를 방지하고 정비사업의 수익성도 함께 고려해야 한다.

이에, 법에서는 일정한 예외사유가 존재하나 토지 등의 공유소유자에게 해당 공유자의 수에 해당하는 조합원 자격을 공유소유자에게 각각 주어 입주권을 부여하지 않는다. 이는 지나친 부동산 투기를 방지하고, 정비사업의 사업수익성도 보호하기 위함이라 할 것이다.

법에서는 아래⟨표⟩와 같이 "토지 또는 건축물의 소유권과 지상권이 여러 명의 공유에 속한 때"에는 여러 명을 대표하는 1명을 조합원으로 본다고 정하고 있다. 위 법조문의 해석과 관련해서 '여러 명을 대표하는 1명을 조합원으로 본다'는 의미에 관해 의견이 분분했다. 그러나, 해당 내용을 해석하는 대법원 판결이 있어 위 판결을 중심으로 해석하면 되겠다.

제39조(조합원의 자격 등)

① 제25조에 따른 정비사업의 조합원(사업시행자가 신탁업자인 경우에는 위탁자를 말한다. 이하 이 조에서 같다)은 토지등소유자(재건축사업의 경우에는 재건축사업에 동의한 자만 해당한다)로 하되, **다음 각 호의 어느 하나에 해당하는 때에는 그 여러 명을 대표하는 1명을 조합원으로 본다.** 다만, 「국가균형발전 특별법」제18조에 따른 공공기관지방이전 및 혁신도시 활성화를 위한 시책 등에 따라 이전하는 공공기관이 소유한 토지 또는 건축물을 양수한 경우 양수한 자(공유의 경우 대표자 1명을 말한다)를 조합원으로 본다. 〈개정 2017. 8. 9., 2018. 3. 20.〉

　1. 토지 또는 건축물의 소유권과 지상권이 여러 명의 공유에 속하는 때

　　대법원은 공유자 전원을 1인으로 조합원으로 보되 공유자 전원을 대리할 대표 조합원 1인을 선출하여 그 1인을 조합에 등록하도록 하여 조합 운영의 절차적 편의를 도모한다고 판단하고 있다. 즉, 위 "여러 명을 대표하는 1명을 조합원으로 본다"는 의미는 1명의 조합원 지위를 다수인이 공유한다는 의미로 보고 있다.

-대법원 2009. 2. 12. 선고 2006다53245 판결 [소유권이전등기등]-

구 주택건설촉진법(2002. 12. 30. 법률 제6852호로 개정되기 전의 것) 제44조의3 제6항은 "재건축조합원 중 1세대가 2주택 이상을 소유하거나 1주택을 2인 이상이 공유지분으로 소유하는 경우에는 이를 1조합원으로 보며 1주택만 공급한다."고 규정하고 있다. 그런데 구 주택건설촉진법에 의하여 설립된 재건축조합의 규약이 1주택을 2인 이상이 공유지분으로 소유하는 경우에 관하여 규정하면서 위 법조항의 문언과는 다소 다르게 공유자 중 1인을 조합원으로 보고 그 1인을 조합원으로 등록하도록 하고 있더라도, 이를 공유자 중 대표조합원 1인 외의 나머지 공유자를 재건축조합과의 사단적 법률관계에서 완전히 탈퇴시켜 비조합원으로 취급하겠다는 취지로 해석할 수는 없고, 공유자 전원을 1인의 조합원으로 보되 공유자 전원을 대리할 대표조합원 1인을 선출하여 그 1인을 조합에 등록하도록 함으로써 조합 운영의 절차적 편의를 도모함과 아울러, 조합규약이나 조합원총회 결의 등에서 달리 정함이 없는 한 공유자 전원을 1인의 조합원으로 취급하여 그에 따른 권리분배 등의 범위를 정하겠다는 의미로 보아야 한다.

나. 여러 명의 토지 등 소유자가 1세대에 속하는 경우

앞서 살펴보았듯이 토지 또는 건축물의 소유권과 지상권이 여러 명이 공유하고 있는 경우 대표하는 1명을 조합원으로 본다. 그러나, 토지 또는 건축물의 소유권을 여러 명이 공유하는 것이 아니라 여러 명이 각각 토지 또는 건축물의 소유권을 가지는 경우 각각 조합원으로 인정하게 된다.

다만, 위 여러 명의 토지 등 소유자가 1세대에 속하는 경우 그 여러 명을 대표하는 1명을 조합원으로 본다. 이는 '1세대 1조합원 자격의 원칙'을 선언한 것으로 볼 수 있다.

　이 경우 동일한 세대별 주민등록표상에 등재되어 있지 아니한 배우자 및 미혼인 19세 미만인 직계비속은 1세대로 보며 1세대로 구성된 여러 명의 토지 등 소유자가 조합설립인가 후 세대를 분리하여 동일한 세대에 속하지 아니하는 경우에도 이혼 및 19세 이상 자녀의 분가를 제외하고는 1세대로 본다고 정하고 있다는 점을 유의해야 한다.

-도시정비법-

제39조(조합원의 자격 등)

① 제25조에 따른 정비사업의 조합원(사업시행자가 신탁업자인 경우에는 위탁자를 말한다. 이하 이 조에서 같다)은 토지등소유자(재건축사업의 경우에는 재건축사업에 동의한 자만 해당한다)로 하되, 다음 각 호의 어느 하나에 해당하는 때에는 그 여러 명을 대표하는 1명을 조합원으로 본다. 다만, 「국가균형발전 특별법」 제18조에 따른 공공기관지방이전 및 혁신도시 활성화를 위한 시책 등에 따라 이전하는 공공기관이 소유한 토지 또는 건축물을 양수한 경우 양수한 자(공유의 경우 대표자 1명을 말한다)를 조합원으로 본다. 〈개정 2017. 8. 9., 2018. 3. 20.〉

　1. 토지 또는 건축물의 소유권과 지상권이 여러 명의 공유에 속하는 때

2. 여러 명의 토지등소유자가 1세대에 속하는 때. 이 경우 동일한 세대별 주민등록표 상에 등재되어 있지 아니한 배우자 및 미혼인 19세 미만의 직계비속은 1세대로 보며, 1세대로 구성된 여러 명의 토지등소유자가 조합설립인가 후 세대를 분리하여 동일한 세대에 속하지 아니하는 때에도 이혼 및 19세 이상 자녀의 분가(세대별 주민등록을 달리하고, 실거주지를 분가한 경우로 한정한다)를 제외하고는 1세대로 본다.

다시 한번 말하지만, 정비구역 내 다수인이 1세대에 속하는 경우 다수의 토지 등을 소유하고 있다고 하더라도 다수인이 각각 조합원으로 인정되는 것이 아니라, 대표하는 1명을 조합원으로 보게 된다. 특히 1세대에 속하지 않는다고 하더라도 배우자 및 미혼인 19세 미만의 직계비속의 경우 1세대로 보며 위 1세대에 구성원을 대표하는 1명을 조합원으로 보게 된다는 점을 반드시 유의해야 한다.

위와 같은 사정을 고려하지 않고 여러 명의 토지 등 소유자가 1세대에 속하면서 다수의 건축물 또는 토지를 소유하고 있으면서 각각의 소유권자에게 조합원 자격이 인정되는 줄 알고, 조합원 입주권을 목적으로 한 매매계약을 체결하게 되면 매수인에게 조합원 자격이 인정되지 않아 입주권을 취득하지 못하고 현금청산을 하게 되고 이에 따라 매수인이 매도인을 상대로 한 손해배상 소송 등을 제기하여 복잡한 소송관계가 진행될 수도 있다.

이는 1세대에 속하는 다수의 토지 등 소유자 각각에게 조합원 자격이 인정되어 다수의 입주권이 인정되는 상황을 방지하기 위한 것으로, 부동산 투기 방지, 정비사업의 수익성 보호를 위한 조치라고 할 것이다.

다. 조합설립인가 후 다물건자로부터 양수한 경우

조합설립인가 후 1명의 토지 등 소유자로부터 토지 또는 건축물의 소유권이나 지상권을 양수하여 여러 명이 소유하게 된 경우 양도자·양수인 중 대표하는 1명을 조합원으로 보게 되고 1개의 입주권이 인정된다(법 제39조 제1항 제3호).

위 규정을 반대해석하면 정비구역 내 여러 개의 부동산을 소유한 자가 조합설립 인가 이전에 매도한다면 매수인은 조합원 자격을 가질 수 있다고 할 것이다.

이는 재개발·재건축 물건을 거래하는 경우 양도자가 정비구역 내 다수의 부동산을 소유하고 있는지 여부, 해당 정비구역의 조합설립인가 여부 등을 반드시 확인해야 하는 이유이기도 하다.

-도정법-

제39조(조합원의 자격 등)
① 제25조에 따른 정비사업의 조합원(사업시행자가 신탁업자인 경우에는 위탁자를 말한다. 이하 이 조에서 같다)은 토지등소유자(재건축사업의 경우에는 재건축사업에 동의한 자만 해당한다)로 하되, 다음 각 호의 어느 하나에 해당하는 때에는 그 여러 명을 대표하는 1명을 조합원으로 본다. 다만, 「국가균형발전 특별법」 제18

조에 따른 공공기관지방이전 및 혁신도시 활성화를 위한 시책 등에 따라 이전하는 공공기관이 소유한 토지 또는 건축물을 양수한 경우 양수한 자(공유의 경우 대표자 1명을 말한다)를 조합원으로 본다. 〈개정 2017. 8. 9., 2018. 3. 20.〉

3. 조합설립인가(조합설립인가 전에 제27조제1항제3호에 따라 신탁업자를 사업시행자로 지정한 경우에는 사업시행자의 지정을 말한다. 이하 이 조에서 같다) 후 1명의 토지등소유자로부터 토지 또는 건축물의 소유권이나 지상권을 양수하여 여러 명이 소유하게 된 때

이는 정비구역 내 다수의 토지 등 소유권을 가지고 있는 자에게 원칙상 1개의 입주권을 준다는 의미이며, 조합설립인가 후 다수의 토지 등 소유권 중 일부를 다른 자에게 양도, 매매 등을 한다고 하더라도 1개의 입주권만 인정되어 양수인이 독자적인 조합원 지위를 취득하거나 입주권을 취득하지 못한다는 의미이다.

※ 자주 하는 질문

위 부분은 정비구역 내 물건을 매매하면서 가장 많은 중개사고가 발생하는 부분이며 필자에게 자문을 많이 구하고 실제 소송이 많이 제기되는 부분이기도 하다. 이를 방지하기 위해 조합설립인가 후 정비구역의 물건을 구입하는 분들은 반드시 필자를 포함한 재개발·재건축 전문 변호사에게 자문을 구할 것을 권한다.

또한, 매수인의 입장에서는 해당 물건의 매매가 '조합원 자격을 취득하여 독자적인 입주권을 얻기 위한 것이라는 점'을 해당 매매계약서 등에 명기하고 위약금 등을 명확히 기재해 두는 것이 필요하다. 위와 같은 문구를 기재하는 것은 매수인이 매매계약서상 매수의 동기를 표시하는 것인데, 추후 해당 계약 해제, 손해배상 소송에서 법원의 판단에 있어 매우 중요한 판단 기준이 된다.

참고로, 위와 같은 내용을 계약서에 명시적으로 기재하지 않고 구두로 언급하였다면 해당 내용을 녹음 등으로 확보해 두는 것이 좋다. 다만, 매매 계약서에 명시적으로 명시한 것에 비해서는 상대적으로 법원에서 인정받기가 쉽지 않다.

※ 자주 하는 질문 - 2020년경 광주고등법원 판결에 관해서

2020년경 광주고등법원에서 조합설립인가 후 다물건자로부터 하나의 부동산을 매수한 경우 매수인에게 독자적인 분양권이 있다고 판단하였고 이후 대법원에서 위 내용이 확정된 판결이 있었다. 위 판결을 두고 조합설립 인가 후 다물건자로부터 부동산을 매수한 자에게도 독자적인 분양권이 인정되는지에 관해서 논란이 되고 있는데, 위 판결과 반대되는 내용의 고등 법원 판결도 있어 추후 대법원의 입장을 기다려 봐야 할 것으로 보인다.

라. 투기과열지구에서의 양도 · 양수

(1) 원칙적 양도 · 양수의 금지

투기과열지구로 지정된 지역에서 재건축 사업을 시행하는 경우에는 조합설립인가 후, 재개발 사업을 시행하는 경우에는 관리처분계획의 인가 후 해당 정비사업의 건축물 또는 토지를 양수한 자는 조합원이 될 수 없다.

-도정법-

제39조(조합원의 자격 등

② 「주택법」 제63조제1항에 따른 투기과열지구(이하 "투기과열지구"라 한다)로 지정된 지역에서 재건축사업을 시행하는 경우에는 조합설립인가 후, 재개발사업을 시행하는 경우에는 제74조에 따른 관리처분계획의 인가 후 해당 정비사업의 건축물 또는 토지를 양수(매매·증여, 그 밖의 권리의 변동을 수반하는 모든 행위를 포함하되, 상속·이혼으로 인한 양도·양수의 경우는 제외한다. 이하 이 조에서 같다)한 자는 제1항에도 불구하고 조합원이 될 수 없다. 다만, 양도인이 다음 각 호의 어느 하나에 해당하는 경우 그 양도인으로부터 그 건축물 또는 토지를 양수한 자는 그러하지 아니하다. 〈개정 2017.10.24, 2020.6.9, 2021.4.13〉

1. 세대원(세대주가 포함된 세대의 구성원을 말한다. 이하 이 조에서 같다)의 근무상 또는 생업상의 사정이나 질병치료(「의료법」 제3조에 따른 의료기관의 장이 1년 이상의 치료나 요양이 필요하다고 인정하는 경우로 한정한다)·취학·결혼으로 세대원이 모두 해당 사업구역에 위치하지 아니한 특별시·광역시·특별자치시·특별자치도·시 또는 군으로 이전하는 경우

2. 상속으로 취득한 주택으로 세대원 모두 이전하는 경우

3. 세대원 모두 해외로 이주하거나 세대원 모두 2년 이상 해외에 체류하려는 경우

4. 1세대(제1항제2호에 따라 1세대에 속하는 때를 말한다) 1주택자로서 양도하는 주택에 대한 소유기간 및 거주기간이 대통령령으로 정하는 기간 이상인 경우

5. 제80조에 따른 지분형주택을 공급받기 위하여 건축물 또는

토지를 토지주택공사등과 공유하려는 경우

6. 공공임대주택, 「공공주택 특별법」에 따른 공공분양주택의 공급
   및 대통령령으로 정하는 사업을 목적으로 건축물 또는 토지를
   양수하려는 공공재개발사업 시행자에게 양도하려는 경우

7. 그 밖에 불가피한 사정으로 양도하는 경우로서 대통령령으
   로 정하는 경우

(2) 투기과열지구 지정 현황

서울특별시의 경우 전역 25개구는 2017. 8. 3. 투기과열지구로 지정되어 현재 2021. 1.까지 투기과열지구로 지정되어 있다. 해당 지역이 투기과열지구로 지정되어 있는지 여부는 국토교통부 홈페이지에서 쉽게 확인할 수 있고 계속해서 변동사항이 발생하고 있어 위 홈페이지에서 수시로 직접 확인하기 바란다.

※ 투기과열지구 지정 현황

지정일자	지정지역
2017. 8. 3.	서울특별시 전역(25개區), 경기도 과천시, 세종특별자치시주1)
2017. 9. 6.	경기도 성남시 분당구, 대구광역시 수성구
2018. 8. 28.	경기도 광명시, 하남시
2020. 6. 19.	경기도 수원시, 성남시 수정구, 안양시, 안산시 단원구, 구리시, 군포시, 의왕시, 용인시 수지구 · 기흥구, 동탄2택지개발지구주2), 인천광역시 연수구, 남동구, 서구, 대전광역시 동구, 중구, 서구, 유성구
2020. 12. 18.	경상남도 창원시 의창구 – 대산면, 동읍 및 북면제외(북면 감계리 일원 감계지구, 무동리 일원 무동지구는 투기과열지구 지정을 유지)

위 조합원이 될 수 없다는 의미는 해당 물건에 관해 양도·양수 자체를 할 수 없다는 뜻은 아니고, 해당 물건을 양수하더라도 조합원 지위가 인정되지 않아 입주권이 부여되지 않고 현금청산자가 된다는 의미이다. 따라서 정비구역 내 물건을 거래하는 경우 해당 정비사업이 투기과열지구 내에 위치하고 있는지 확인해야 하고 재건축·재개발 정비사업인지 여부에 따라 조합설립인가 또는 관리처분계획인가를 받았는지 여부도 반드시 확인해야 한다.

※ 자주 하는 질문
법 제39조 제1항 제2호에서 조합설립인가 후 다물건자로부터 양수한 자에게 독자적인 조합원 자격이 인정되지 않는다는 취지와 법 39조 제2항에서의 투기과열지구에서의 재건축의 경우 조합설립인가 후, 재개발의 경우 관리처분계획인가 후 조합원 지위 양수해도 양수인에게 독자적인 조합원 지위가 인정되지 않는다는 것이 어떠한 차이가 있는 것인지 물어보는 경우가 있다.

간단하게 설명하자면 법 제39조 제1항 제3호에서는 투기과열지구 여부와 관계없이 조합설립인가 후 다물건자로부터 건축물 또는 토지 중 일부를 양수하더라도 양수인에게 독자적인 조합원 자격을 인정하지 않는다는 취지이다. 이에 반해서 법 제39조 제2항의 경우는 투기과열지구에서 조합원 지위를 일정한 시기 이후에는 정비구역 내 물건을 양도·양수하더라도 양수인은 조합원이 될 수 없다는 취지이다.

(3) 양도·양수가 예외적으로 허용되는 경우
투기과열지구에서 원칙적으로 재건축 사업을 시행하는 경우 조합설립인가 후, 재개발 사업을 시행하는 경우 관리처분계획인가를 받은 후에는 해당 정비사업의 건축물 또는 토지를 양도 · 양수하더라도 양수인에게 조합원 지위가 인정되지 않는다.

다만, 법에서는 아래 〈표〉와 같이 양도인의 "세대원의 근무상 또는 생업상의 사정이나 질병치료 · 취학 · 결혼으로 세대원 모두 해당 사업구역에 위치하지 아니한 특별시 · 광역시 · 특별자치도 · 시 또는 군으로 이전하는 경우", "상속으로 취득한 주택으로 세대원 모두 이전하는 경우", "세대원 모두 해외로 이주하거나 세대원 모두 2년 이상 해외에 체류하려는 경우", "1세대 1주택자로서 양도하는 주택에 대한 소유기간 10년 이상 및 거주기간이 5년 이상인 경우" 등의 사유가 있는 경우에 한하여 양수인에게 조합원 지위를 인정하고 있다.

-도정법-

제39조(조합원의 자격 등)

② 「주택법」 제63조제1항에 따른 투기과열지구(이하 "투기과열지구"라 한다)로 지정된 지역에서 재건축사업을 시행하는 경우에는 조합설립인가 후, 재개발사업을 시행하는 경우에는 제74조에 따른 관리처분계획의 인가 후 해당 정비사업의 건축물 또는 토지를 양수(매매 · 증여, 그 밖의 권리의 변동을 수반하는 모든 행위를 포함하되, 상속 · 이혼으로 인한 양도 · 양수의 경우는 제외한다. 이하 이 조에서 같다)한 자는 제1항에도 불구하고 조합원이 될 수 없다. 다만, 양도인이 다음 각 호의 어느 하나에 해당하는 경우 그 양도인으로부터 그 건축물 또는 토지를 양수한 자는 그러하지 아니하다. 〈개정 2017.10.24, 2020.6.9, 2021.4.13〉

1. 세대원(세대주가 포함된 세대의 구성원을 말한다. 이하 이 조에서

같다)의 근무상 또는 생업상의 사정이나 질병치료(「의료법」
제3조에 따른 의료기관의 장이 1년 이상의 치료나 요양이 필요하
다고 인정하는 경우로 한정한다) · 취학 · 결혼으로 세대원이
모두 해당 사업구역에 위치하지 아니한 특별시 · 광역시 ·
특별자치시 · 특별자치도 · 시 또는 군으로 이전하는 경우

2. 상속으로 취득한 주택으로 세대원 모두 이전하는 경우

3. 세대원 모두 해외로 이주하거나 세대원 모두 2년 이상 해
외에 체류하려는 경우

4. 1세대(제1항제2호에 따라 1세대에 속하는 때를 말한다) 1주택자
로서 양도하는 주택에 대한 소유기간 및 거주기간이 대통
령령으로 정하는 기간 이상인 경우

5. 제80조에 따른 지분형주택을 공급받기 위하여 건축물 또는
토지를 토지주택공사등과 공유하려는 경우

6. 공공임대주택, 「공공주택 특별법」에 따른 공공분양주택의
공급 및 대통령령으로 정하는 사업을 목적으로 건축물 또
는 토지를 양수하려는 공공재개발사업 시행자에게 양도하
려는 경우

7. 그 밖에 불가피한 사정으로 양도하는 경우로서 대통령령으
로 정하는 경우

-도정법 시행령-

제37조(조합원)

① 법 제39조제2항제4호에서 "대통령령으로 정하는 기간"이란 다
음 각 호의 구분에 따른 기간을 말한다. 이 경우 소유자가 피상
속인으로부터 주택을 상속받아 소유권을 취득한 경우에는 피
상속인의 주택의 소유기간 및 거주기간을 합산한다.

1. 소유기간: 10년

2. 거주기간(「주민등록법」 제7조에 따른 주민등록표를 기준으로 하며, 소유자가 거주하지 아니하고 소유자의 배우자나 직계존비속이 해당 주택에 거주한 경우에는 그 기간을 합산한다): 5년

② 법 제39조제2항제6호에서 "대통령령으로 정하는 사업"이란 공공재개발사업 시행자가 상가를 임대하는 사업을 말한다. 〈신설 2021. 7. 13.〉

③ 법 제39조제2항제7호에서 "대통령령으로 정하는 경우"란 다음 각 호의 어느 하나에 해당하는 경우를 말한다. 〈개정 2020. 6. 23., 2021. 7. 13.〉

1. 조합설립인가일부터 3년 이상 사업시행인가 신청이 없는 재건축사업의 건축물을 3년 이상 계속하여 소유하고 있는 자(소유기간을 산정할 때 소유자가 피상속인으로부터 상속받아 소유권을 취득한 경우에는 피상속인의 소유기간을 합산한다. 이하 제2호 및 제3호에서 같다)가 사업시행인가 신청 전에 양도하는 경우

2. 사업시행계획인가일부터 3년 이내에 착공하지 못한 재건축사업의 토지 또는 건축물을 3년 이상 계속하여 소유하고 있는 자가 착공 전에 양도하는 경우

3. 착공일부터 3년 이상 준공되지 않은 재개발사업 · 재건축사업의 토지를 3년 이상 계속하여 소유하고 있는 경우

4. 법률 제7056호 도시및주거환경정비법 일부 개정법률 부칙 제2항에 따른 토지등소유자로부터 상속 · 이혼으로 인하여 토지 또는 건축물을 소유한 자

5. 국가 · 지방자치단체 및 금융기관(「주택법 시행령」 제71조제1호 각 목의 금융기관을 말한다)에 대한 채무를 이행하지 못하여 재개발사업 · 재건축사업의 토지 또는 건축물이 경매 또는 공매되는 경우

6. 「주택법」 제63조제1항에 따른 투기과열지구(이하 "투기과열지구"라 한다)로 지정되기 전에 건축물 또는 토지를 양도하기 위한 계약(계약금 지급 내역 등으로 계약일을 확인할 수 있는 경우로 한정한다)을 체결하고, 투기과열지구로 지정된 날부터 60일 이내에 「부동산 거래신고 등에 관한 법률」 제3조에 따라 부동산 거래의 신고를 한 경우

위 도정법 제39조 제2항 제7호에서는 "7. 그 밖에 불가피한 사정으로 양도하는 경우로서 대통령령으로 정하는 경우"에 예외적으로 양수인에게 조합원 자격을 인정한다고 정하며 구체적인 내용을 시행령에 위임하고 있다. 위 시행령 규정은 최근에 개정된 내용으로 반드시 확인할 필요가 있다.

이에 위 시행령의 내용을 살펴보면 "조합설립인가일부터 3년 이상 사업시행인가 신청이 없는 재건축사업의 건축물을 3년 이상 계속하여 소유하고 있는 자가 사업시행인가 신청 전에 양도하는 경우", "사업시행계획인가일부터 3년 이내에 착공하지 못한 재건축사업의 토지 또는 건축물을 3년 이상 계속하여 소유하고 있는 자가 착공 전에 양도하는 경우", " 착공일부터 3년 이상 준공되지 않은 재개발사업ㆍ재건축사업의 토지를 3년 이상 계속하여 소유하고 있는 경우" 등의 경우에는 양수인에게 조합원 자격을 인정하게 된다.

필자의 개인적인 생각에 투기과열지구에서의 부동산 투기를 방지하기 위해 위와 같이 재건축ㆍ재개발 정비사업에서 일정한 시점 이후에 정비구역 내 물건을 취득하더라도 양수인에게 조합원 지위를 인정하지 않는다는

취지에는 일부 공감할 수 있으나, 이에 관해 복잡하고 너무 많은 예외를 복잡하게 설정하고 있어 투기과열지구 내 재건축·재개발 물건의 매매에 있어서 과연 위와 같은 예외를 모두 인지하고 해당 예외사유에 해당하는지를 확인하여 거래할 수 있을지 의문이다.

설령, 정비구역 내 물건을 거래함에 있어 부동산 전문가인 부동산 중개업사를 통한다고 하더라도 위와 같은 예외사유에 해당하는지 확인이 쉽지 않을 것으로 보이고, 공인중개사 없이 사적인 거래에 있어서는 더더욱 확인이 어려울 것이다.

추측건대, 매수인은 조합원 지위가 있다고 생각하여 매수했는데 실제로는 매도인에게 예외 조항에 해당하지 않았고 이로 인해 매수인에게 조합원 지위가 인정되지 않아 매도인·매수인·공인중개사 사이에 손해배상 등의 소송문제가 발생할 여지가 크다고 본다.

필자의 개인적인 생각에 위 법에서 복잡한 예외사유를 정하고 있으나 그 입법취지가 사실상 투기과열지구 내 재건축·재개발 물건을 양도·양수 자체를 하지 말라는 것으로 생각된다.

필자는 위 예외사유를 본서에서 하나씩 상세한 설명을 기재하려고 했으나 너무 많은 예외사유로 인하여 위 사유를 모두 기재하여 설명하는 것이 분량상 어렵다는 생각이 들어 해당 법조문을 인용하고 필요한 부분만 설명하는 방식을 취하였다. 추후 재개발·재건축 정비사업의 조합원 자격에 관해 따로 책을 발간할 예정에 있다.

4.
주택 등 건축물을 분양받을 권리의 산정 기준일

· · · · · ·

재개발 · 재건축 정비사업은 궁극적으로 오래된 건축물을 철거하고 새로운 건축물을 짓는 것으로 그중 조합원 및 예비 조합원이 가장 관심을 많이 받는 부분은 바로 '공동주택을 분양받을 수 있는가 여부', '분양받을 수 있다면 몇 개의 분양권을 받을 수 있는가'일 것이다.

만약, 해당 재개발 정비구역 내 토지의 공유지분을 가진 자에게 모두 조합원 자격이 인정되고 입주권이 부여된다고 가정한다면, 토지를 가진자는 위 토지를 여러 지분으로 나누고 이를 제3자에 매매하여 소위 '입주권 장사'를 할 수도 있다.

그러나, 정비사업의 진행으로 인한 과도한 부동산 투기의 방지 측면과 정비사업의 수익성 측면에서 일반 분양을 할 수 있는 물건의 양이 중요하며, 이를 위해 법에서는 "주택 등 건축물을 분양받을 권리의 산정 기준일"이라는 것을 정하고 있다(법 제77조).

위 권리의 산정 기준일은 정비구역지정 · 고시가 있는 날 또는 시 · 도지사가 투기억제를 위하여 기본계획수립 후 정비구역지정 · 고시 전에 따로 정한 날의 다음날을 의미한다.

위 권리의 산정 기준일로 "1. 1필지의 토지가 여러 개의 필지로 분할되는 경우", "2. 단독주택 또는 다가구주택이 다세대주택으로 전환되는 경우", "3. 하나의 대지 범위에 속하는 동일인 소유의 토지와 주택 등 건축물을 토지와 주택 등 건축물로 각각 분리하여 소유하는 경우", "4. 나대지에 건축물을 새로 건축하거나 기존 건축물을 철거하고 다세대주택, 그 밖의 공동주택을 건축하여 토지등소유자의 수가 증가하는 경우"에 건축물을 분양받을 권리를 산정한다.

권리기준산정일을 '쪼개기 금지 기준일'이라고 말하기도 하는데, 위 기준일 이전에는 쪼갠 수만큼의 분양자격을 인정하지만 위 기준일 이후에는 1개의 분양자격만 인정한다는 취지이다. 가령, 위 기준일 이후 토지분할 하거나 단독주택 또는 다가구주택이 다세대주택으로 전환하더라도 1개의 분양자격만 인정된다는 것으로 분양자격 취득을 위해 위와 같은 행위를 금지한다는 것이다.

-도시정비법-

제77조(주택 등 건축물을 분양받을 권리의 산정 기준일)

① 정비사업을 통하여 분양받을 건축물이 다음 각 호의 어느 하나에 해당하는 경우에는 제16조제2항 전단에 따른 고시가 있은 날 또는 시·도지사가 투기를 억제하기 위하여 기본계획 수립 후 정비구역 지정·고시 전에 따로 정하는 날(이하 이 조에서 "기준일"이라 한다)의 다음 날을 기준으로 건축물을 분양받을 권리를 산정한다. 〈개정 2018.6.12〉

1. 1필지의 토지가 여러 개의 필지로 분할되는 경우

2. 단독주택 또는 다가구주택이 다세대주택으로 전환되는 경우

3. 하나의 대지 범위에 속하는 동일인 소유의 토지와 주택 등 건축물을 토지와 주택 등 건축물로 각각 분리하여 소유하는 경우

4. 나대지에 건축물을 새로 건축하거나 기존 건축물을 철거하고 다세대주택, 그 밖의 공동주택을 건축하여 토지등소유자의 수가 증가하는 경우

② 시·도지사는 제1항에 따라 기준일을 따로 정하는 경우에는 기준일·지정사유·건축물을 분양받을 권리의 산정 기준 등을 해당 지방자치단체의 공보에 고시하여야 한다.

제16조(정비계획의 결정 및 정비구역의 지정·고시)

② 정비구역의 지정권자는 정비구역을 지정(변경지정을 포함한다. 이하 같다)하거나 정비계획을 결정(변경결정을 포함한다. 이하 같다)한 때에는 정비계획을 포함한 정비구역 지정의 내용을 해당 지방자치단체의 공보에 고시하여야 한다. 이 경우 지형도면 고시 등에 대하여는 「토지이용규제 기본법」 제8조에 따른다. 〈개정 2018.6.12, 2020.6.9〉

위 권리의 산정 기준일이 구체적으로 어떻게 적용되고 있는지를 확인하기 위해서는 각 시·도의 도시 및 주거환경정비조례(이하 '도시정비조례'라고만 한다)를 확인해 볼 필요가 있다. 본서에서는 서울특별시 도시정비조례를 예로 들어보겠다.

구체적으로 살펴보면 도시정비법 시행령에서는 재개발 사업의 경우 관리처분의 방법에 관해서 정비구역의 토지 등 소유자에게 분양해야 하나 공동주택을 분양하는 경우 시·도조례로 정하는 금액·규모·취득시기 또는 유형에 대한 기준에 부합하지 않는 토지 등 소유자는 분양대상에서 제외할 수 있다고 정하고 있다(시행령 제63조 제1항 제3호). 이에 서울특별시 도시정비조례에서는 '권리산정기준일'이라는 개념을 사용하여 위 분양대상에서 제외되는 자를 정하고 있다.

-도시정비법 시행령-

제63조(관리처분의 방법 등)
① 법 제23조제1항제4호의 방법으로 시행하는 주거환경개선사업과 재개발사업의 경우 법 제74조제4항에 따른 관리처분은 다음 각 호의 방법에 따른다.
  3. 정비구역의 토지등소유자(지상권자는 제외한다. 이하 이 항에서 같다)에게 분양할 것. 다만, 공동주택을 분양하는 경우 시·도조례로 정하는 금액·규모·취득 시기 또는 유형에 대한 기준에 부합하지 아니하는 토지등소유자는 시·도조례로 정하는 바에 따라 분양대상에서 제외할 수 있다.

-서울특별시 도시정비조례-

제36조(재개발사업의 분양대상 등)
① 영 제63조제1항제3호에 따라 재개발사업으로 건립되는 공동주택의 분양대상자는 관리처분계획기준일 현재 다음 각 호의

어느 하나에 해당하는 토지등소유자로 한다.

1. 종전의 건축물 중 주택(주거용으로 사용하고 있는 특정무허가건축물 중 조합의 정관등에서 정한 건축물을 포함한다)을 소유한 자
2. 분양신청자가 소유하고 있는 종전토지의 총면적이 90제곱미터 이상인 자
3. 분양신청자가 소유하고 있는 권리가액이 분양용 최소규모 공동주택 1가구의 추산액 이상인 자. 다만, 분양신청자가 동일한 세대인 경우의 권리가액은 세대원 전원의 가액을 합하여 산정할 수 있다.
4. 사업시행방식전환의 경우에는 전환되기 전의 사업방식에 따라 환지를 지정받은 자. 이 경우 제1호부터 제3호까지는 적용하지 아니할 수 있다.
5. 도시재정비법 제11조제4항에 따라 재정비촉진계획에 따른 기반시설을 설치하게 되는 경우로서 종전의 주택(사실상 주거용으로 사용되고 있는 건축물을 포함한다)에 관한 보상을 받은 자

② 제1항에도 불구하고 다음 각 호의 어느 하나에 해당하는 경우에는 여러 명의 분양신청자를 1명의 분양대상자로 본다.

1. 단독주택 또는 다가구주택을 권리산정기준일 후 다세대주택으로 전환한 경우
2. 법 제39조제1항제2호에 따라 여러 명의 분양신청자가 1세대에 속하는 경우
3. 1주택 또는 1필지의 토지를 여러 명이 소유하고 있는 경우. 다만, 권리산정기준일 이전부터 공유로 소유한 토지의 지분이 제1항제2호 또는 권리가액이 제1항제3호에 해당하는 경우는 예외로 한다.

4. 1필지의 토지를 권리산정기준일 후 여러 개의 필지로 분할한 경우
5. 하나의 대지범위에 속하는 동일인 소유의 토지와 주택을 건축물 준공 이후 토지와 건축물로 각각 분리하여 소유하는 경우. 다만, 권리산정기준일 이전부터 소유한 토지의 면적이 90제곱미터 이상인 자는 예외로 한다.
6. 권리산정기준일 후 나대지에 건축물을 새로 건축하거나 기존 건축물을 철거하고 다세대주택, 그 밖에 공동주택을 건축하여 토지등소유자가 증가되는 경우

③ 제1항제2호의 종전 토지의 총면적 및 제1항제3호의 권리가액을 산정함에 있어 다음 각 호의 어느 하나에 해당하는 토지는 포함하지 않는다.

위 서울특별시 도시정비조례에서는 재개발 정비사업에서 "1주택 또는 1필지의 토지를 여러 명이 소유하고 있는 경우 여러 명의 분양신청자를 1명의 분양신청자로 본다."고 정하고 있다. 다만, "권리기준산정기준일 이전부터 공유로 소유한 토지의 지분이 90㎡ 이상이거나 그 권리가액이 분양용 최소규모 공동주택 1가구의 추산액 이상인 경우는 예외로 한다."고 정하고 있다.

또한, 위 도시정비조례에서는 "단독주택 또는 다가구주택을 권리산정기준일 후 다세대주택으로 전환한 경우", "권리산정기준일 후 나대지에 건축물을 새로 건축하거나 기존 건축물을 철거하고 다세대주택, 그 밖에 공동주택을 건축하여 토지등소유자가 증가되는 경우" 여러 명의 분양신청자를

1명의 신청자로 보아 1개의 조합원 입주권만 인정한다.

위 규정은 서울에서 정비사업을 진행하는 경우에 해당하는 것이며, 다른 광역시 등에서도 비슷한 내용을 규정하고 있으나 조금씩 다른 내용을 규정하고 있는 경우가 있어 반드시 해당 정비구역의 도시정비조례를 확인해야 할 필요가 있다.

재개발 · 재건축에 관해 관심이 많은 자들이 도정법에 관해서는 관심을 가지면서도 각 시 · 도의 도시정비조례에 관해서는 잘 찾아보지 않는 경향이 있다. 재개발 · 재건축 정비사업에 나름대로 전문가인 자들도 마찬가지인 경우가 있다. 후술하는 바와 같이 해당 정비사업에 관한 도시정비조례를 찾아보고 해당 내용을 확인해 보는 것의 중요성은 아무리 강조해도 지나치지 않다.

5.
도시 및 주거환경정비 조례

· · · · · ·

가. 서설

재개발 사업으로 건립되는 공동주택의 분양대상자인지 여부를 확인하기 위해서는 해당 정비사업이 진행되는 지역의 도시 및 주거환경정비 조례(이하 '도시정비조례'라고만 한다)를 반드시 확인할 필요가 있다. 본서에서는 서울특별시 도시정비조례를 예로 들어 보겠다.

나. 서울특별시 도시정비조례

서울특별시 도시정비조례에서는 재개발 사업으로 건설되는 공동주택의 분양대상에 관해 아래 〈표〉와 같이 정하고 있다.

-서울특별시 도시 및 주거환경정비 조례-

제36조(재개발사업의 분양대상 등)

① 영 제63조제1항제3호에 따라 재개발사업으로 건립되는 공동주택의 분양대상자는 관리처분계획기준일 현재 다음 각 호의 어느 하나에 해당하는 토지등소유자로 한다.

1. 종전의 건축물 중 주택(주거용으로 사용하고 있는 특정무허가건축물 중 조합의 정관등에서 정한 건축물을 포함한다)을 소유한 자

2. 분양신청자가 소유하고 있는 종전토지의 총면적이 90제곱미터 이상인 자

3. 분양신청자가 소유하고 있는 권리가액이 분양용 최소규모 공동주택 1가구의 추산액 이상인 자. 다만, 분양신청자가 동일한 세대인 경우의 권리가액은 세대원 전원의 가액을 합하여 산정할 수 있다.

4. 사업시행방식전환의 경우에는 전환되기 전의 사업방식에 따라 환지를 지정받은 자. 이 경우 제1호부터 제3호까지는 적용하지 아니할 수 있다.

5. 도시재정비법 제11조제4항에 따라 재정비촉진계획에 따른 기반시설을 설치하게 되는 경우로서 종전의 주택(사실상 주거용으로 사용되고 있는 건축물을 포함한다)에 관한 보상을 받은 자

② 제1항에도 불구하고 다음 각 호의 어느 하나에 해당하는 경우에는 여러 명의 분양신청자를 1명의 분양대상자로 본다.

---

1. 단독주택 또는 다가구주택을 권리산정기준일 후 다세대주택으로 전환한 경우
2. 법 제39조제1항제2호에 따라 여러 명의 분양신청자가 1세대에 속하는 경우
3. 1주택 또는 1필지의 토지를 여러 명이 소유하고 있는 경우. 다만, 권리산정기준일 이전부터 공유로 소유한 토지의 지분이 제1항제2호 또는 권리가액이 제1항제3호에 해당하는 경우는 예외로 한다.
4. 1필지의 토지를 권리산정기준일 후 여러 개의 필지로 분할한 경우
5. 하나의 대지범위에 속하는 동일인 소유의 토지와 주택을 건축물 준공 이후 토지와 건축물로 각각 분리하여 소유하는 경우. 다만, 권리산정기준일 이전부터 소유한 토지의 면적이 90제곱미터 이상인 자는 예외로 한다.
6. 권리산정기준일 후 나대지에 건축물을 새로 건축하거나 기존 건축물을 철거하고 다세대주택, 그 밖에 공동주택을 건축하여 토지등소유자가 증가되는 경우

③ 제1항제2호의 종전 토지의 총면적 및 제1항제3호의 권리가액을 산정함에 있어 다음 각 호의 어느 하나에 해당하는 토지는 포함하지 않는다.
   1. 「건축법」 제2조제1항제1호에 따른 하나의 대지범위 안에 속하는 토지가 여러 필지인 경우 권리산정기준일 후에 그 토지의 일부를 취득하였거나 공유지분으로 취득한 토지
   2. 하나의 건축물이 하나의 대지범위 안에 속하는 토지를 점유하고 있는 경우로서 권리산정기준일 후 그 건축물과 분리하여 취득한 토지

위 〈표〉에서 확인할 수 있듯이 서울특별시에서의 재개발 정비사업의 경우 분양신청자가 소유하고 있는 종전의 토지가 90㎡ 이상인 자는 재개발 사업으로 건립되는 공동주택의 분양대상자에 해당하며 종전 건축물 중 주택이 무허가건축물이라고 하더라도 조합의 정관 등에서 분양대상자로 정할 수 있다고 규정하고 있다.

그렇다면 서울이 아닌 다른 지역의 도시정비조례에서도 위와 같이 규정하고 있을까? 다른 지역의 도시정비조례를 모두 확인하기는 분량상 어렵기 때문에 부산광역시의 도시정비조례를 추가적으로 살펴보도록 하겠다.

다. 부산광역시 도시정비조례

이번에는 부산광역시 도시정비조례를 살펴보도록 하겠다. 아래 〈표〉는 부산광역시 도시정비조례 중 재개발 사업의 분양대상에 관한 규정이다.

-부산광역시 도시 및 주거환경정비 조례-

제37조(재개발사업의 분양대상 등)

① 영 제63조제1항제3호 단서에 따라 재개발사업으로 조성되는 대지 및 건축시설 중 공동주택의 분양대상자는 관리처분계획 기준일 현재 다음 각 호의 어느 하나에 해당하는 자로 한다.

1. 종전 건축물 중 주택(기존무허가건축물로서 사실상 주거용으로 사용되고 있는 건축물을 포함한다)을 소유한 자

2. 분양신청자가 소유하고 있는 종전 토지의 총면적이 「부산 광역시 건축 조례」 제39조의 규모 이상인 자. 다만, 법 제77 조에 따른 권리산정 기준일 이전에 분할된 1필지 토지로서 그 면적이 20제곱미터 이상인 토지(지목이 도로이며, 도로로 이용되고 있는 경우를 제외한다)의 소유자는 사업시행계획인 가 고시일 이후부터 법 제83조제3항에 따른 공사완료 고시 일까지 분양신청자를 포함한 세대원(세대주 및 세대주와 동 일한 세대별 주민등록표상에 등재되어 있지 아니한 세대주의 배 우자 및 배우자와 동일한 세대를 이루고 있는 세대원을 포함한다) 전원이 주택을 소유하고 있지 아니한 경우에 한정하여 분 양대상자로 할 수 있다.

3. 분양신청자가 소유하고 있는 종전 토지 및 건축물의 가액이 분양용 최소규모 공동주택 1가구의 추산액 이상인 자

4. 사업시행방식이 전환되는 경우 전환되기 전의 사업방식에 의하여 환지를 지정받은 자. 이 경우 제1호부터 제3호까지 의 규정은 적용하지 아니할 수 있다.

-부산광역시 건축 조례-

제39조(건축물이 있는 대지의 분할제한) 법 제57조제1항에서 "조례 로 정하는 면적"이란 다음 각 호의 어느 하나에 해당하는 규모 이

상을 말한다. 〈개정 2006. 12. 27, 2008. 12. 31, 2010. 3. 3〉

1. 주거지역 : 60제곱미터

2. 상업지역 : 150제곱미터

3. 공업지역 : 150제곱미터

4. 녹지지역 : 200제곱미터

5. 제1호부터 제4호까지의 규정에 해당하지 아니하는 지역 : 60제
   곱미터 〈개정 2010. 3. 3〉

부산광역시 도시정비 조례에서는 분양신청자가 소유하고 있는 종전 토지의 총면적이 60㎡ 이상인 자가 공동주택의 분양대상자가 된다고 정하고 있다. 이는 서울특별시 도시정비조례의 경우 90㎡인 점과 차이가 있는 것이다.

또한, 위 부산광역시 도시정비조례에서는 종전 건축물이 무허가건축물로서 사실상 주거용으로 사용되고 있는 건축물의 경우 정관 등의 규정과 관계없이 공동주택의 분양대상자가 된다고 정하고 있어 서울특별시 정비조례 "종전의 건축물 중 주택(주거용으로 사용하고 있는 특정무허가건축물 중 조합의 정관등에서 정한 건축물을 포함한다)을 소유한 자"와는 차이를 보이고 있다.

라. 도시정비조례 확인의 필요성

필자가 재개발 · 재건축 정비사업과 관련하여 해당 지역의 도시정비조례를 찾아볼 것을 권하는 이유가 바로 여기에 있다. 어느 재개발 · 재건축 전문 변호사도 모든 지역의 도시정비조례를 알고 있지 않다. 각 시 · 도의 정비조례가 계속해서 개정이 되기 때문에 더더욱 이를 모두 알고 있는 전문

가란 있을 수 없다. 재개발·재건축의 전문가라고 하더라도 계속해서 해당 지역의 도시정비조례를 찾아보고 변경된 점이 있는지 연구할 수밖에 없는 일인 것이다.

6.
주택 및 부대·복리시설 공급기준

가. 서설

재개발·재건축 정비사업에서 조합원 자격에 관해서는 앞서 살펴보았다. 그렇다면 재개발·재건축 정비사업으로 건설되는 공동주택 및 부대 복리시설은 어떤 기준으로 조합원에게 공급되어야 하는지 의문이 들 것이다. 조합원들이 원하는 동·호수, 평수가 다 다를 수 있으며, 보편적으로 선호하는 동·호수, 평수가 있는데 반해, 새로 건설되는 재개발·재건축의 물건이 한정적이라는 점을 고려해 보면 공급기준이 필요하다고 할 것이다.

나. 재개발 사업의 경우

(1) 도정법 시행령

재개발 사업의 경우 아래 〈표〉와 같이 도정법 시행령에서 관리처분의 방법을 정하고 있는데, 위 관리처분의 방법 중 하나로 "주택 및 부대시설·복리시설의 공급순위에 관해서 토지 또는 건축물의 가격을 고려하여 정한다."고 규정하고 있다. 다만, 구체적인 공급순위에 관해서는 시·도 조례로 정한다고 되어 있는 바, 해당 정비구역의 시·도 조례를 확인할 필요가 있다.

본서에서는 분량상 전국의 시 · 도 조례를 모두 확인하기는 어렵기 때문에 서울특별시, 부산광역시의 도시정비조례를 중심으로 확인하도록 하겠다.

-도정법 시행령-

제63조(관리처분의 방법 등)

① 법 제23조제1항제4호의 방법으로 시행하는 주거환경개선사업과 재개발사업의 경우 법 제74조제4항에 따른 관리처분은 다음 각 호의 방법에 따른다.

  1. 시 · 도조례로 분양주택의 규모를 제한하는 경우에는 그 규모 이하로 주택을 공급할 것

  2. 1개의 건축물의 대지는 1필지의 토지가 되도록 정할 것. 다만, 주택단지의 경우에는 그러하지 아니하다.

  3. 정비구역의 토지등소유자(지상권자는 제외한다. 이하 이 항에서 같다)에게 분양할 것. 다만, 공동주택을 분양하는 경우 시 · 도조례로 정하는 금액 · 규모 · 취득 시기 또는 유형에 대한 기준에 부합하지 아니하는 토지등소유자는 시 · 도조례로 정하는 바에 따라 분양대상에서 제외할 수 있다.

  4. 1필지의 대지 및 그 대지에 건축된 건축물(법 제79조제4항 전단에 따라 보류지로 정하거나 조합원 외의 자에게 분양하는 부분은 제외한다)을 2인 이상에게 분양하는 때에는 기존의 토지 및 건축물의 가격(제93조에 따라 사업시행방식이 전환된 경우에는 환지예정지의 권리가액을 말한다. 이하 제7호에서 같다)과 제59조제4항 및 제62조제3호에 따라 토지등소유자가 부담하는 비용(재개발사업의 경우에만 해당한다)의 비율에 따라 분양할 것

  5. 분양대상자가 공동으로 취득하게 되는 건축물의 공용부분

은 각 권리자의 공유로 하되, 해당 공용부분에 대한 각 권리자의 지분비율은 그가 취득하게 되는 부분의 위치 및 바닥면적 등의 사항을 고려하여 정할 것

6. 1필지의 대지 위에 2인 이상에게 분양될 건축물이 설치된 경우에는 건축물의 분양면적의 비율에 따라 그 대지소유권이 주어지도록 할 것(주택과 그 밖의 용도의 건축물이 함께 설치된 경우에는 건축물의 용도 및 규모 등을 고려하여 대지지분이 합리적으로 배분될 수 있도록 한다). 이 경우 토지의 소유관계는 공유로 한다.

7. 주택 및 부대시설·복리시설의 공급순위는 기존의 토지 또는 건축물의 가격을 고려하여 정할 것. 이 경우 그 구체적인 기준은 시·도조례로 정할 수 있다.

(2) 서울특별시 도시정비조례

주택공급에 관한 기준을 보면 "1. 권리가액에 해당하는 분양주택가액의 주택을 분양하고, 권리가액이 2개의 분양 주택가액 사이에 해당하는 경우 분양대상자의 신청에 따른다.", "2. 정관 등으로 정하는 경우에는 권리가액이 많은 순서로 분양할 수 있다.", "3. 2주택을 공급하는 경우 권리가액에서 1주택 분양신청에 따른 분양주택가액을 제외하고 나머지 권리가액이 많은 순서로 60제곱미터 이하의 주택을 공급할 수 있다.", "4. 동일규모의 주택분양에 경합이 있는 경우에는 권리가액이 많은 순서로 분양하고, 권리가액이 동일한 경우 공개추첨에 따르며, 주택의 동·층 및 호의 결정은 주택규모별 공개추첨에 따른다."고 정하고 있다.

위 규정을 보면 권리가액에 해당하는 분양주택가액의 주택을 분양한다고 하면서도 정관 등으로 정하는 경우 권리가액이 많은 순서로 분양할 수 있다고 정하고 있는 바, 해당 재개발 조합의 정관을 확인하여 어떻게 공급기준을 정하고 있는지 확인할 필요가 있다.

나아가, "동일규모의 주택분양에 경합이 있는 경우 권리가액이 많은 순서로 분양한다."고 정하고 있어 권리가액이 많은 조합원이 원하는 동 · 호수를 분양받을 가능성이 상대적으로 높다고 할 것이다.

-서울특별시 도시정비조례-

제38조(주택 및 부대 · 복리시설 공급 기준 등)

① 영 제63조제1항제7호에 따라 법 제23조제1항제4호의 방법으로 시행하는 주거환경개선사업, 재개발사업 및 단독주택재건축사업의 주택공급에 관한 기준은 다음 각 호와 같다.

1. 권리가액에 해당하는 분양주택가액의 주택을 분양한다. 이 경우 권리가액이 2개의 분양주택가액의 사이에 해당하는 경우에는 분양대상자의 신청에 따른다.

2. 제1호에도 불구하고 정관등으로 정하는 경우 권리가액이 많은 순서로 분양할 수 있다.

3. 법 제76조제1항제7호다목에 따라 2주택을 공급하는 경우에는 권리가액에서 1주택 분양신청에 따른 분양주택가액을 제외하고 나머지 권리가액이 많은 순서로 60제곱미터 이하의 주택을 공급할 수 있다.

4. 동일규모의 주택분양에 경합이 있는 경우에는 권리가액이 많은 순서로 분양하고, 권리가액이 동일한 경우에는 공개추첨에 따르며, 주택의 동 · 층 및 호의 결정은 주택규모별 공개추첨에 따른다.

상가 등 부대·복리시설에 관해서는 아래 〈표〉와 같이 "1. 제1순위 : 종전 건축물의 용도가 분양건축물 용도와 동일하거나 비슷한 시설이며 사업자등록을 하고 영업을 하는 건축물의 소유자로서 권리가액이 분양건축물의 최소분양단위규모 추산액 이상인 자", "2. 제2순위 : 종전 건축물의 용도가 분양건축물 용도와 동일하거나 비슷한 시설인 건축물의 소유자로서 권리가액이 분양건축물의 최소분양단위규모 추산액 이상인 자", "3. 제3순위 : 종전 건축물의 용도가 분양건축물 용도와 동일하거나 비슷한 시설이며 사업자등록을 필한 건축물의 소유자로서 권리가액이 분양건축물의 최소분양단위규모 추산액에 미달되나 공동주택을 분양받지 않은 자", "4. 제4순위 : 종전 건축물의 용도가 분양건축물 용도와 동일하거나 비슷한 시설인 건축물의 소유자로서 권리가액이 분양건축물의 최소분양단위규모 추산액에 미달되나 공동주택을 분양받지 않은 자", "5. 제5순위 : 공동주택을 분양받지 않은 자로서 권리가액이 분양건축물의 최소분양단위규모 추산액 이상인 자", "6. 제6순위 : 공동주택을 분양받은 자로서 권리가액이 분양건축물의 최소분양단위규모 추산액 이상인 자"로 정하고 있다.

결국, 상가 등 부대·복리시설의 경우 종전 건축물의 용도와 동일하거나 비슷한 시설이며 사업자등록을 하고 영업을 하는 건축물의 소유자가 가장 우선하여 분양받는다고 할 것이다. 이는 재개발 정비사업 이전의 건축물 용도와 영업형태를 최대한 보호하기 위한 취지라고 할 것이다.

특히, 제1순위와 제2순위, 제3순위와 제4순위의 차이는 사업자등록 여부의 차이라고 할 것이다. 이에 상가 등 부대·복리시설을 분양받고자 하는 자들은 되도록 사업자등록을 필하여 한 단계라도 높은 순위를 확보하는 것이 선호하는 상가 등 부대·복리시설을 공급받는데 유리하다고 할 것이다.

-서울특별시 도시정비조례-

제38조(주택 및 부대 · 복리시설 공급 기준 등)

② 영 제63조제1항제7호에 따라 법 제23조제1항제4호의 방법으로 시행하는 주거환경개선사업과 재개발사업으로 조성되는 상가 등 부대 · 복리시설은 관리처분계획기준일 현재 다음 각 호의 순위를 기준으로 공급한다. 이 경우 동일 순위의 상가 등 부대 · 복리시설에 경합이 있는 경우에는 제1항제4호에 따라 정한다.

1. 제1순위 : 종전 건축물의 용도가 분양건축물 용도와 동일하거나 비슷한 시설이며 사업자등록(인가 · 허가 또는 신고 등을 포함한다. 이하 이 항에서 같다)을 하고 영업을 하는 건축물의 소유자로서 권리가액(공동주택을 분양받은 경우에는 그 분양가격을 제외한 가액을 말한다. 이하 이 항에서 같다)이 분양건축물의 최소분양단위규모 추산액 이상인 자

2. 제2순위 : 종전 건축물의 용도가 분양건축물 용도와 동일하거나 비슷한 시설인 건축물의 소유자로서 권리가액이 분양건축물의 최소분양단위규모 추산액 이상인 자

3. 제3순위 : 종전 건축물의 용도가 분양건축물 용도와 동일하거나 비슷한 시설이며 사업자등록을 필한 건축물의 소유자로서 권리가액이 분양건축물의 최소분양단위규모 추산액에 미달되나 공동주택을 분양받지 않은 자

4. 제4순위 : 종전 건축물의 용도가 분양건축물 용도와 동일하거나 비슷한 시설인 건축물의 소유자로서 권리가액이 분양건축물의 최소분양단위규모 추산액에 미달되나 공동주택을 분양받지 않은 자

5. 제5순위 : 공동주택을 분양받지 않은 자로서 권리가액이
   분양건축물의 최소분양단위규모 추산액 이상인 자
6. 제6순위 : 공동주택을 분양받은 자로서 권리가액이 분양건
   축물의 최소분양단위규모 추산액 이상인 자

(3) 부산광역시 도시정비조례

부산광역시의 도시정비조례에서는 아래 〈표〉와 같이 "1. 권리가액에 가장 근접한 분양주택가액의 주택을 분양한다. 이 경우 근접한 분양주택가액이 2개인 때에는 분양대상자의 신청내용에 따른다.", "2. 제1호에도 불구하고 정관등으로 정하는 경우에는 국민주택규모의 주택은 분양대상자의 권리가액이 많은 액수순으로 분양할 수 있으며, 국민주택규모를 초과하는 주택은 해당 주택의 총 건설세대수의 100분의 50 이하가 분양대상자에게 분양될 경우에는 규모별 100분의 50까지 분양대상자에게 권리가액이 많은 액수순으로 분양할 수 있다.", "3. 동일규모 주택 분양 시 경합이 있는 경우에는 권리가액이 많은 액수순으로 분양하고, 권리가액이 동일한 경우에는 공개추첨에 따르며, 주택의 동·층·호 등의 위치 결정은 주택규모별 공개추첨에 따른다."고 정하고 있다.

부산광역시 소재 재개발 정비사업에서는 권리가액에 가장 근접한 분양주택가액의 주택을 분양한다고 하면서도 해당 조합정관에서 국민주택규모의 주택은 분양대상자의 권리가액이 많은 액수순으로 분양할 수 있다고 정하고 있는 바, 해당 조합정관을 반드시 확인할 필요가 있다.

참고로 "국민주택규모"란 주거의 용도로만 쓰이는 면적이 1호 또는 1세대당 85제곱미터 이하인 주택을 말한다. 다만, 수도권을 제외한 도시지역이 아닌 읍 또는 면지역은 1호 또는 1세대당 주거전용면적이 100제곱미터 이하인 주택이라는 점을 유의해야 한다(**주택법 제2조 제6호**).

결국, 부산광역시의 경우에도 정관이 정하는 바에 따라 권리가액이 많은 조합원이 원하는 공동주택의 동·호수를 분양받는 데 있어 상대적으로 유리하다고 할 것이다.

-부산광역시 도시정비조례-

제40조(재개발사업의 관리처분 방법) 영 제63조제1항제7호에 따라 재개발사업의 분양주택 공급은 제37조에 따른 분양대상자에게 다음 각 호의 기준에 따라 사업시행계획인가일을 기준으로 한 종전 토지 또는 건축물의 권리가액을 기준으로 공급한다.

1. 권리가액에 가장 근접한 분양주택가액의 주택을 분양한다. 이 경우 근접한 분양주택가액이 2개인 때에는 분양대상자의 신청내용에 따른다.

2. 제1호에도 불구하고 정관등으로 정하는 경우에는 국민주택규모의 주택은 분양대상자의 권리가액이 많은 액수순으로 분양할 수 있으며, 국민주택규모를 초과하는 주택은 해당 주택의 총 건설세대수의 100분의 50 이하가 분양대상자에게 분양될 경우에는 규모별 100분의 50까지 분양대상자에게 권리가액이 많은 액수순으로 분양할 수 있다.

3. 동일규모 주택 분양 시 경합이 있는 경우에는 권리가액이 많은 액수순으로 분양하고, 권리가액이 동일한 경우에는 공개추첨에 따르며, 주택의 동·층·호 등의 위치 결정은 주택규모별 공개추첨에 따른다.

-주택법-

제2조(정의)

6. "국민주택규모"란 주거의 용도로만 쓰이는 면적(이하 "주거전용면적"이라 한다)이 1호(戶) 또는 1세대당 85제곱미터 이하인 주택(「수도권정비계획법」 제2조제1호에 따른 수도권을 제외한 도시지역이 아닌 읍 또는 면 지역은 1호 또는 1세대당 주거전용면적이 100제곱미터 이하인 주택을 말한다)을 말한다. 이 경우 주거전용면적의 산정방법은 국토교통부령으로 정한다.

-주택법 시행규칙-

제2조(주거전용면적의 산정방법) 「주택법」(이하 "법"이라 한다) 제2조제6호 후단에 따른 주거전용면적(주거의 용도로만 쓰이는 면적을 말한다. 이하 같다)의 산정방법은 다음 각 호의 기준에 따른다. 〈개정 2018. 4. 2.〉

1. 단독주택의 경우: 그 바닥면적(「건축법 시행령」 제119조제1항제3호에 따른 바닥면적을 말한다. 이하 같다)에서 지하실(거실로 사용되는 면적은 제외한다), 본 건축물과 분리된 창고·차고 및 화장

실의 면적을 제외한 면적. 다만, 그 주택이 「건축법 시행령」 별표 1 제1호다목의 다가구주택에 해당하는 경우 그 바닥면적에서 본 건축물의 지상층에 있는 부분으로서 복도, 계단, 현관 등 2세대 이상이 공동으로 사용하는 부분의 면적도 제외한다.
2. 공동주택의 경우: 외벽의 내부선을 기준으로 산정한 면적. 다만, 2세대 이상이 공동으로 사용하는 부분으로서 다음 각 목의 어느 하나에 해당하는 공용면적은 제외하며, 이 경우 바닥면적에서 주거전용면적을 제외하고 남는 외벽면적은 공용면적에 가산한다.
　가. 복도, 계단, 현관 등 공동주택의 지상층에 있는 공용면적
　나. 가목의 공용면적을 제외한 지하층, 관리사무소 등 그 밖의 공용면적

　부산광역시 도시정비조례에서는 상가 등 부대복리시설의 분양순위에 관해 "1. 제1순위 : 종전 건축물의 용도가 분양건축물 용도와 동일하거나 유사한 시설이며 종전 건축물에서 영업을 영위하기 위한 사업자등록(인·허가 또는 신고 등을 포함한다. 이하 이 항에서 같다)을 마친 해당 건축물의 소유자로서 종전가액(공동주택을 분양받은 경우에는 그 분양가격을 제외한 가액을 말한다. 이하 이 항에서 같다)이 분양건축물의 최소분양단위규모 추산액 이상인 자", "2. 제2순위 : 종전 건축물의 용도가 분양건축물 용도와 동일하거나 유사한 시설인 해당 건축물의 소유자로서 종전가액이 분양건축물의 최소분양단위규모 추산액 이상인 자", "3. 제3순위 : 종전 건축물의 용도가 분양건축물 용도와 동일하거나 유사한 시설이며 종전 건축물에서 영업을 영위하기 위한 사업자등록을 마친 건축물의 소유자로서 종전가액이 분양건축물의 최소분양단

위규모추산액에 미달되나 공동주택을 분양받지 아니한 자", "4. 제4순위 : 종전 건축물의 용도가 분양건축물 용도와 동일하거나 유사한 시설인 건축물의 소유자로서 종전가액이 분양건축물의 최소분양단위규모 추산액에 미달되나 공동주택을 분양받지 아니한 자", "5. 제5순위 : 공동주택을 분양받지 않은 자로서 종전가액이 분양건축물의 최소분양단위규모 추산액 이상인 자", "6. 제6순위 : 공동주택을 분양받은 자로서 종전가액이 분양건축물의 최소분양단위규모 추산액 이상인 자", "7. 제7순위 : 그 밖에 분양을 희망하는 토지 등의 소유자"로 정하고 있다. 다만, 위 기준 및 자격을 기준으로 정관으로 정한다고 되어 있어 해당 재개발 조합의 정관을 반드시 확인할 필요가 있다.

결국, 상가 등 부대 · 복리시설의 경우 종전 건축물의 용도와 동일하거나 비슷한 시설이며 사업자등록을 하고 영업을 하는 건축물의 소유자가 가장 우선하여 분양받는다고 할 것이다. 이는 재개발 정비사업 이전의 건축물 용도와 영업형태를 최대한 보호하기 위한 취지라고 할 것이다.

나아가, 서울특별시 도시정비조례와 마찬가지로 제1순위와 제2순위, 제3순위와 제4순위의 차이는 사업자등록 여부의 차이라고 할 것이다. 이에 상가 등 부대 · 복리시설을 분양받고자 하는 자들은 되도록 사업자등록을 필하여 한 단계라도 높은 순위를 확보하는 것이 선호하는 상가 등 부대 · 복리시설을 공급받는데 유리하다고 할 것이다.

-부산광역시 도시정비조례-

제39조(상가 등 부대복리시설의 분양대상자) 법 제74조제1항에 따라 사업시행자가 수립하는 관리처분계획 중 재개발사업의 상가 등 분양대상 부대복리시설의 분양대상자는 분양신청자 중 관리처분계획 기준일 현재 다음 각 호의 순위 및 자격을 기준으로 정관등이 정하는 바에 따른다.

1. 제1순위 : 종전 건축물의 용도가 분양건축물 용도와 동일하거나 유사한 시설이며 종전 건축물에서 영업을 영위하기 위한 사업자등록(인·허가 또는 신고 등을 포함한다. 이하 이 항에서 같다)을 마친 해당 건축물의 소유자로서 종전가액(공동주택을 분양받은 경우에는 그 분양가격을 제외한 가액을 말한다. 이하 이 항에서 같다)이 분양건축물의 최소분양단위규모 추산액 이상인 자

2. 제2순위 : 종전 건축물의 용도가 분양건축물 용도와 동일하거나 유사한 시설인 해당 건축물의 소유자로서 종전가액이 분양건축물의 최소분양단위규모 추산액 이상인 자

3. 제3순위 : 종전 건축물의 용도가 분양건축물 용도와 동일하거나 유사한 시설이며 종전 건축물에서 영업을 영위하기 위한 사업자등록을 마친 건축물의 소유자로서 종전가액이 분양건축물의 최소분양단위규모추산액에 미달되나 공동주택을 분양받지 아니한 자

4. 제4순위 : 종전 건축물의 용도가 분양건축물 용도와 동일하거나 유사한 시설인 건축물의 소유자로서 종전가액이 분양건축물의 최소분양단위규모 추산액에 미달되나 공동주택을 분양받지 아니한 자

5. 제5순위 : 공동주택을 분양받지 않은 자로서 종전가액이 분양건축물의 최소분양단위규모 추산액 이상인 자

6. 제6순위 : 공동주택을 분양받은 자로서 종전가액이 분양건축
   물의 최소분양단위규모 추산액 이상인 자
7. 제7순위 : 그 밖에 분양을 희망하는 토지 등의 소유자

(4) 조합정관

전술한 도정법 및 시 · 도 도시정비조례는 재개발 정비사업에 있어 관리
처분계획의 기준을 설명하고, 개별 재개발 정비조합의 정관에 따라 분양대
상자 순위 및 자격을 달리 정할 수 있다고 정하고 있다. 이에 해당 재개발
정비사업에서의 관리처분계획의 기준을 확인하기 위해서는 해당 조합정관
을 반드시 확인해야 한다는 점을 유의해야 한다.

다. 재건축 정비사업의 경우

재건축 정비사업에서 관리처분계획의 기준에 관해서 도정법 및 표준정
관에서 정하고 있다. 재건축 정비사업과 마찬가지로 해당 정비사업의 정관
의 규정을 반드시 확인해야 한다. 참고로, 표준정관에는 강제력이 없는 조
합정관의 하나의 예시안에 해당한다.

도정법에서는 관리처분계획의 기준에 관해 "1. 종전의 토지 또는 건축물
의 면적 · 이용 상황 · 환경, 그 밖의 사항을 종합적으로 고려하여 대지 또
는 건축물이 균형 있게 분양신청자에게 배분되고 합리적으로 이용되도록
한다." 등으로 정하고 있다(법 제76조 제1항).

구체적으로 살펴보면 재건축 정비조합 표준정관에서는 "조합원이 출자한 종전의 토지 및 건축물의 가격·면적을 기준으로 새로이 건설되는 주택 등을 분양함을 원칙으로 한다.", "조합원에게 분양하는 주택의 규모는 건축계획을 작성하여 사업시행인가를 받은 후 평형별로 확정한다.", "조합원에 대한 신축건축물의 평형별 배정에 있어 조합원 소유 종전건축물의 가격·면적·유형·규모 등에 따라 우선 순위를 정할 수 있다." 등으로 정하고 있다.

요약하자면 재건축 정비사업에서 새로이 건설되는 주택을 분양함에 있어 조합원이 출자한 종전의 토지 및 건축물의 가격·면적이 기준이 된다고 할 것이며, 신축건축물의 평형별 배정에 있어 종전 건축물의 가격·면적·유형·규모 등에 따라 우선 순위를 정할 수 있다고 할 것이다.

또한, "부대·복리시설의 소유자에게는 부대·복리시설을 공급하는 것으로 한다.", "새로운 부대·복리시설을 공급받지 아니하는 경우로 종전의 부대·복리시설의 가액이 분양주택의 최소분양단위규모 추산액에 총회에서 정하는 비율을 곱한 가액 이상일 경우 등에는 1주택을 공급할 수 있다." 등으로 정하고 있어 부대·복리시설의 소유자에게는 부대·복리시설을 공급하는 것을 원칙으로 하지만, 일정한 요건을 갖춘 경우 주택을 공급할 수도 있다고 할 것이다.

-표준정관-

제46조(관리처분계획의 기준) 조합원의 소유재산에 관한 관리처분 계획은 분양신청 및 공사비가 확정된 후 건축물철거 전에 수립하며 다음 각호의 기준에 따라 수립하여야 한다.

1. 조합원이 출자한 종전의 토지 및 건축물의 가격/면적을 기준으로 새로이 건설되는 주택 등을 분양함을 원칙으로 한다.

2. 사업시행 후 분양받을 건축물의 면적은 분양면적(전용면적+공 유면적)을 기준으로 하며, 1필지의 대지위에 2인 이상에게 분양될 건축물이 설치된 경우에는 건축물의 분양면적의 비율에 의하여 그 대지소유권이 주어지도록 하여야 한다. 이 경우 토지의 소유관계는 공유로 한다.(시행령 52조)

3. 조합원에게 분양하는 주택의 규모는 건축계획을 작성하여 사업시행인가를 받은 후 평형별로 확정한다.

4. 조합원에 대한 신축건축물의 평형별 배정에 있어 조합원 소유 종전건축물의 가격 · 면적 · 유형 · 규모 등에 따라 우선순위를 정할 수 있다.

5. 조합원이 출자한 종전의 토지 및 건축물의 면적을 기준으로 산정한 주택의 분양대상면적과 사업시행 후 조합원이 분양받을 주택의 규모에 차이가 있을 때에는 당해 사업계획서에 의하여 산정하는 평형별 가격을 기준으로 환산한 금액의 부과 및 지급은 제54조 및 제55조의 규정을 준용한다.

6. 사업시행구역 안에 건립하는 상가 등 부대 · 복리시설은 조합이 시공자와 협의하여 별도로 정하는 약정에 따라 공동주택과 구분하여 관리처분계획을 수립할 수 있다.

7. 조합원에게 공급하고 남는 잔여주택이 20세대 이상인 경우에는 일반에게 분양하며, 그 잔여주택의 공급시기와 절차 및 방법 등에 대하여는 주택공급에관한규칙이 정하는 바에 따라야 한다. 잔여주택이 20세대 미만인 경우에는 그러하지 아니하다.

8. 1세대가 1 이상의 주택을 소유한 경우 1주택을 공급하고 2인 이상이 1주택을 공유한 경우에는 1주택만 공급한다. 다만 다음 각목의 어느 하나에 해당하는 토지등소유자에 대하여는 소유한 주택 수만큼 공급할 수 있다.
    가. 투기과열지구 안에 위치하지 아니하는 주택재건축 사업의 토지등소유자
    나. 근로자(공무원인 근로자를 포함한다) 숙소기숙사 용도로 주택을 소유하고 있는 토지등소유자
    다. 국가, 지방자치단체 및 주택공사 등

9. 부대 · 복리시설(부속 토지를 포함한다. 이하 이 호에서 같다)의 소유자에게는 부대 · 복리시설을 공급한다. 다만, 다음 각목의 1에 해당하는 경우에는 부대 · 복리시설의 소유자에게 1주택을 공급할 수 있다.
    가. 새로운 부대 · 복리시설을 공급받지 아니하는 경우로서 종전의 부대 · 복리시설의 가액이 분양주택의 최소분양단위규모 추산액에 총회에서 정하는 비율(정하지 아니한 경우에는 1로 한다)을 곱한 가액 이상일 것

나. 종전 부대·복리시설의 가액에서 새로이 공급받는 부
　　대·복리시설의 추산액을 차감한 금액이 분양주택의 최소
　　분양단위규모 추산액에 총회에서 정하는 비율을 곱한 가
　　액 이상일 것

다. 새로이 공급받는 부대·복리시설의 추산액이 분양주택의
　　최소분양단위규모 추산액 이상일 것

라. 조합원 전원이 동의한 경우

10. 종전의 주택 및 부대복리시설(부속되는 토지를 포함한다)의 평
　　가는 감정평가업자 2인 이상이 평가한 금액을 산술평가한 금
　　액으로 한다.

11. 분양예정인 주택 및 부대복리시설(부속되는 토지를 포함한다)의
　　평가는 감정평가업자 2인 이상이 평가한 금액을 산술평가한
　　금액으로 한다.

12. 그 밖에 관리처분계획을 수립하기 위하여 필요한 세부적인
　　사항은 관계규정 등에 따라 조합장이 정하여 대의원회의 의결
　　을 거쳐 시행한다.

제7장

조합설립인가
및
운영

1.
조합설립인가의 의의
. . . . . .

가. 서설

조합설립인가를 통하여 해당 조합은 도정법상 법인으로서 사업 주체로 인정받게 된다. 쉽게 설명하면 이제 드디어 정비사업을 본격적으로 시작하게된 것으로 생각하면 된다. 이제 정비사업을 진행할 사업 주체가 탄생한 것이고 추진위원회에서 활동했던 추진위원들이 조합의 임원이 되는 경우가 많다.

참고로, 대법원은 재개발 정비조합의 법적 성격에 관하여 아래〈표〉와 같이 재개발 조합과 조합원 사이의 법률관계에 관하여 특정한 공공사무를 행하고 있다고 볼 수 있는 범위 내에서 공법상의 권리의무 관계에 있다고 판단하였다.

이에 반해 재건축 정비사업에 관해서는 재건축정비사업조합과 조합 설립에 동의하지 않은 자와의 사이에 매도청구를 둘러싼 법률관계를 특별히 공법상의 법률관계로 설정하고 있다고 볼 수도 없어, 주택재건축정비사업 조합과 조합 설립에 동의하지 않은 자 사이의 매도청구를 둘러싼 법률관계는 사법상의 법률관계로서 그 매도청구권 행사에 따른 소유권이전등기 의무의 존부를 다투는 소송은 민사소송에 의해야 한다고 판단하였다.

결론적으로 대법원은 재개발 정비사업의 경우에는 공법적 성격이 강하고, 재건축 정비사업의 경우에는 상대적으로 사법적 성격이 강하다고 판단하고 있는 것으로 보인다.

-대법원 1996. 2. 15. 선고 94다31235 전원합의체 판결 [수분양권존재확인등]-

[1] 구 도시재개발법(1995. 12. 29. 법률 제5116호로 전문 개정되기 전의 것)에 의한 <u>재개발조합은 조합원에 대한 법률관계에서 적어도 특수한 존립목적을 부여받은 특수한 행정주체로서 국가의 감독하에 그 존립 목적인 특정한 공공사무를 행하고 있다고 볼 수 있는 범위 내에서는 공법상의 권리의무 관계</u>에 서 있다. 따라서 조합을 상대로 한 쟁송에 있어서 강제가입제를 특색으로 한 조합원의 자격 인정 여부에 관하여 다툼이 있는 경우에는 그 단계에서는 아직 조합의 어떠한 처분 등이 개입될 여지는 없으므로 공법상의 당사자소송에 의하여 그 조합원 자격의 확인을 구할 수 있고, 한편 분양신청 후에 정하여진 관리처분계획의 내용에 관하여 다툼이 있는 경우에는 그 관리처분계획은 토지 등의 소유자에게 구체적이고 결정적인 영향을 미치는 것으로서 조합이 행한 처분에 해당하므로 항고소송에 의하여 관리처분계획 또는 그 내용인 분양거부처분 등의 취소를 구할 수 있으나, 설령 조합원의 자격이 인정된다 하더라도 분양신

청을 하지 아니하거나 분양을 희망하지 아니할 때에는 금전으로 청산하게 되므로(같은 법 제44조), 대지 또는 건축시설에 대한 수분양권의 취득을 희망하는 토지 등의 소유자가 한 분양신청에 대하여 조합이 분양대상자가 아니라고 하여 관리처분계획에 의하여 이를 제외시키거나 원하는 내용의 분양대상자로 결정하지 아니한 경우, 토지 등의 소유자에게 원하는 내용의 구체적인 수분양권이 직접 발생한 것이라고는 볼 수 없어서 곧바로 조합을 상대로 하여 민사소송이나 공법상 당사자소송으로 수분양권의 확인을 구하는 것은 허용될 수 없다.

-대법원 2010. 4. 8. 선고 2009다93923 판결 [소유권이전등기]-

구 도시 및 주거환경정비법(2007. 12. 21. 법률 제8785호로 개정되기 전의 것, 이하 '구 도시정비법'이라 한다)상 주택재건축정비사업조합이 공법인이라는 사정만으로 조합 설립에 동의하지 않은 자의 토지 및 건축물에 대한 주택재건축정비사업조합의 매도청구권을 둘러싼 법률관계가 공법상의 법률관계에 해당한다거나 그 매도청구권 행사에 따른 소유권이전등기절차 이행을 구하는 소송이 당연히 공법상 당사자소송에 해당한다고 볼 수는 없고, 위 법률의 규정들이 주택재건축정비사업조합과 조합 설립에 동의하지 않은 자와의 사이에 매도청구를 둘러싼 법률관계를 특별히 공법상의 법률관계로 설정하고 있다고 볼 수도 없으므로, 주택재건축정비사업조합과 조합 설립에 동의하지 않은 자 사이의 매도청구를 둘러싼 법률관계는 사법상의 법률관계로서 그 매도청구권 행사에 따른 소유권이전등기의무의 존부를 다투는 소송은 민사소송에 의하여야 할 것이다.

도정법에서는 조합은 법인으로 한다고 정하고 있으며, 조합은 조합설립인가를 받은 날로부터 30일 이내에 주된 사무소의 소재지에 "설립목적", "조합의 명칭", "주된 사무소의 소재지", "설립인가일", "임원의 성명 및 주소", "임원의 대표권을 제한하는 경우에는 그 내용", "전문조합관리인을 선정한 경우에는 그 성명 및 주소"를 등기하여 성립한다고 정하고 있다. 나아가 조합의 명칭에는 "정비사업조합"이라는 문자를 사용해야 한다(법제38조).

-도정법-

제38조(조합의 법인격 등)

① 조합은 법인으로 한다.

② 조합은 조합설립인가를 받은 날부터 30일 이내에 주된 사무소의
   소재지에서 대통령령으로 정하는 사항을 등기하는 때에 성립한다.

③ 조합은 명칭에 "정비사업조합"이라는 문자를 사용하여야 한다.

-도정법 시행령-

제36조(조합의 등기사항) 법 제38조제2항에서 "대통령령으로 정하는
사항"이란 다음 각 호의 사항을 말한다. 〈개정 2019. 6. 18.〉

1. 설립목적

2. 조합의 명칭

3. 주된 사무소의 소재지

4. 설립인가일

5. 임원의 성명 및 주소

6. 임원의 대표권을 제한하는 경우에는 그 내용

7. 법 제41조제5항 단서에 따른 전문조합관리인을 선정한 경우에
   는 그 성명 및 주소

나. 조합설립인가의 법적 성격

과거에는 주택재건축정비사업조합에 대한 행정청의 조합설립인가 처분이 있은 후 조합설립결의의 하자를 이유로 민사소송으로 그 결의의 무효를 다투는 경우가 있었는데, 위와 같이 민사소송을 제기해야 하는지 아니면 조합설립인가 처분 취소 또는 무효를 구하는 행정소송이 제기되어야 하는지 논란이 있었다.

이에 관해서 대법원은 아래 〈표〉와 같이 조합설립인가가 설권적 처분행위에 해당하며 조합설립결의는 조합설립인가처분이라는 행정처분을 하는데 필요한 요건 중 하나에 불과해서 조합설립결의에 하자가 있다면 그 하자를 이유로 조합설립인가처분의 취소 또는 무효확인을 구해야 하는 것이지 조합설립결의 부분만을 따로 떼어내어 그 효력 유무를 다투는 확인의 소를 제기하는 것은 확인의 이익이 인정되지 않는다고 판단하였다.

-대법원 2009. 9. 24. 선고 2008다60568 판결 [재건축결의부존재확인]-

행정청이 도시 및 주거환경정비법 등 관련 법령에 근거하여 행하는 조합설립인가처분은 단순히 사인들의 조합설립행위에 대한 보충행위로서의 성질을 갖는 것에 그치는 것이 아니라 법령상 요건을 갖출 경우 도시 및 주거환경정비법상 주택재건축사업을 시행할 수 있는 권한을 갖는 행정주체(공법인)로서의 지위를 부여하는 일종의 설권적 처분의 성격을 갖는다고 보아야 한다. 그리고 그와 같이 보는 이상 조합설립결의는 조합설립인가처분이라는 행정처분을 하는 데 필요한 요건 중 하나에 불과한 것이어서, 조합설립결의에 하자가 있다면 그 하자를 이유로 직접 항고소송의

> 방법으로 조합설립인가처분의 취소 또는 무효확인을 구하여야
> 하고, 이와는 별도로 조합설립결의 부분만을 따로 떼어내어 그
> 효력 유무를 다투는 확인의 소를 제기하는 것은 원고의 권리 또
> 는 법률상의 지위에 현존하는 불안·위험을 제거하는 데 가장 유
> 효·적절한 수단이라 할 수 없어 특별한 사정이 없는 한 확인의
> 이익은 인정되지 아니한다.

위 판결에 행정청의 조합설립인가처분이 있은 후에 조합설립결의의 하자를 이유로 민사소송으로 그 결의의 무효 등 확인을 구할 것이 아니라, 행정소송으로 해당 조합설립인가처분에 대한 취소 또는 무효소송으로 제기하는 것이 바람직하다고 할 것이며, 민사소송으로 그 결의의 무효 등 확인을 구하는 경우 확인의 이익이 인정되지 않아 각하될 수 있다는 점을 유의해야 한다.

2.
조합설립인가 동의요건

가. 재개발 사업의 경우

재개발 사업의 추진위원회가 조합을 설립하려면 "토지 등 소유자의 4분의 3 이상 및 토지면적의 2분의 1 이상의 토지소유자의 동의"를 받아 "정관", "정비사업과 관련된 자료 등 국토교통부령으로 정하는 서류", "그 밖에 시·도조례로 정하는 서류"를 첨부하여 시장·군수 등의 인가를 받아야

한다(법 제35조 제2항).

위 정비사업과 관련된 자료 등 국토교통부령으로 정하는 서류와 그 밖에 시·도조례로 정하는 서류는 아래 〈표〉와 같다. 도정법 시행규칙 제8조 제1항에서의 조합설립인가 신청서는 본서의 말미에 "[별지4] 조합설립인가 신청서(도정법 시행규칙 제8조 제1항 별지 제5호서식)"로 첨부하였다.

-도정법-

제35조(조합설립인가 등)

② 재개발사업의 추진위원회(제31조제4항에 따라 추진위원회를 구성하지 아니하는 경우에는 토지등소유자를 말한다)가 조합을 설립하려면 토지등소유자의 4분의 3 이상 및 토지면적의 2분의 1 이상의 토지소유자의 동의를 받아 다음 각 호의 사항을 첨부하여 시장·군수등의 인가를 받아야 한다.

1. 정관
2. 정비사업비와 관련된 자료 등 국토교통부령으로 정하는 서류
3. 그 밖에 시·도조례로 정하는 서류

-도정법 시행규칙-

제8조(조합의 설립인가 신청 등)

① 법 제35조제2항부터 제5항까지의 규정에 따라 조합의 설립인가(변경인가를 포함한다)를 신청하려는 경우 신청서(전자문서로 된 신청서를 포함한다)는 별지 제5호서식에 따른다.

---

② 법 제35조제2항제2호에서 "정비사업비와 관련된 자료 등 국토교통부령으로 정하는 서류"란 다음 각 호의 구분에 따른 서류(전자문서를 포함한다)를 말한다.

　　1. 설립인가: 다음 각 목의 서류

　　　가. 조합원 명부 및 해당 조합원의 자격을 증명하는 서류

　　　나. 공사비 등 정비사업에 드는 비용을 기재한 토지등소유자의 조합설립동의서 및 동의사항을 증명하는 서류

　　　다. 창립총회 회의록 및 창립총회참석자 연명부

　　　라. 토지 · 건축물 또는 지상권을 여럿이서 공유하는 경우에는 그 대표자의 선임 동의서

　　　마. 창립총회에서 임원 · 대의원을 선임한 때에는 선임된 자의 자격을 증명하는 서류

　　　바. 건축계획(주택을 건축하는 경우에는 주택건설예정세대수를 포함한다), 건축예정지의 지번 · 지목 및 등기명의자, 도시 · 군관리계획상의 용도지역, 대지 및 주변현황을 기재한 사업계획서

　　2. 변경인가: 변경내용을 증명하는 서류

※ 서울특별시 도시 및 주거환경정비 조례에서 정하는 서류

제19조(조합의 설립인가 신청서류) 시행규칙 제8조제1항 별지 제5호서식의 신청인 제출서류란 중 제1호아목에서 "그 밖에 시 · 도 조례로 정하는 서류"란 다음 각 호의 서류를 말한다.

1. 정비구역의 위치도 및 현황사진
2. 정비구역의 토지 및 건축물의 지형이 표시된 지적현황도
3. 법 제64조제1항제1호에 해당하는 매도청구대상자명부 및 매도청구계획서(재건축사업으로 한정한다)

※ 부산광역시 도시 및 주거환경정비 조례에서 정하는 서류

제16조(조합설립인가 신청서류) 시행규칙 별지 제5호서식 중 신청인 제출서류란의 제1호아목에서 "시·도조례로 정하는 서류"란 다음 각 호의 서류를 말한다.
1. 매도청구대상자 명부 및 매도청구계획서(재건축사업에 한정한다)
2. 정비구역위치도 및 현황사진
3. 토지 및 건축물의 지형이 표시된 지적현황도

나. 재건축 사업의 경우

재건축 사업의 추진위원회가 조합을 설립하려는 경우에는 "주택단지의 공동주택의 각 동의 과반수 동의와 주택단지의 전체 구분소유자의 4분의 3 이상 및 토지면적의 4분의 3 이상의 토지소유자의 동의"를 받아 "정관", "정비사업과 관련된 자료 등 국토교통부령으로 정하는 서류", "그 밖에 시·도조례로 정하는 서류"를 첨부하여 시장·군수 등의 인가를 받아야 한다(법 제35조 제3항).

정비구역에 주택단지가 아닌 지역이 포함되는 경우에는 "주택단지가 아닌 지역의 토지 또는 건축물 소유자의 4분의 3 이상 및 토지면적의 3분의 2 이상의 토지소유자의 동의"를 받아야 한다(법 제35조 제4항).

제35조(조합설립인가 등)

③ 재건축사업의 추진위원회(제31조제4항에 따라 추진위원회를 구성하지 아니하는 경우에는 토지등소유자를 말한다)가 조합을 설립하려는 때에는 주택단지의 공동주택의 각 동(복리시설의 경우에는 주택단지의 복리시설 전체를 하나의 동으로 본다)별 구분소유자의 과반수 동의(공동주택의 각 동별 구분소유자가 5 이하인 경우는 제외한다)와 주택단지의 전체 구분소유자의 4분의 3 이상 및 토지면적의 4분의 3 이상의 토지소유자의 동의를 받아 제2항 각 호의 사항을 첨부하여 시장·군수등의 인가를 받아야 한다.

④ 제3항에도 불구하고 주택단지가 아닌 지역이 정비구역에 포함된 때에는 주택단지가 아닌 지역의 토지 또는 건축물 소유자의 4분의 3 이상 및 토지면적의 3분의 2 이상의 토지소유자의 동의를 받아야 한다. 〈개정 2019. 4. 23.〉

다. 동의방법

조합을 설립하는 경우 전술한 바와 같은 동의요건을 충족해야 하며, 그 동의방법은 서면동의서에 토지등소유자가 성명을 적고 지장을 날인하는 방법으로 해야 한다. 또한 위 서면동의서에는 주민등록증, 여권 등 신원을 확인할 수 있는 신분증명서의 사본을 첨부해야 한다(법 제36조 제1항 제8호).

특히, 조합설립을 위한 동의의 경우 시장·군수가 검인한 서명동의서를 사용해야 하며, 검인을 받지 아니한 서면동의서는 그 효력이 인정되지 않는다(**법 제36조 제3항**). 검인의 신청을 받은 시장·군수는 동의서 기재사항의 기재 여부 등 형식적인 사항을 확인하고 해당 동의서에 연번(連番)을 부여한 후 검인을 해야 하며, 위 신청을 받은 날로부터 20일 이내에 신청인에게 검인한 동의서를 내주어야 한다(**시행령 제34조**).

라. 동의자 수 산정방법

도정법 시행령에서는 조합설립을 위한 토지 등 소유자의 동의자 수의 산정방법에 있어서 재개발 사업, 재건축 사업을 구분하여 규정하고 있다(**시행령 제33조 제1항**). 추진위원회에서 조합설립을 위한 동의서를 징수하는 경우에 위 방법을 반드시 확인해야 할 필요가 있다.

재개발 사업의 경우 1필지의 토지 또는 하나의 건축물을 여럿이서 공유하는 때에는 그 여럿을 대표하는 1인을 토지 등 소유자로 산정해야 하며, 토지에 지상권이 설정되어 있는 경우에는 토지의 소유자와 해당 토지의 지상권자를 대표하는 1인을 토지 등 소유자로 산정해야 한다.

1인이 다수 필지의 토지 또는 다수의 건축물을 소유하고 있는 경우에는 필지나 건축물의 수에 관계없이 토지 등 소유자를 1인으로 산정해야 하고, 둘 이상의 토지 또는 건축물을 소유한 공유자가 동일한 경우에는 그 공유자 여럿을 대표하는 1인을 토지 등 소유자로 산정해야 한다(**시행령 제33조 제1항 제1호**).

재건축 사업의 경우 소유권 또는 구분소유권을 여럿이서 공유하는 경우 그 여럿을 대표하는 1인을 토지 등 소유자로 산정해야 하고, 1인이 둘 이상의 소유권 또는 구분소유권을 소유하고 있는 경우에는 소유권 또는 구분소유권의 수에 관계없이 토지 등 소유자를 1인으로 산정해야 한다. 둘 이상의 소유권 또는 구분소유권을 소유한 공유자가 동일한 경우에는 그 공유자 여럿을 대표하는 1인을 토지 등 소유자로 해야 한다(시행령 제33조 제1항 제2호).

또한, 추진위원회의 구성 또는 조합의 설립에 동의한 자로부터 토지 또는 건축물을 취득한 자는 추진위원회의 구성 또는 조합의 설립에 동의한 것으로 보게 되고, 또한, 국·공유지에 대해서는 그 재산관리청 각각을 토지 등 소유자로 산정해야 한다(시행령 제33조 제1항 제3,5호).

나아가, 토지등기부등본·건물등기부등본·토지대장 및 건축물관리대장에 소유자로 등재될 당시 주민등록번호의 기록이 없고 기록된 주소가 현재 주소와 다른 경우로서 소재가 확인되지 아니한 자는 토지 등 소유자의 수 또는 공유자 수에서 제외한다고 정하고 있어(시행령 제33조 제1항 제4호), 주민번호 기록이 없고 기록된 주소가 현재 주소와 달라 소재를 확인하기 어려운 자의 동의를 구하지 않아도 된다고 할 것이다.

3-1.
임원의 선임 및 해임
· · · · · · ·

가. 조합임원의 수

법에서는 조합에서 임원의 요건을 갖춘 조합장 1명과 이사, 감사를 임원으로 둔다고만 규정하고 있다(법 제41조 제1항). 이에 시행령에서는 구체적으로 조합에 이사의 수는 3명 이상으로 해야 하고, 감사의 수는 1명 이상 3명 이하로 한다고 정하고 있다. 다만, 토지 등 소유자가 100명을 초과하는 경우에는 이사의 수를 5명 이상으로 해야 한다(도정법 시행령 제40조). 정비조합에서는 위 요건을 충족하는 범위에서 구체적인 이사 및 감사의 수를 조합의 정관으로 정해야 한다(법 제41조 제2항).

나. 조합임원의 자격

조합의 임원은 아래 〈표〉에서 정하는 요건 중 하나의 요건을 갖춘 조합장, 이사, 감사를 두어야 한다. 다만, 법에서는 조합장의 경우 다른 임원의 요건보다 엄격한 자격을 요구하여 조합장의 경우 선임일부터 관리처분계획인가를 받을 때까지 해당 정비구역에서 거주하여야 한다.

-도정법-

제41조(조합의 임원)

① 조합은 다음 각 호의 어느 하나의 요건을 갖춘 조합장 1명과 이사, 감사를 임원으로 둔다. 이 경우 조합장은 선임일부터 제74조제1항에 따른 관리처분계획인가를 받을 때까지는 해당 정비구역에서 거주(영업을 하는 자의 경우 영업을 말한다. 이하 이 조 및 제43조에서 같다)하여야 한다. 〈개정 2019. 4. 23.〉

　1. 정비구역에서 거주하고 있는 자로서 선임일 직전 3년 동안 정비구역 내 거주 기간이 1년 이상일 것

　2. 정비구역에 위치한 건축물 또는 토지(재건축사업의 경우에는 건축물과 그 부속토지를 말한다)를 5년 이상 소유하고 있을 것

　3. 삭제 〈2019. 4. 23.〉

다. 임원의 임기

조합임원의 임기는 3년 이하의 범위에서 정관으로 정하며 연임할 수 있다(법 제41조 제4항). 위 규정 전에는 조합임원의 임기를 정하지 않아 정관에서 정하는 바에 따라서 조합 해산 시까지 임원의 임기를 설정할 수 있었다. 그러나, 조합의 임원이 변경되지 않아 발생하는 각종의 문제를 방지하기 위해서 법에서는 3년 이하의 범위에서 정관으로 임기를 정하도록 하고 있다.

라. 조합임원의 결격사유

법에서는 조합임원이 될 수 없는 결격사유에 관해서 아래〈표〉와 같이 구체적이고 엄격하게 정하고 있다. 조합임원의 임기 중에 위 결격사유가 발견되거나 발생하게 되면 당연히 퇴임하게 된다(법 제43조 제2항).

위와 같은 임원이 퇴임한다고 하더라도 임원이 퇴임 전에 관여한 행위는 그 효력을 잃지 아니한다. 이는 조합의 임원이 업무를 수행하면서 조합 대·내외적으로 활동을 하게 되는바, 거래의 상대방 보호 및 거래의 안전을 위한 취지라고 할 것이다.

-도정법-

제43조(조합임원 등의 결격사유 및 해임)
① 다음 각 호의 어느 하나에 해당하는 자는 조합임원 또는 전문
조합관리인이 될 수 없다. 〈개정 2019. 4. 23., 2020. 6. 9.〉
　1. 미성년자·피성년후견인 또는 피한정후견인
　2. 파산선고를 받고 복권되지 아니한 자

---

3. 금고 이상의 실형을 선고받고 그 집행이 종료(종료된 것으로 보는 경우를 포함한다)되거나 집행이 면제된 날부터 2년이 지나지 아니한 자

4. 금고 이상의 형의 집행유예를 받고 그 유예기간 중에 있는 자

5. 이 법을 위반하여 벌금 100만 원 이상의 형을 선고받고 10년이 지나지 아니한 자

② 조합임원이 다음 각 호의 어느 하나에 해당하는 경우에는 당연 퇴임한다. 〈개정 2019. 4. 23., 2020. 6. 9.〉

1. 제1항 각 호의 어느 하나에 해당하게 되거나 선임 당시 그에 해당하는 자이었음이 밝혀진 경우

2. 조합임원이 제41조제1항에 따른 자격요건을 갖추지 못한 경우

③ 제2항에 따라 퇴임된 임원이 퇴임 전에 관여한 행위는 그 효력을 잃지 아니한다.

법 제43조 제1항 5호에서는 "이 법을 위반하여 벌금 100만 원 이상의 형을 선고받고 10년이 지나지 아니한 자"라고 규정하고 있는데, 위 규정에서의 '이 법'은 도시 및 주거환경정비법을 의미하는 것으로 위 도정법을 위반하여 벌금 100만 원 이상의 형을 선고받게 되면 결격사유에 해당하게 되어 당연퇴임하게 된다. 법에서는 정비사업의 중요성을 고려하여 매우 엄격하게 결격사유를 정하고 있는데, 위 조항으로 인해 조합내부에서 주도권 분쟁이 발생하는 경우 비상대책위원회 등에서 위 규정을 이용하여 조합장 등에게 벌금형이 선고되도록 고소 · 고발하는 경우가 많다.

위와 같이 임원의 결격사유를 매우 엄격하게 정한 것은 재개발·재건축 조합이 공적인 업무를 수행하는 측면이 있다는 점, 정비사업에 다수의 이해관계가 존재한다는 점, 정비사업이 엄격하고 투명하게 진행되어야 한다는 점이 반영된 것이다.

참고로, 도정법에서의 벌칙규정(제135조 내지 제138조)에 규정된 죄와 다른 죄의 경합범에 대하여 벌금형을 선고하는 경우에는 이를 분리하여 선고해야 한다는 규정을 신설하여, 형사 판결문에서 위 임원결격사유에 해당 여부를 쉽게 판별할 수 있다.

-도정법-

제43조의2(벌금형의 분리 선고)
「형법」 제38조에도 불구하고 이 법 제135조부터 제138조까지에 규정된 죄와 다른 죄의 경합범(경합범)에 대하여 벌금형을 선고하는 경우에는 이를 분리하여 선고하여야 한다.
[본조신설 2021.8.10]

※ 자주 하는 질문 – "이 법을 위반하여 벌금 100만 원 이상의 형을 선고"의 의미

법 위반으로 100만 원 이상의 벌금형을 선고받는 경우 조합임원의 결격사유에 해당한다는 의미에 관해서 도정법을 위반한 경우에 한하는 것인지 아니면 다른 법 위반으로 벌금형이 나오는 경우에도 임원의 결격사유에 해

당하는 것인지 물어보는 경우가 많다.

결론적으로, 위 법의 규정상 도정법 위반으로 100만 원 이상의 벌금형을 선고받은 것이 아닌 다른 법을 위반하여 100만 원 이상의 벌금형을 선고받은 경우 조합임원의 결격사유에 해당하는 것은 아니다. 예를 들어, 음주운전으로 100만 원 이상의 벌금형을 선고받는다고 하더라도 정비조합 임원의 결격사유에 해당하는 것이 아니다. 위 내용은 필자에게 문의를 자주 하는 부분으로 질의 주시는 많은 분들께 답변이 되었으면 한다.

3-2.
전문조합관리인제도
· · · · · ·

정비사업에서 조합원들의 적극적인 참여의 중요성과 더불어 조합임원의 역할의 중요성은 아무리 강조해도 지나치지 않을 것이다.

이에 법에서는 조합임원이 공백인 경우를 방지하기 위해 "조합임원이 사임, 해임, 임기만료, 그 밖에 불가피한 사유 등으로 인해 직무를 수행할 수 없는 때부터 6개월 이상 선임되지 아니하는 경우", 또는 "총회에서 조합원 과반수의 출석과 출석 과반수의 동의로 전문조합관리인의 선정을 요청하는 경우" 시장·군수 등은 시·도조례로 정하는 바에 따라 변호사·회계사 기술사 등을 전문조합관리인으로 선정하여 조합임원의 업무를 대행할 수 있게 하고 있다(법 제41조 제5항).

-도정법-

제41조(조합의 임원)

⑤ 조합임원의 선출방법 등은 정관으로 정한다. 다만, 시장·군수등은 다음 각 호의 어느 하나에 해당하는 경우 시·도 조례로 정하는 바에 따라 변호사·회계사·기술사 등으로서 대통령령으로 정하는 요건을 갖춘 자를 전문조합관리인으로 선정하여 조합임원의 업무를 대행하게 할 수 있다. 〈개정 2019.4.23〉

　1. 조합임원이 사임, 해임, 임기만료, 그 밖에 불가피한 사유 등으로 직무를 수행할 수 없는 때부터 6개월 이상 선임되지 아니한 경우

　2. 총회에서 조합원 과반수의 출석과 출석 조합원 과반수의 동의로 전문조합관리인의 선정을 요청하는 경우

　조합장 또는 이사 등의 자리가 오랜 기간 공백인데도 불구하고, 조합 내부 사정 등으로 인하여 새로운 임원을 선출하지 못하는 경우가 발생한다면 위법 규정을 참고하여 전문조합관리인을 선정하는 것도 고려할 필요가 있다.

　참고로, 전문조합관리인의 임기는 3년이며, "변호사", "공인회계사", "법무사", "세무사", "건축사", "도시계획·건축 분야의 기술사", "감정평가사", "일반 행정사" 등의 자격이 있으며 정비사업 관련 업무에 5년 이상 종사한 경력이 있을 것을 요구한다(시행령 제41조 제1항).

나아가, "조합임원으로 5년 이상을 종사한 사람", "공무원 또는 공공기관의 임직원으로 정비사업 관련 업무에 5년 이상 종사한 사람", "정비사업전문관리업자에 소속되어 정비사업 관련 업무에 10년 이상 종사한 사람" 등도 전문조합관리인이 될 수 있다.

3-3.
임원과 관련된 법적 분쟁

· · · · · ·

가. 해임총회

정비사업의 성공적인 진행을 위해서 조합원들의 적극적인 참여와 더불어 조합임원의 역할이 중요하다는 사실은 아무리 강조해도 지나치지 않다고 할 것이다. 이에 법에서는 조합임원에 대한 해임총회의 개최를 상대적으로 쉽게 요구할 수 있도록 정하고 있어 조합임원의 해임을 원하는 조합원들은 해당 내용을 반드시 알아두는 것이 좋다.

실무적으로 정비조합의 임원들이 관련 용역계약 체결하는 등 정비사업을 주도적으로 진행하고 있어 정비조합과 비상대책위원회 간에 임원의 자리를 두고 다투는 경우가 다수 발생하고 있다. 위와 같은 임원의 자리를 두고 주도권을 얻기 위해서 비상대책위원회에서 임원의 해임을 요구하는 해임총회 소집을 요구하는 경우가 많다.

일반적으로 총회는 조합장이 직원으로 소집하거나 조합원 5분의 1이상 또는 대의원 3분의 2 이상의 요구로 조합장이 소집한다(법 제44조 제2항). 그러나 조합임원 해임에 관한 총회는 조합원 10분의 1 이상의 요구로 소집된 총회에서 조합원 과반수의 출석과 출석 조합원 과반수의 동의를 받아 해임할 수 있으며, 이 경우 요구자 대표로 선출된 자가 해임총회를 소집 및 진행을 할 때에는 조합장의 권한을 대행한다(법 제43조 제4항).

위와 같이 해임총회에 관해서는 조합원 5분의 1 이상이 아닌 10분의 1 이상의 요구로 총회의 소집을 요구할 수 있는 만큼, 해당 총회에서 조합원 해임이 아닌 다른 안건을 상정할 수 없다고 해석된다. 위 해임총회에서 임원을 해임한다고 하더라도 조합규약 등에 따라 새로운 임원이 선출되기까지 종전의 임원이 업무를 수행할 수 있는 점도 유의해야 한다. 즉, 이후 새로운 임원을 선출하는 총회를 다시 개최해야 한다.

따라서, 총회에서 임원이 해임될 가능성이 높은 경우 위 10분의 1 이상의 조합원의 요구로 해임총회 소집을 요구하는 것보다, 5분의 1 이상의 조합원의 요구로 해임총회 및 새로운 임원의 선출 안건을 모두 상정하는 것이 시간적, 절차적 비용을 절약할 수 있는 방안이라고 할 것이다.

-도정법-

제44조(총회의 소집)
① 조합에는 조합원으로 구성되는 총회를 둔다.
② 총회는 조합장이 직권으로 소집하거나 조합원 5분의 1 이상
  (정관의 기재사항 중 제40조제1항제6호에 따른 조합임원의 권리 · 의

무 · 보수 · 선임방법 · 변경 및 해임에 관한 사항을 변경하기 위한 총회의 경우는 10분의 1 이상으로 한다) 또는 대의원 3분의 2 이상의 요구로 조합장이 소집한다. 〈개정 2019. 4. 23.〉

제43조(조합임원 등의 결격사유 및 해임)
④ 조합임원은 제44조제2항에도 불구하고 조합원 10분의 1 이상의 요구로 소집된 총회에서 조합원 과반수의 출석과 출석 조합원 과반수의 동의를 받아 해임할 수 있다. 이 경우 요구자 대표로 선출된 자가 해임총회의 소집 및 진행을 할 때에는 조합장의 권한을 대행한다.

나. 임원의 지위와 관련된 소송

정비조합에서 임원의 지위를 다투는 경우는 크게 2가지가 있다고 본다. 첫 번째는 임원을 총회에서 선출했는데 해당 총회결의에 하자가 있어 이를 이유로 하여 임원의 지위를 다투는 경우이고, 두 번째는 임원을 총회에서 총회결의에 하자 없이 정상적으로 선출했는데 임원으로서 업무를 수행하던 중 결격사유가 발생하거나 결격사유가 발견되는 경우이다.

두 번째 경우에는 임원에게 결격사유가 발생하거나 결격사유가 발견되는 경우 당연히 퇴임하게 되기 때문에 문제가 되는 경우가 많지 않다. 물론, 해당 임원이 당연퇴직해야 함에도 불구하고 계속해서 임원으로서의 업무를 수행하려고 한다면 해당 임원을 상대로 직무집행정지가처분을 신청하여 직무집행을 정지시켜야 하고, 추후 필요하다면 조합을 상대로 임원의 지위가 존재하지 않는다는 확인의 소송도 진행해야 한다.

첫 번째의 경우는 임원을 선출한 안건에 대한 총회의 결의에 하자가 있는 것을 다투는 것으로 해당 총회결의가 무효임을 전제로 직무집행정지가처분을 제기하는 경우가 많다. 다만, 임원 선출 안건에 대한 총회결의의 하자를 원인으로 해당 임원을 상대로 한 직무집행정지가처분 신청을 고려하는 조합원들은 총회결의의 하자에 따라 그 대응방법이 다양하며 어떻게 총회결의의 하자에 관한 자료를 수집하느냐에 해당 소송의 승패에 상당한 영향을 미친다는 사실을 숙지하고 있어야 한다.

이에 총회의 하자에 관련된 자료를 확보하기 위해 법원에 증거보전신청을 하거나, 임·직원 또는 OS요원을 상대로 형사상 고소·고발을 해야 하는 경우도 있어 다양한 대응방법을 모두 설명하기는 어렵다. 이에 만약 총회의 하자에 관한 소송을 고려한다면 필자를 포함한 재개발·재건축 전문 변호사와 상의할 것을 권한다.

※ 간단한 실무상식

정비조합의 임원에 대한 직무집행정지가처분이 인용되기 위해서는 단순히 해당 임원이 임무를 해태했다거나 부정행위가 존재한다는 사실만으로는 부족하다(만약, 임원에게 부정행위가 있다면 곧바로 위 부정행위로 직무집행정지가처분 등을 신청하기보다 부정행위의 증거확보, 직무집행정지가처분 신청의 근거를 마련, 임원의 결격사유 해당을 주장하기 위해 형사고소·고발하여 수사기관의 수사를 거쳐 형사상 처벌을 받게 할 필요가 있다).

직무집행정지가처분 신청이 인용되기 위해서는 해당 임원에게 임원결격 사유가 존재한다거나 임원을 선출한 총회결의에 중대·명백한 하자가 존재하거나 기타 해당 임원의 직무집행으로 인하여 조합 또는 조합원들에게 막대한 손해가 발생하는 경우일 것을 요한다.

다. 직무대행자

(1) 서설

필자가 정비사업에 관한 자문을 하거나 관련 업무를 진행하다 보면 조합장이 유고 등으로 인하여 그 직무를 수행할 수 없게 된 경우 그 직무대행자가 누구인지에 관한 질의를 많이 받는다. 특히, 정비조합 조합장을 상대로 직무집행정지가처분을 신청한 경우 이를 인용하는 결정문에서 직무대행자를 기재하지 않는 경우 그 직무대행자에 관한 견해대립이 발생하는 경우가 많다.

※ 간단한 실무상식

조합장에 대한 직무집행정지가처분을 신청할 때 해당 신청이 인용될 경우를 대비하여 직무대행자를 선정해 줄 것을 같이 기재하고 있고 법원에서도 직무집행정지가처분을 인용하는 경우 직무대행자를 기재하여 불필요한 분쟁을 방지해 준다. 그러나, 아주 예외적인 경우이나 직무집행정지 가처분 신청을 인용하는 결정문에 직무대행자가 기재되어 있지 않은 경우가 있다.

필자의 개인적인 의견으로는 조합 내부의 또 다른 분쟁을 방지하기 위해 되도록 직무집행정지가처분 신청을 인용할 경우 직무대행자를 결정문에 기재하는 것이 바람직하다고 생각하며 만약 직무대행자가 기재되지 않았다면 조합규약에 따라 직무대행자를 정할 수밖에 없다고 생각된다.

(2) 직무대행 사유인 '조합장의 유고'

무엇보다 '유고'의 의미부터 명확히 할 필요가 있는데, 법에는 유고의 의미에 관해서 정확히 규정하고 있지 않다. 대법원에서는 비록 재단법인에 관한 판결이기는 하지만 '유고'의 의미에 관해서 상대적으로 명확히 기재하고 있다.

위 판결문에서 "유고"의 의미에 관해서 "임기만료 전에 사망, 질병 등 기타 부득이한 사정으로 그 직무를 수행할 수 없는 경우"라고 판단하고 있다.

-대법원 2008. 12. 11. 선고 2006다57131 판결-

재단법인의 정관에서 "이사장의 유고 시에는 이사 중 최연장자가 그 직무를 대행한다."고 규정하고 있는 경우에 이사장의 유고란 이사장의 임기가 만료하기 전에 이사장이 사망, 질병 등 기타 부득이한 사정으로 그 직무를 집행할 수 없는 경우를 말한다. 하지만 이사장의 임기가 만료한 후 후임 이사장이 취임하기 전에 임기만료한 이사장에 대하여 법원의 직무집행정지 가처분결정이 확정됨으로써 임기만료한 이사장이 그 직무를 계속 수행할 수 없는 사정이 발생한 경우에도, 이사장의 유고에 준하는 상황이 발생하였다고 보아야 한다.

(3) 직무대행자의 순서

그렇다면 조합장이 사망, 질병 등 기타 부득이한 사정으로 인해 그 직무를 수행할 수 없는 경우, 즉 조합장이 유고 등으로 직무를 수행할 수 없는 경우에 누가 직무대행자가 되는 것일까?

정비조합의 정관마다 조금씩 다르게 정하고 있어 반드시 해당 정관을 확인할 필요가 있으나, 대개의 경우 "조합장이 유고 등으로 인하여 그 직무를 수행할 수 없을 때에는 이사 중 연장자순에 의하여 그 직무를 대행한다."고 규정하고 있으며 표준정관도 마찬가지로 정하고 있다.

참고로 표준정관에서는 아래 〈표〉와 같이 조합장 유고의 경우 그 직무를 대행하는 자를 "이사 중에서 연장자순에 의하여 그 직무를 대행한다."고 정하고 있다.

제16조(임원의 직무 등)

⑥ 조합장이 유고 등으로 인하여 그 직무를 수행할 수 없을 때에는 (상근)이사 중에서 연장자순에 의하여 그 직무를 대행한다.

조합장에 대한 직무집행정지결정이 된 경우 이를 두고 조합장의 유고에 해당하는지 여부에 관하여 의견이 대립하고 있으나, 필자의 개인적인 견해로는 직무집행정지 결정이 인용되어 직무를 수행할 수 없다면 이는 조합장의 유고에 해당한다고 생각한다.

다만, 조합장에 대한 직무집행정지결정이 된 경우를 조합규약에 따른 유고에 해당하지 않는다는 견해에 의한다고 하더라도, 실무상 직무집행정지가처분 신청서에 직무집행정지 가처분이 인용될 경우를 대비하여 직무대행자를 특정인으로 선정해 줄 것을 요구하는 신청취지를 기재하고 있으며, 재판부에서도 도정법과 조합규약의 내용을 고려하여 해당 판결문에서 직무대행자를 기재하고 있다.

결국, 위와 같이 직무대행자가 기재된 법원의 결정문에 따르면 되기 때문에 법원에서의 직무정지가처분의 인용이 조합규약상의 유고에 해당하는지 여부에 관한 의견대립의 실익은 크지 않다고 본다.

(4) 직무대행자의 업무 범위

필자에게 직무대행자의 업무 범위에 관해서도 많은 질의가 있고 실제 이에 관해서 의견이 대립되고 있다. 조합원들이 선출한 조합장이 아닌 직무대행자인 만큼 통상적인 업무에 관해서만 대행할 수 있다는 견해와 위와 같은 제한이 없이 조합장의 모든 업무를 대행할 수 있다는 견해로 크게 나뉜다. 그 외에도 조합규약에 따라 직무대행자로 된 자와 기타 직무대행자를 구분해야 한다는 견해도 있으나 그 논의의 실익이 크다고 생각되지 않아 자세한 기술은 생략하겠다.

개인적인 견해로는 관련 법에 직무대행자의 업무 범위에 관한 제한이 없어 직무대행자의 업무 범위에 제한이 있다고 보기 어렵다고 본다. 다만, 직무대행자는 선거를 통해 조합원들의 지지를 받은 것은 아닌 만큼 통상적인 업무 범위에서 직무를 수행하는 것이 타당하고, 적극적인 정비사업의 추진에 필요한 결정은 이후 조합원들에 의해 선출되는 임원들에 의해서 진행되는 것이 타당하다고 할 것이다.

4.
총회

가. 서설

조합에는 조합원으로 구성되는 총회를 두어야 하고 총회의 종류에는 정기총회와 임시총회가 있다(정기총회와 임시총회에서 결의되는 내용에 효력의 차이는 없기 때문에 따로 구분하여 설명하지는 않겠다). 정비사업의 주체는 해당 조합이며 해당 조합은 조합원들로 구성되는 만큼 위 조합원들이 직접 참석하는 위 총회의 권한은 막강하고 총회결의를 통해서 처리해야 할 내용도 많다.

그러나, 총회의 진행에 있어 절차, 안건, 내용 등에 있어 유의해야 할 사항도 상당수 있어 반드시 해당 내용을 확인해 두는 것이 좋다. 왜냐하면 총회진행 절차 또는 내용상 하자가 있는 경우에는 총회결의효력정지가처분, 총회결의무효확인소송 등이 분쟁이 발생할 수 있으며 이로 인해 정비사업의 진행에 막대한 영향을 미칠 수 있으며 다시 총회를 진행한다고 하더라도 그 비용이 적지 않기 때문이다.

나. 총회소집 방법

총회의 소집은 "조합장이 직권"으로 소집하거나 "조합원 5분의 1 이상", 또는 "대의원 3분의 2 이상"의 요구로 조합장이 소집한다(제44조 제2항).

다만 예외적으로 조합임원의 사임, 해임 또는 임기만료 후 6개월 이상 조합임원이 선임되지 아니한 경우에는 시장·군수 등이 조합임원 선출을 위한 총회를 소집할 수 있다고 정하고 있다(법 제44조 제3항). 이는 재개발 · 재건축 정비사업이 조합임원의 주도적인 역할로 진행되는데, 새로운 임원이 오랜 기간 선임되지 않아 사실상 정비조합의 업무가 정지되는 상황을 방지하기 위함이다.

위와 같이 총회를 소집하려는 자는 총회가 개최되기 7일 전까지 회의 목적 · 안건 · 일시 및 장소와 서면의결권의 행사기간 및 장소 등 서면의결권 행사에 필요한 사항을 정하여 조합원에게 통지해야 한다(법 제44조 제4항). 그리고 총회의 소집절차 · 시기 등에 필요한 사항은 조합정관으로 정해야 한다(법 제44조 제5항).

-도정법-

제44조(총회의 소집)

① 조합에는 조합원으로 구성되는 총회를 둔다.

② 총회는 조합장이 직권으로 소집하거나 조합원 5분의 1 이상 (정관의 기재사항 중 제40조제1항제6호에 따른 조합임원의 권리 · 의무 · 보수 · 선임방법 · 변경 및 해임에 관한 사항을 변경하기 위한 총회의 경우는 10분의 1 이상으로 한다) 또는 대의원 3분의 2 이상의 요구로 조합장이 소집한다. 〈개정 2019.4.23〉

③ 제2항에도 불구하고 조합임원의 사임, 해임 또는 임기만료 후 6개월 이상 조합임원이 선임되지 아니한 경우에는 시장 · 군수 등이 조합임원 선출을 위한 총회를 소집할 수 있다.

④ 제2항 및 제3항에 따라 총회를 소집하려는 자는 총회가 개최되기 7일 전까지 회의 목적 · 안건 · 일시 및 장소와 제45조제5항에 따른 서면의결권의 행사기간 및 장소 등 서면의결권 행사에 필요한 사항을 정하여 조합원에게 통지하여야 한다. 〈개정 2021.8.10〉

⑤ 총회의 소집 절차 · 시기 등에 필요한 사항은 정관으로 정한다.

다. 총회의 의결사항

총회에서 반드시 의결해야 하는 사항은 아래의 〈표〉와 같다. 특히, 총회 의결사항 중 "예산으로 정한 사항 외에 조합원에게 부담이 되는 계약"과 관련하여 많은 질문을 하는데, 단순한 채무부담 또는 예산으로 자금의 지출의 근거가 있는 경우를 제외하고, 특별한 사정이 없는 한 대부분이 조합원에게 부담이 되는 계약이라고 해석된다.

이에 정비조합에서 예산안을 작성할 때 고정적인 비용지출이 필요한 부분 등에 관해서 구체적인 항목들로 예산안을 작성하여 정기총회에서 결의받아 놓는 것이 추후 조합원에게 부담이 되는 계약의 체결로 인해 새로운 총회결의를 거쳐야 하는 과정을 최소화하는 것이 조합의 운영에 도움이 된다고 할 것이다.

또한, 시행령 제42조에 의해 "대의원의 선임 및 해임에 관한 사항"이 총회의 의결사항이라는 점을 유의해야 한다. 이는 대의원회에서 임원선출을 위한 선관위원회를 구성한다는 점과 관련이 있는데, 만약 대의원 수가 도정법에서 정하는 수에 미달된다면 총회를 통해 대의원을 선출해야 한다는 문제와 관련 있다. 위 부분은 필자가 많은 질의를 받는 부분으로 추후 대의원회 부분에서 상세히 다루도록 하겠다.

-도정법-

제45조(총회의 의결)

① 다음 각 호의 사항은 총회의 의결을 거쳐야 한다. 〈개정 2019. 4. 23., 2020. 4. 7., 2021. 3. 16.〉

---

1. **정관의 변경**(제40조제4항에 따른 경미한 사항의 변경은 이 법 또는 정관에서 총회의결사항으로 정한 경우로 한정한다)
2. **자금의 차입과 그 방법 · 이자율 및 상환방법**
3. **정비사업비의 세부 항목별 사용계획이 포함된 예산안 및 예산의 사용내역**
4. **예산으로 정한 사항 외에 조합원에게 부담이 되는 계약**
5. **시공자 · 설계자 및 감정평가법인등**(제74조제4항에 따라 시장 · 군수등이 선정 · 계약하는 감정평가법인등은 제외한다)**의 선정 및 변경.** 다만, 감정평가법인등 선정 및 변경은 총회의 의결을 거쳐 시장 · 군수등에게 위탁할 수 있다.
6. **정비사업전문관리업자의 선정 및 변경**
7. **조합임원의 선임 및 해임**
8. **정비사업비의 조합원별 분담내역**
9. **제52조에 따른 사업시행계획서의 작성 및 변경**(제50조제1항 본문에 따른 정비사업의 중지 또는 폐지에 관한 사항을 포함하며, 같은 항 단서에 따른 경미한 변경은 제외한다)
10. **제74조에 따른 관리처분계획의 수립 및 변경**(제74조제1항 각 호 외의 부분 단서에 따른 경미한 변경은 제외한다)
11. **제89조에 따른 청산금의 징수 · 지급**(분할징수 · 분할지급을 포함한다)**과 조합 해산 시의 회계보고**
12. **제93조에 따른 비용의 금액 및 징수방법**
13. **그 밖에 조합원에게 경제적 부담을 주는 사항 등 주요한 사항을 결정하기 위하여 대통령령 또는 정관으로 정하는 사항**

-도시정비법 시행령-

제42조(총회의 의결)

① 법 제45조제1항제13호에 따라 총회의 의결을 거쳐야 하는 사

항은 다음 각 호와 같다.

1. 조합의 합병 또는 해산에 관한 사항
2. 대의원의 선임 및 해임에 관한 사항
3. 건설되는 건축물의 설계 개요의 변경
4. 정비사업비의 변경

위 총회의결사항에 규정에도 불구하고 이에 관한 사전의결을 거치지 않고 사업을 임의로 추진한 조합임원의 경우 2년 이하의 징역 또는 2천만 원 이하의 벌금에 처한다는 처벌규정이 있다는 점도 유의해야 한다(법 제137조 제6호).

나아가, 위 규정에 의해 조합임원이 벌금 100만 원 이상을 선고받게 되면 임원의 결격사유인 "이 법을 위반하여 벌금 100만 원 이상의 형을 선고받고 10년이 지나지 아니한 자(법 제43조 제1항 제5호)"에 해당하여 당연퇴임될 수 있다는 점을 유의해야 한다.

제137조(벌칙)
다음 각 호의 어느 하나에 해당하는 자는 2년 이하의 징역 또는 2천만 원 이하의 벌금에 처한다

6. 제45조에 따른 총회의 의결을 거치지 아니하고 같은 조 제1항 각 호의 사업(같은 항 제13호 중 정관으로 정하는 사항은 제외한다)을 임의로 추진한 조합임원(전문조합관리인을 포함한다)

제43조(조합임원 등의 결격사유 및 해임)
① 다음 각 호의 어느 하나에 해당하는 자는 조합임원 또는 전문조합관리인이 될 수 없다. 〈개정 2019.4.23, 2020.6.9〉

1. 미성년자 · 피성년후견인 또는 피한정후견인
2. 파산선고를 받고 복권되지 아니한 자
3. 금고 이상의 실형을 선고받고 그 집행이 종료(종료된 것으로 보는 경우를 포함한다)되거나 집행이 면제된 날부터 2년이 지나지 아니한 자
4. 금고 이상의 형의 집행유예를 받고 그 유예기간 중에 있는 자
5. 이 법을 위반하여 벌금 100만 원 이상의 형을 선고받고 10년이 지나지 아니한 자

② 조합임원이 다음 각 호의 어느 하나에 해당하는 경우에는 당연 퇴임한다. 〈개정 2019.4.23, 2020.6.9〉
1. 제1항 각 호의 어느 하나에 해당하게 되거나 선임 당시 그에 해당하는 자이었음이 밝혀진 경우

라. 추인의결

필자에게 총회의결을 거치지 않아 도정법 제137조 제6호에 의해 형사처벌될 위험에 처한 상황에서 추후 해당 안건을 추인하는 의결을 하면 형사상 처벌을 피해갈 수 있는지 자문을 구하는 경우가 많다. 위 법조문 해석상 사전의결이 원칙이기 때문에 도정법상의 처벌규정에 따른 형사상 처벌을 피해기 어렵다. 다만, 사후적으로 추인의결을 받게 되면 유리한 양형요소가 될 수는 있다.

대법원에서도 아래 〈표〉와 같이 사전의결을 하지 않았다가 추후 추인을 받았다고 하더라도 그 범행이 소급적으로 불성립하게 된다고 볼 수도 없다고 하여 형사상 처벌을 피할 수 없다고 판단하고 있다.

-대법원 2010. 6. 24. 선고 2009도14296 판결-

구 도시 및 주거환경정비법(2009. 2. 6. 법률 제9444호로 개정되기 전의 것) 제24조 제3항 제5호에서 '예산으로 정한 사항 외에 조합원의 부담이 될 계약'을 총회의 의결 사항으로 규정한 취지는 조합원들의 권리·의무에 직접적인 영향을 미치는 사항이어서 조합원들의 의사가 반영될 수 있도록 절차적 보장을 하기 위한 것이고 이를 위하여 같은 법 제85조 제5호에 벌칙 조항을 둔 것으로 해석되는 점, 총회의 사전 의결 없이 계약이 체결되어 이행된 경우 원상회복이 어려울 뿐만 아니라 법률관계의 혼란을 초래하고 이러한 상황이 조합원들의 자유로운 의사결정에 방해가 될 수 있는 점 등에 비추어 볼 때, 위 법 제85조 제5호의 '총회의 의결'은 원칙적으로 사전 의결을 의미한다. 따라서 조합의 임원이 총회의 사전 의결을 거치지 아니하고 예산으로 정한 사항 외에 조합원의 부담이 될 계약을 체결하였다면 그로써 같은 법 제85조 제5호에 위반한 범행이 성립된다고 할 것이고, 이와 달리 그 범행 성립시기가 추후에 이루어지는 총회에서 추인 의결이 부결된 때라거나 추후 총회에서 추인 의결이 이루어진다고 해서 그 범행이 소급적으로 불성립하게 된다고 볼 수도 없다. 한편 주택재개발사업의 성격상 조합이 추진하는 모든 업무의 구체적 내용을 총회에서 사전에 의결하기 어렵다 하더라도 위 법 규정 취지에 비추어 보면 '예산으로 정한 사항 외에 조합원의 부담이 될 계약'을 체결하는 경우에는 사전에 총회에서 추진하려는 계약의 목적과 내용, 그로 인하여 조합원들이 부담하게 될 부담의 정도를 개략적으로 밝히고 그에 관하여 총회의 의결을 거쳐야 한다.

위 대법원 판결에서는 예산으로 정한 사항 외에 조합원의 부담이 될 계약을 체결하는 경우 "사전에 총회에서 추진하려는 계약의 목적과 내용", "그로 인하여 조합원들이 부담하게 될 부담의 정도"를 개략적으로 밝히고 그에 관해 총회결의를 거쳐야 한다고 명시적으로 판단하고 있다. 정비조합에서 예산으로 정한 사항 외에 조합원의 부담이 될 계약을 체결할 경우 위 방법을 참고할 필요가 있다고 할 것이다.

마. 총회진행시 유의사항

(1) 직접 출석

총회진행에는 조합원 100분의 10 이상이 직접 출석해야 한다. 다만, "창립총회", "사업시행계획서의 작성 및 변경", "관리처분계획의 수립 및 변경을 의결하는 총회", "정비사업비 사용 및 변경을 위하여 개최하는 총회" 등은 조합원의 권리 · 의무에 직접적인 영향을 미치는 중요한 의결에 해당하여 조합원 100분의 20 이상이 직접 출석해야 한다(제45조 제7항).

-도정법-

제45조(총회의 의결)

⑦ 총회의 의결은 조합원의 100분의 10 이상이 직접 출석(제5항 각 호의 어느 하나에 해당하여 대리인을 통하여 의결권을 행사하는 경우 직접 출석한 것으로 본다. 이하 이 조에서 같다)하여야 한다. 다만, 창립총회, 사업시행계획서의 작성 및 변경, 관리처분계획의 수립 및 변경을 의결하는 총회 등 대통령령으로 정하는 총회의 경우에는 조합원의 100분의 20 이상이 직접 출석하여야 한다. 〈개정 2021.8.10.〉

-도정법 시행령-

제42조(총회의 의결)

② 법 제45조제7항 단서에서 "창립총회, 사업시행계획서의 작성
및 변경, 관리처분계획의 수립 및 변경을 의결하는 총회 등 대
통령령으로 정하는 총회"란 다음 각 호의 어느 하나에 해당하
는 총회를 말한다. 〈개정 2021. 11. 11.〉

1. 창립총회
2. 사업시행계획서의 작성 및 변경을 위하여 개최하는 총회
3. 관리처분계획의 수립 및 변경을 위하여 개최하는 총회
4. 정비사업비의 사용 및 변경을 위하여 개최하는 총회

(2) 의사 · 의결 정족수

총회의 의결은 도정법 또는 정관에 다른 규정이 없으면 조합원 과반수의
출석과 출석 조합원의 과반수 찬성으로 한다(법 제45조 제3항).

그러나 "사업시행계획서의 작성 및 변경", "관리처분계획의 수립 및 변
경"에 관해서는 조합원 과반수의 찬성으로 의결해야 하나 정비사업비가
100분의 10 이상 늘어나는 경우에는 조합원 3분의 2 이상의 찬성으로 의결
한다(법 제45조 제4항).

-도정법-

제45조(총회의 의결)

① 다음 각 호의 사항은 총회의 의결을 거쳐야 한다. 〈개정 2019. 4. 23., 2020. 4. 7., 2021. 3. 16.〉

1. 정관의 변경(제40조제4항에 따른 경미한 사항의 변경은 이 법 또는 정관에서 총회의결사항으로 정한 경우로 한정한다)

2. 자금의 차입과 그 방법·이자율 및 상환방법

3. 정비사업비의 세부 항목별 사용계획이 포함된 예산안 및 예산의 사용내역

4. 예산으로 정한 사항 외에 조합원에게 부담이 되는 계약

5. 시공자·설계자 및 감정평가법인등(제74조제4항에 따라 시장·군수등이 선정·계약하는 감정평가법인등은 제외한다)의 선정 및 변경. 다만, 감정평가법인등 선정 및 변경은 총회의 의결을 거쳐 시장·군수등에게 위탁할 수 있다.

6. 정비사업전문관리업자의 선정 및 변경

7. 조합임원의 선임 및 해임

8. 정비사업비의 조합원별 분담내역

9. 제52조에 따른 사업시행계획서의 작성 및 변경(제50조제1항 본문에 따른 정비사업의 중지 또는 폐지에 관한 사항을 포함하며, 같은 항 단서에 따른 경미한 변경은 제외한다)

10. 제74조에 따른 관리처분계획의 수립 및 변경(제74조제1항 각 호 외의 부분 단서에 따른 경미한 변경은 제외한다)

11. 제89조에 따른 청산금의 징수·지급(분할징수·분할지급을 포함한다)과 조합 해산 시의 회계보고

12. 제93조에 따른 비용의 금액 및 징수방법

13. 그 밖에 조합원에게 경제적 부담을 주는 사항 등 주요한 사항을 결정하기 위하여 대통령령 또는 정관으로 정하는 사항

② 제1항 각 호의 사항 중 이 법 또는 정관에 따라 조합원의 동의가 필요한 사항은 총회에 상정하여야 한다.

③ 총회의 의결은 이 법 또는 정관에 다른 규정이 없으면 조합원 과반수의 출석과 출석 조합원의 과반수 찬성으로 한다.

④ 제1항 제9호 및 제10호의 경우에는 조합원 과반수의 찬성으로 의결한다. 다만, 정비사업비가 100분의 10(생산자물가상승률분, 제73조에 따른 손실보상 금액은 제외한다) 이상 늘어나는 경우에는 조합원 3분의 2 이상의 찬성으로 의결하여야 한다.

바. 출석조합원 산정문제

총회진행에 있어 출석조합원의 산정은 의사·의결 정족수에 직접적인 영향을 주기 때문에 매우 중요하다. 비록 종중에서의 회장선출에 관한 판결이기는 하나 대법원은 출석조합원에 관해서 결의 당시 회의장에 남아 있던 조합원을 의미한다고 판단하고 있어 총회 참석한 조합원이 중간에 퇴장한 경우 출석한 조합원에 포함되지 않는다는 점을 유의해야 한다.

> —대법원 2001. 7. 27. 선고 2000다56037 판결 [회장선임결의무효확인] —
>
> 직선제에 의한 종중의 회장 선출 시 의결정족수를 정하는 기준이
> 되는 출석종원이라 함은 당초 총회에 참석한 모든 종원을 의미하
> 는 것이 아니라 문제가 된 <u>결의 당시 회의장에 남아 있던 종원만</u>
> <u>을 의미한다고 할 것이므로 회의 도중 스스로 회의장에서 퇴장한</u>
> <u>종원들은 이에 포함되지 않는다.</u>

　따라서, 총회에서 안건에 관한 결의 시 중간에 퇴장하는 조합원들이 없
도록 하는 것이 필요하고, 만약 퇴장하는 조합원이 있다면 이를 정확히 산
정할 수 있는 방법을 강구하거나 아니면 중요한 안건에 대한 결의시 현장
에 있는 조합원의 수를 다시 한번 산정하는 절차를 거치는 것이 필요하다.

사. 직접 출석

　총회의 의결은 조합원원의 100분의 10 이상이 직접 출석해야 한다. 다만
조합원은 서면으로 의결권을 행사하거나 특별한 사유가 있다면 대리인을 통
해 의결권을 행사할 수 있는데, 이 경우 직접 출석한 것으로 본다.

　다만, 창립총회, 사업시행계획서의 작성 및 변경, 관리처분계획의 수립
및 변경을 의결하는 총회, 정비사업비의 사용 및 변경을 위해 개최하는 총
회에서는 조합원의 100분의 20 이상이 직접 출석해야 한다는 점을 유의해
야 한다.

-도정법-

제45조(총회의 의결)

⑤ 조합원은 서면으로 의결권을 행사하거나 다음 각 호의 어느 하나에 해당하는 경우에는 대리인을 통하여 의결권을 행사할 수 있다. 서면으로 의결권을 행사하는 경우에는 정족수를 산정할 때에 출석한 것으로 본다.

    1. 조합원이 권한을 행사할 수 없어 배우자, 직계존비속 또는 형제자매 중에서 성년자를 대리인으로 정하여 위임장을 제출하는 경우

    2. 해외에 거주하는 조합원이 대리인을 지정하는 경우

    3. 법인인 토지등소유자가 대리인을 지정하는 경우. 이 경우 법인의 대리인은 조합임원 또는 대의원으로 선임될 수 있다.

⑦ 총회의 의결은 조합원의 100분의 10 이상이 직접 출석(제5항 각 호의 어느 하나에 해당하여 대리인을 통하여 의결권을 행사하는 경우 직접 출석한 것으로 본다. 이하 이 조에서 같다)하여야 한다. 다만, 창립총회, 사업시행계획서의 작성 및 변경, 관리처분계획의 수립 및 변경을 의결하는 총회 등 대통령령으로 정하는 총회의 경우에는 조합원의 100분의 20 이상이 직접 출석하여야 한다. 〈개정 2021. 8. 10.〉

⑧ 제5항에도 불구하고 「재난 및 안전관리 기본법」 제3조제1호에 따른 재난의 발생 등 대통령령으로 정하는 사유가 발생하여 시장·군수등이 조합원의 직접 출석이 어렵다고 인정하는 경우에는 전자적 방법(「전자문서 및 전자거래 기본법」 제2조제2호에 따

른 정보처리시스템을 사용하거나 그 밖의 정보통신기술을 이용하는 방법을 말한다)으로 의결권을 행사할 수 있다. 이 경우 정족수를 산정할 때에는 직접 출석한 것으로 본다. 〈신설 2021. 8. 10.〉

-도정법 시행령-

제42조(총회의 의결)

② 법 제45조제7항 단서에서 "창립총회, 사업시행계획서의 작성 및 변경, 관리처분계획의 수립 및 변경을 의결하는 총회 등 대통령령으로 정하는 총회"란 다음 각 호의 어느 하나에 해당하는 총회를 말한다. 〈개정 2021. 11. 11.〉

1. 창립총회
2. 사업시행계획서의 작성 및 변경을 위하여 개최하는 총회
3. 관리처분계획의 수립 및 변경을 위하여 개최하는 총회
4. 정비사업비의 사용 및 변경을 위하여 개최하는 총회

또한, 법에서는 「재난 및 안전관리 기본법」 제3조제1호에 따른 재난의 발생, 「감염병의 예방 및 관리에 관한 법률」 제49조제1항제2호에 따른 집합 제한 또는 금지 조치가 발생한 경우 시장·군수 등이 조합원의 직접 출석이 어렵다고 인정하는 경우에는 전자적 방법에 따른 정보처리시스템을 사용하거나 그 밖의 정보통신기술을 이용하는 방법으로 의결권을 행사할 수 있고, 이 경우 정족수를 산정할 때에는 직접 출석한 것으로 본다(**법 제45조 제8항**).

위에 관한 내용은 후술하는 "카. 전자총회의 가부" 부분과 관련이 있는

바, 해당 부분과 연계해서 확인하면 이해하는 데 도움이 될 것이다.

아. 의안의 상정 순서

(1) 의안상정 순서의 중요성

총회진행과 관련하여 의안상정은 매우 신중하게 고민하고 결정해야 한다. 특히, 정관규정을 변경하고 해당 규정을 적용되어야 하는 경우에는 더 그렇다. 이 경우 정관규정변경 안건에 관해 먼저 상정하여 의결을 거치고 난 후 심의 표결 후 '가결선포'까지 해야 한다. 위와 같은 절차를 모두 거쳐야만 해당 정관규정의 변경 안건이 총회에서 결의된 것으로 해당 규정을 적용할 수 있기 때문이다.

(2) 의안상정 순서의 임의변경 가부

필자에게 총회 진행과정에서 의안상정 순서를 임의로 변경해도 되는지에 관해서 질의하는 경우가 많은데, 결론부터 말하자면 되도록 의안상정의 순서를 임의대로 변경하지 않는 것이 좋다.

정비조합에서는 총회를 진행하기 위해 대략적인 안건, 목표, 일시, 장소 등을 책자를 통해 조합원에게 통지하고 일정한 방법으로 해당 내용을 공고하게 된다.

위와 같이 이미 조합원들에게 통지하고 공고한 의안상정의 순서를 되도록 변경하지 않는 것이 좋다. 다만, '상당한 이유'가 있다면 의안상정의 순서를 변경하더라도 무방하다. 만약 의안의 순서를 변경하여 상정한다면 해당 내용을 의사진행 발언에서 하는 것이 추후 발생한 불필요한 오해 및 혼란을 방지측면에서 필요하다고 할 것이다.

자. 긴급안건 상정에 관하여

총회에서 안건을 상정하는 것은 미리 총회책자 등으로 조합원들에게 통지를 한 사항에 한정되는 것이다. 이에 의장 또는 사회자가 소집통지서 등에 기재된 안건을 해당 총회에서 철회할 수 없다는 점에 비추어 별다른 정관의 근거규정 없이 긴급안건이라는 이름으로 새로운 안건을 상정할 수 없다고 할 것이다.

만약, 긴급하게 처리해야 할 안건이 있다면 다시 총회소집 절차를 거쳐서 안건을 상정하여 결의하는 것이 가장 안전한 방법이라 할 것이다. 다만 긴급안건에 관해 근거되는 조합정관 규정이 있다면 해당 규정에 근거하여 처리할 수도 있다고 하겠다.

위와 같이 긴급안건에 관하여 정관에 규정도 없는데도 불구하고 해당 총회에서 상정하여 의결처리하였다면 해당 결의에 관해 총회무효확인소송 등 법적인 분쟁이 발생할 가능성이 높고 해당 소송에서 무효로 확인될 가능성이 높다는 점을 유의해야 한다.

차. 의안에 대한 찬반토론

정비조합에서 총회를 통해 안건을 상정하고 결의하는 이유는 궁극적으로는 조합원들의 의사를 묻기 위한 것이고, 나아가 찬성과 반대의 토론을 하기 위한 것이다. 다만, 사안에 따라 극명하게 찬반이 나뉘는 경우에는 토론을 위한 토론의 장이 되어 그 끝을 알 수 없을 정도로 격렬한 논쟁이 이어지는 경우가 있다. 극히 드물지만 물리적인 충돌로 이어지는 경우도 있다.

다수의 조합원들이 참여하는 총회를 무한정 할 수 있는 것이 아니며, 결국에는 찬성과 반대의 표 대결로 할 수밖에 없어 지나친 논쟁은 자제하는 것이 좋다. 의장 또는 사회자가 어디까지 찬반토론을 허용하여 진행해야 하는 가에 대한 명확한 기준은 없다. 이는 이에 대한 관련 법 및 조합규약 등에 별다른 규정 등이 없기 때문이다. 결국 모호한 결론이지만 총회에서의 찬반토론은 적절한 선에서 허용된다고 할 것이다.

카. 전자총회의 가부

그동안 재개발 정비사업 총회에서 의결권행사에 전자적 의결방법의 사용가능한지에 관한 논의가 있었으나, 과거에는 전자적 방법에 의한 의결권행사의 필요성이 크다도 생각되지 않아 도정법 등에서 구체적으로 정하고 있지는 않았다.

그러나, 최근 코로나 바이러스의 확산으로 다수인이 같은 장소에서 모여서 의결권을 행사하는 것이 쉽지 않아 전자적 의결 방법을 사용하는 소위 '전자총회' 개최가 가능한지 질의하는 분들이 많다.

최근 도정법에서는 2021. 8. 10. 아래 〈표〉와 같이 "감염병의 예방 및 관리에 관한 법률"에 따른 집합 제한 또는 금지 조치가 있는 경우에 전자적 방법으로 의결권을 행사할 수 있는 근거규정을 두고 있다. 또한, 조합원이 위 전자적 방법으로 의결권을 행사할 경우 직접 출석한 것으로 본다는 규정을 신설하였다.

-도정법-

제45조(총회의 의결)

⑤ 조합원은 서면으로 의결권을 행사하거나 다음 각 호의 어느 하나에 해당하는 경우에는 대리인을 통하여 의결권을 행사할 수 있다. 서면으로 의결권을 행사하는 경우에는 정족수를 산정할 때에 출석한 것으로 본다.

  1. 조합원이 권한을 행사할 수 없어 배우자, 직계존비속 또는 형제자매 중에서 성년자를 대리인으로 정하여 위임장을 제출하는 경우

  2. 해외에 거주하는 조합원이 대리인을 지정하는 경우

  3. 법인인 토지등소유자가 대리인을 지정하는 경우. 이 경우 법인의 대리인은 조합임원 또는 대의원으로 선임될 수 있다.

⑧ 제5항에도 불구하고 「재난 및 안전관리 기본법」 제3조제1호에 따른 재난의 발생 등 대통령령으로 정하는 사유가 발생하여 시장·군수등이 조합원의 직접 출석이 어렵다고 인정하는 경우에는 전자적 방법(「전자문서 및 전자거래 기본법」 제2조제2호에 따른 정보처리시스템을 사용하거나 그 밖의 정보통신기술을 이용하는 방법을 말한다)으로 의결권을 행사할 수 있다. 이 경우 정족수를 산정할 때에는 직접 출석한 것으로 본다. 〈신설 2021. 8. 10.〉

⑨ 총회의 의결방법, 서면의결권 행사 및 본인확인방법 등에 필요한 사항은 정관으로 정한다.

-도정법 시행령-

제42조(총회의 의결)

③ 법 제45조제8항 전단에서 "「재난 및 안전관리 기본법」 제3조제
1호에 따른 재난의 발생 등 대통령령으로 정하는 사유"란 다
음 각 호의 사유를 말한다. 〈신설 2021. 11. 11.〉

  1. 「재난 및 안전관리 기본법」 제3조제1호에 따른 재난의 발생
  2. 「감염병의 예방 및 관리에 관한 법률」 제49조제1항제2호에
  따른 집합 제한 또는 금지 조치

-감염병의 예방 및 관리에 관한 법률-

제49조(감염병의 예방 조치)

① 질병관리청장, 시 · 도지사 또는 시장 · 군수 · 구청장은 감염
병을 예방하기 위하여 다음 각 호에 해당하는 모든 조치를 하
거나 그에 필요한 일부 조치를 하여야 하며, 보건복지부장관
은 감염병을 예방하기 위하여 제2호, 제2호의2부터 제2호의
4까지, 제12호 및 제12호의2에 해당하는 조치를 할 수 있다.
〈개정 2015.7.6, 2015.12.29, 2020.3.4, 2020.8.11, 2020.8.12,
2020.9.29, 2021.3.9〉

  2. 흥행, 집회, 제례 또는 그 밖의 여러 사람의 집합을 제한하
  거나 금지하는 것

위와 같이 도정법상 전자적 방법에 의한 의결권 행사의 근거규정을 두고
있으며, 구체적인 "총회의 의결방법", "서면의결권 행사 및 본인확인방법
등에 필요한 사항"은 정관으로 정하도록 하고 있는 바, 전자적 방법에 관한

의결권 행사에 관한 구체적인 내용을 정관에서 전자적 의결방법에 관하여 정하도록 해야 할 것이다.

최근들어 코로나 바이러스의 확산 등으로 인해 전자적 의결방법을 사용하는 전자총회의 필요성이 강조되고 있는 만큼, 아직까지 조합정관에서 전자적 의결방법에 관해 정하지 않았다면 이에 관한 규정을 신설 및 정비하는 것을 고려해 볼 필요가 있다. 다만, 위 정관규정을 신설 및 정비하기 위해 코로나 바이러스가 확산되고 있는 현시점에 대면총회를 개최해야 한다는 것은 말 그대로 '딜레마'라고 하겠다.

타. 의사록의 작성

총회, 이사회를 진행하는 경우 의사록을 작성해야 하는 것에는 의문이 없을 것이나, 그 근거가 무엇인지 질의하는 경우가 종종 있다. 이에 관해 도정법 제124조 제1항 제3호에서 추진위원회 · 주민총회 · 조합총회 및 조합의 이사회 · 대의원회의 의사록 관해 추진위원장 또는 사업시행자에게 공개할 의무를 규정하고 있어 위 의사록을 작성해야 함을 간접적으로 규정하고 있다.

위 도정법 규정을 차치하고서라도, 민법 제76조에서는 총회의 의사에 관해서는 의사록을 작성해야 하고, 의사록에는 의사의 경과, 요령 및 결과를 기재하고 의장 및 출석한 이사가 기명날인해야 한다고 정하고 있으며, 도정법에서는 조합에 관하여 민법 중 사단법인에 관한 규정을 준용한다고 정하고 있다(법 제49조).

-민법-

제76조(총회의 의사록)
① 총회의 의사에 관하여는 의사록을 작성하여야 한다.
② 의사록에는 의사의 경과, 요령 및 결과를 기재하고 의장 및 출석한 이사가 기명날인하여야 한다.
③ 이사는 의사록을 주된 사무소에 비치하여야 한다.

※ 자주 하는 질문

총회의결무효확인 소송 등 총회의 효력에 관한 소송이 진행되면 법원에서는 특별한 사정이 없다면 총회 의사록에 기재된 내용을 기준으로 해당 총회에 하자가 존재하는지 여부를 판단하게 된다. 즉, 의사록에 기재된 내용이 판결에 직접적인 영향을 미치기 때문에 총회에 관한 소송을 제기하거나 소송을 당한 조합에서 필자를 포함한 재개발 · 재건축 전문 변호사에게 자문을 구할 경우 해당 의사록을 지참하는 것이 좋다.

-대법원 2011. 10. 27. 선고 2010다88682 판결 [대의원회결의무효확인]-

민법상 사단법인 총회 등의 결의와 관련하여 당사자 사이에 의사정족수나 의결정족수 충족 여부가 다투어져 결의의 성립 여부나 절차상 흠의 유무가 문제되는 경우로서 사단법인 측에서 의사의 경과, 요령 및 결과 등을 기재한 의사록을 제출하거나 이러한 의사의 경과 등을 담은 녹음 · 녹화자료 또는 녹취서 등을 제출한 때에는, 그러한 의사록 등이 사실과 다른 내용으로 작성되었다거나 부당하게 편집, 왜곡되어 증명력을 인정할 수 없다고 볼 만한 특별한 사정이 없는 한 의사정족수 등 절차적 요건의 충족 여부는 의사록 등의 기재에 의하여 판단하여야 한다. 그리고 위와 같은 의사록 등의 증명력을 부인할 만한 특별한 사정에 관하여는 결의의 효력을 다투는 측에서 구체적으로 주장·증명하여야 한다.

5.
이사회

가. 서설

정비조합에서 중요하고 최종적인 의사결정은 총회에서 이뤄지는 것이나, 위 총회에서 어떤 안건을 상정해서 의결할 것인지는 이사회에서 심의하고 결정하게 된다. 또한, 이사회 구성원인 조합장, 이사 등이 실질적으로 조합을 대표하여 조합의 업무를 수행한다는 점에서 그 중요성은 아무리 강조해도 지나치지 않을 것이다. 그럼에도 불구하고 도정법에서이사회에 관한 규정이 없어 전국 대부분의 정비조합에서는 조합규약에 그 근거규정을 두고 있다.

나. 이사회의 구성

도정법에서는 이사회에 관한 규정은 없고, 정비조합의 표준정관은 아래 〈표〉와 같은 내용으로 이사회를 구성한다고 정하고 있다. 참고로, 개별 정비조합마다 정관의 내용이 다를 수 있어 반드시 확인할 필요가 있으며, 일부 조합에서는 해당 조항에서 자문위원을 구성할 수 있다는 내용을 정하기도 한다.

-표준정관-

제27조 (이사회의 설치)
①조합에는 조합의 사무를 집행하기 위하여 조합장과 이사로 구
성하는 이사회를 둔다.
② 이사회는 조합장이 소집하며, 조합장은 이사회의 의장이 된다.

다. 이사회의 업무

정비조합 표준정관에서는 이사회의 업무 범위와 관련하여 아래 〈표〉와
같이 "조합의 예산 및 통상업무의 집행에 관한 사항", "총회 및 대의원회의
상정안건의 심의 · 결정에 관한 사항", "업무규정 등 조합 내부규정의 제정
및 개정안 작성에 관한 사항", "그 밖에 조합의 운영 및 사업시행에 관하여
필요한 사항"으로 정하고 있다.

제28조(이사회의 사무) 이사회는 다음 각호의 사무를 집행한다.
1. 조합의 예산 및 통상업무의 집행에 관한 사항
2. 총회 및 대의원회의 상정안건의 심의 · 결정에 관한 사항
3. 업무규정 등 조합 내부규정의 제정 및 개정안 작성에 관한 사항
4. 그 밖에 조합의 운영 및 사업시행에 관하여 필요한 사항

위 이사회의 업무 중 "3. 업무규정 등 조합 내부규정의 제정 및 개정안 작성에 관한 사항"과 관련하여 대개의 정비조합에서는 조합정관 외에 업무규정, 인사관리규정, 보수규정, 선거관리규정 등을 제정하여 조합운영의 근거규정으로 하고 있다. 만약 아직까지도 위와 같은 규정을 제정하지 않았다면 이사회를 통해서 규정을 제정하는 것이 조합운영에 도움이 된다고 할 것이다.

※ 자주 하는 질문 - 비용지출과 이사회 결의

예산안으로 정한 사항 외에 조합원에게 부담이 되는 계약을 체결하는 경우에 위 계약을 체결하기 전에 총회의결을 거치는 것이 필요하다고 할 것이다. 만약, 위와 같은 총회의결을 거쳤다고 하더라도 해당 계약에 관한 비용을 지출할 경우 이사회에서 지출결의를 하는 것이 필요하냐고 질의를 많이 하는데, 해당 금액이 크면 조합장이 단독으로 지출하는 것보다는 이사회를 통해 지출결의를 얻는 것이 좋다. 이는 "조합의 예산 및 통상업무의 집행에 관한 사항"이 이사회의 업무 범위에 속하기 때문이기도 하다.

※자주 하는 질문 - 조합장에 대한 고소·고발과 조합의 비용부담

다수의 정비조합에서 필자에게 정비조합의 조합장 등 임원이 형사상 고소·고발을 당한 경우 변호사를 선임하면서 조합에서 변호사 선임료는 부담해도 되는지 문의하는 경우가 많다.

단체의 대표자가 개인으로서 당사자로 기재된 소송의 경우 변호사 선임료를 단체의 비용으로 사용하게 되면 업무상 횡령죄에 해당할 가능성이 높다. 다만, 예외적으로 제반사정을 고려해 단체의 이익을 위해서 소송을 수행하거나 고소에 대응해야 할 특별한 필요성이 있는 경우에 한하여 단체의

비용으로 변호사 선임료를 지출할 수 있다고 할 것이다. 이에 관해서는 아래 〈표〉의 대법원 판결을 참조할 필요가 있다.

-대법원 2006. 10. 26. 선고 2004도6280 판결-

[1] 원칙적으로 단체의 비용으로 지출할 수 있는 변호사 선임료는 단체 자체가 소송당사자가 된 경우에 한하므로 단체의 대표자 개인이 당사자가 된 민·형사사건의 변호사 비용은 단체의 비용으로 지출할 수 없고, 예외적으로 분쟁에 대한 실질적인 이해관계는 단체에게 있으나 법적인 이유로 그 대표자의 지위에 있는 개인이 소송 기타 법적 절차의 당사자가 되었다거나 대표자로서 단체를 위해 적법하게 행한 직무행위 또는 대표자의 지위에 있음으로 말미암아 의무적으로 행한 행위 등과 관련하여 분쟁이 발생한 경우와 같이, 당해 법적 분쟁이 단체와 업무적인 관련이 깊고 당시의 제반 사정에 비추어 단체의 이익을 위하여 소송을 수행하거나 고소에 대응하여야 할 특별한 필요성이 있는 경우에 한하여 단체의 비용으로 변호사 선임료를 지출할 수 있다.

[2] 재건축조합장이 개인 명의의 손해배상청구소송을 위하여 변호사를 소송대리인으로 선임하고 그 선임료를 재건축조합의 비용으로 지출한 행위가 업무상횡령죄에 해당한다고 본 사례.

[3] 재건축조합 조합장이 조합장 개인을 위하여 자신의 위법행위에 관한 형사사건의 변호인을 선임하는 것을 재건축조합의 업무라고 볼 수 없으므로, 그가 재건축조합의 자금으로 자신의 변호사 비용을 지출하였다면 이는 횡령에 해당하고, 위 형사사건의 변호사 선임료를 지출함에 있어 이사 및 대의원회의

승인을 받았다 하여도 재건축조합의 업무집행과 무관한 조합
장 개인의 형사사건을 위하여 변호사 선임료를 지출하는 것이
위법한 이상 위 승인은 내재적 한계를 벗어나는 것으로서 횡
령죄의 성립에 영향을 미치지 아니한다.

나아가, 위 대법원 판결에 의하면 대표자 개인이 당사자로 기재된 소송,
고소 · 고발 등에 조합의 비용을 사용했다면 추후 총회의 추인 등을 받는다
고 하더라도 업무상 횡령죄는 성립된다는 점을 유의해야 한다. 다만, 추후
총회의 추인을 받는다면 유리한 양형요소로 고려될 수는 있다.

위 대법원 판결이 조합의 비용을 조합장 등이 개인적인 비용으로 사용하
는 것을 방지하기 위한 취지라는 것은 매우 공감한다. 다만, 정비조합의 원
활한 진행을 위해서는 능력 있고 적극적인 임원들로 이루어진 집행부의 구
성이 필요하다고 할 것인데, 위와 같이 너무 엄격하게 업무상 횡령죄를 적
용하여 사실상 조합의 임원으로서 업무를 수행하면서 발생하게 된 법적 절
차에 관해 임원이 개인적인 비용을 지출해야 하는 상황이 발생하고 있다.

필자의 개인적인 의견이나 조합장 등의 업무상 횡령이 문제 되는 경우를 자
세히 살펴보면 조합의 임원이 되지 않았다면 발생하지 않았을 소송이 대부분
이다. 이는 정비사업 추진에 탁월한 능력이 있고 조합업무에 적극적인 조합원
들이 임원으로 나서는 것을 망설이게 하는 판결이 아닐까라는 생각이 든다.

결론적으로, 현재 위 대법원 판결이 업무상 횡령죄 성립 여부의 기준이

되기 때문에 재개발·재건축 정비조합에서 필자에게 자문을 구하는 경우 해당 소장, 고소장 등에 대표자 개인의 성명이 기재되어 있다면 되도록 개인 비용으로 변호사를 선임할 것을 권하고 있다.

6.
대의원회

. . . . . .

가. 서설

정비조합에서 중요한 안건에 대한 결정은 조합원들의 의사를 직접적으로 반영할 수 있는 총회를 거치는 것이 타당하다고 할 것이다. 그러나, 정비조합의 조합원의 수가 수백~수천 명에 이르는 경우가 많아 총회소집절차 등 총회절차에 시간적·절차적 비용이 상당하다.

이에 법에서는 대의원회 제도를 두어 일정한 사항에 관해서는 총회의 권한을 대의원회가 대행할 수 있게 하고 있다. 간단히 설명하자면 대의원회는 '작은 총회'라고 볼 수 있다. 정비조합에서 대의원회를 개최하는 경우 대의원회가 총회의 권한을 대행할 수 없는 사항을 정하고 있다는 점을 반드시 유의해야 한다.

나. 대의원회의 구성

조합원 수가 100명 이상인 조합은 대의원회를 의무적으로 두어야 한다 (법 제46조 제1항). 대의원회는 조합원의 10분의 1 이상으로 구성하되 조합원의 10분의 1이 100명을 넘는 조합의 경우에는 조합원의 10분의 1의 범위에서 100명 이상으로 구성할 수 있다(법제46조 제2항).

다. 대의원회가 대행할 수 없는 사항

법에서는 대의원회는 총회의 의결사항 중 대통령령으로 정하는 사항 외에는 총회의 권한을 대행할 수 없다고 정하고 있으며, 위 대통령령으로 정하는 사항은 아래 〈표〉와 같이 "정관 변경에 관한 사항", "자금의 차입과 그 방법·이자율 및 상환방법에 관한 사항", "예산으로 정한 사항 외에 조합원에게 부담이 되는 계약에 관한 사항", "시공자·설계자 또는 감정평가법인등의 선정 및 변경에 관한 사항", "정비사업관리업자의 선정 및 변경에 관한 사항", "조합임원의 선임 및 해임과 대의원의 선임 및 해임에 관한 사항", "사업시행계획서의 작성 및 변경에 관한 사항", "관리처분계획의 수립 및 변경에 관한 사항" 등이 있다.

-도정법-

제46조(대의원회)
① 조합원의 수가 100명 이상인 조합은 대의원회를 두어야 한다.
② 대의원회는 조합원의 10분의 1 이상으로 구성한다. 다만, 조합원의 10분의 1이 100명을 넘는 경우에는 조합원의 10분의 1의 범위에서 100명 이상으로 구성할 수 있다.
③ 조합장이 아닌 조합임원은 대의원이 될 수 없다.
④ <u>대의원회는 총회의 의결사항 중 대통령령으로 정하는 사항 외에는 총회의 권한을 대행할 수 있다.</u>
⑤ 대의원의 수, 선임방법, 선임절차 및 대의원회의 의결방법 등은 대통령령으로 정하는 범위에서 정관으로 정한다.

-도시정비법 시행령-

제43조(대의원회가 총회의 권한을 대행할 수 없는 사항) 법 제46조제4항에서 "대통령령으로 정하는 사항"이란 다음 각 호의 사항을 말한다.

1. 법 제45조제1항제1호에 따른 정관의 변경에 관한 사항(법 제40조제4항에 따른 경미한 사항의 변경은 법 또는 정관에서 총회의결사항으로 정한 경우로 한정한다)

2. 법 제45조제1항제2호에 따른 자금의 차입과 그 방법·이자율 및 상환방법에 관한 사항

3. 법 제45조제1항제4호에 따른 예산으로 정한 사항 외에 조합원에게 부담이 되는 계약에 관한 사항

4. 법 제45조제1항제5호에 따른 시공자·설계자 또는 감정평가업자(법 제74조제2항에 따라 시장·군수등이 선정·계약하는 감정평가업자는 제외한다)의 선정 및 변경에 관한 사항

5. 법 제45조제1항제6호에 따른 정비사업전문관리업자의 선정 및 변경에 관한 사항

6. 법 제45조제1항제7호에 따른 조합임원의 선임 및 해임과 제42조제1항제2호에 따른 대의원의 선임 및 해임에 관한 사항. 다만, 정관으로 정하는 바에 따라 임기중 궐위된 자(조합장은 제외한다)를 보궐선임하는 경우를 제외한다.

7. 법 제45조제1항제9호에 따른 사업시행계획서의 작성 및 변경에 관한 사항(법 제50조제1항 본문에 따른 정비사업의 중지 또는 폐지에 관한 사항을 포함하며, 같은 항 단서에 따른 경미한 변경은 제외한다)

8. 법 제45조제1항제10호에 따른 관리처분계획의 수립 및 변경에 관한 사항(법 제74조제1항 각 호 외의 부분 단서에 따른 경미한 변경은 제외한다)

9. 법 제45조제2항에 따라 총회에 상정하여야 하는 사항

10. 제42조제1항제1호에 따른 조합의 합병 또는 해산에 관한 사항. 다만, 사업완료로 인한 해산의 경우는 제외한다.

11. 제42조제1항제3호에 따른 건설되는 건축물의 설계 개요의 변경에 관한 사항
12. 제42조제1항제4호에 따른 정비사업비의 변경에 관한 사항

라. 선거관리위원회 구성과 관련한 문제

정비조합 정하는 바에 따라 조금씩 차이가 있으나, 대개의 정비조합 정관규정에서는 조합 업무규정 내에 임원선출 등에 관하여 선거관리규정을 두고 있으며 위 선거관리 규정에서는 대의원회에서 선거관리위원을 선임하도록 정하고 있다. 만약, 법정 대의원수를 충족하지 못한 상태에서 선거관리위원을 선임하는 결의를 한다면 해당 결의가 무효가 될 수 있으며, 이에 반드시 총회에서 대의원을 선출하여 법정 대의원수를 충족해야 한다.

※ 자주 하는 질문 – 법정 대의원수 미달과 선거관리위원 선임

정비조합에서 신속히 임원을 새롭게 선출해야 하는데, 법정 대의원수에 미달한 상태에서 어떻게 해야 하는지 질의를 하는 경우가 많다. 앞서 살펴보았듯이 법정 대의원수에 미달한 상태에서 선거관리위원을 선임하게 되면 해당 선거관리위원의 선임은 무효가 되며 이에 관련한 법적 분쟁이 발생할 가능성이 높다.

이에 다소의 시간이 걸리더라도 총회를 개최하여 대의원을 선출하여 법정 대의원수를 충족한 후 대의원회서 선거관리위원을 선임해야 한다. 아무리 바쁘더라도 정해진 절차를 무시하게 되면 법적 분쟁으로 인하여 새로운 임원의 선출이 더 늦어질 수 있음을 유의해야 한다.

제8장

사업시행
계획
인가

1.
서설

사업시행계획인가는 사업시행자가 사업시행계획의 내용에 따라 정비사업을 시행할 수 있는 권한을 관할관청으로부터 부여받는 것이다. 간단하게 말해 일반적인 건축사업에서 '건축허가'를 받는 것으로 관리처분계획인가가 조합과 조합원 사이의 관계를 정하는 것이라면, 사업시행계획인가는 조합과 관할관청 사이의 관계를 정하는 것이라고 볼 수 있다.

참고로 대법원은 정비조합이 수립한 사업시행계획 인가의 법적 성질에 관하여 "정비사업조합의 사업시행계획에 대한 법률상의 효력을 완성시키는 보충행위"로 보고 있다.

※ 본서에서는 조합설립인가, 사업시행계획인가, 관리처분계획인가의 법적 성질에 대해서 간단하게나마 대법원 판결을 기재하고 있다. 이는 본서를

읽는 법률 전문가들을 위한 내용으로 법률 전문가가 아닌 이상 해당 내용이 쉽게 이해되지 않는다면 반드시 이해해야 할 부분은 아니라고 할 것이다.

-대법원 2010. 12. 9. 선고 2010두1248 판결-

구「도시 및 주거환경정비법」(2007. 12. 21. 법률 제8785호로 개정되기 전의 것, 이하 '도정법'이라 한다)에 기초하여 도시환경정비사업조합 이 수립한 사업시행계획은 그것이 인가·고시를 통해 확정되면 이해관계인에 대한 구속적 행정계획으로서 독립된 행정처분에 해 당하므로(대법원 2009. 11. 2.자 2009마596 결정 참조), 사업시행계획 을 인가하는 행정청의 행위는 도시환경정비사업조합의 사업시행 계획에 대한 법률상의 효력을 완성시키는 보충행위에 해당한다 (대법원 2008. 1. 10. 선고 2007두16691 판결 참조).

위와 같이 대법원은 사업시행계획을 인가하는 행정청의 행위를 보충행 위로 보고 있기 때문에 위 인가처분 자체에 하자가 있는 경우 해당 처분에 대한 무효나 취소를 주장할 수 있으나, 인가처분에 하자가 없다면 기본행 위에 하자가 있다고 하더라도 그 기본행위의 하자를 별론으로 하고 기본행 위의 무효를 내세워 바로 인가처분의 취소 또는 무효확인을 구할 수 없다 고 판단하고 있다.

-대법원 2010. 12. 9. 선고 2010두1248 판결-

따라서 기본행위가 적법·유효하고 보충행위인 인가처분 자체에만
하자가 있다면 그 인가처분의 무효나 취소를 주장할 수 있다고 할
것이지만, 인가처분에 하자가 없다면 기본행위에 하자가 있다 하더
라도 따로 그 기본행위의 하자를 다투는 것은 별론으로 하고 기본
행위의 무효를 내세워 바로 그에 대한 인가처분의 취소 또는 무효
확인을 구할 수 없다(대법원 2001. 12. 11. 선고 2001두7541 판결 등 참조).

　　다만, 대법원은 조합을 설립하지 않고 토지등소유자가 시행하는 경우에
는 사업시행인가의 법적 성질에 대해서 사업시행계획에 대한 보충행위로
서의 성질을 가지는 것이 아니라 설권적 처분으로 보고 있다는 점을 유의
해야 한다.

-대법원 2013. 6. 13. 선고 2011두19994 판결 [관리처분계획취소]-

구 도시 및 주거환경정비법(2012. 2. 1. 법률 제11293호로 개정되기 전
의 것, 이하 '구 도시정비법'이라 한다) 제8조 제3항, 제28조 제1항에
의하면, 토지 등 소유자들이 그 사업을 위한 조합을 따로 설립하지
아니하고 직접 도시환경정비사업을 시행하고자 하는 경우에는 사
업시행계획서에 정관 등과 그 밖에 국토해양부령이 정하는 서류
를 첨부하여 시장·군수에게 제출하고 사업시행인가를 받아야 하

고, 이러한 절차를 거쳐 사업시행인가를 받은 토지 등 소유자들은 관할 행정청의 감독 아래 정비구역 안에서 구 도시정비법상의 도시환경정비사업을 시행하는 목적 범위 내에서 법령이 정하는 바에 따라 일정한 행정작용을 행하는 행정주체로서의 지위를 가진다. 그렇다면 토지 등 소유자들이 직접 시행하는 도시환경정비사업에서 토지 등 소유자에 대한 사업시행인가처분은 단순히 사업시행계획에 대한 보충행위로서의 성질을 가지는 것이 아니라 구 도시정비법상 정비사업을 시행할 수 있는 권한을 가지는 행정주체로서의 지위를 부여하는 일종의 설권적 처분의 성격을 가진다.

2.
총회 의결의 필요성

· · · · · ·

사업시행계획서의 작성 및 변경은 "총회의 의결사항에 해당한다는 점", "의결 시 조합원 과반수의 출석과 출석 조합원 과반수의 찬성으로 의결해야 하는 것이 아닌 조합원 과반수의 찬성으로 의결해야 한다는 점", "정비사업비가 100분의 10 이상 늘어나는 경우에는 조합원 3분의 2 이상의 찬성으로 의결해야 하는 점"을 알아두어야 한다(법 제45조).

-도정법-

제45조(총회의 의결)

① 다음 각 호의 사항은 총회의 의결을 거쳐야 한다. 〈개정 2019.4.23, 2020.4.7, 2021.3.16〉

   1. 정관의 변경(제40조제4항에 따른 경미한 사항의 변경은 이 법 또는 정관에서 총회의결사항으로 정한 경우로 한정한다)

   2. 자금의 차입과 그 방법ㆍ이자율 및 상환방법

   3. 정비사업비의 세부 항목별 사용계획이 포함된 예산안 및 예산의 사용내역

   4. 예산으로 정한 사항 외에 조합원에게 부담이 되는 계약

   5. 시공자ㆍ설계자 및 감정평가법인등(제74조제4항에 따라 시장ㆍ군수등이 선정ㆍ계약하는 감정평가법인등은 제외한다)의 선정 및 변경. 다만, 감정평가법인등 선정 및 변경은 총회의 의결을 거쳐 시장ㆍ군수등에게 위탁할 수 있다.

   6. 정비사업전문관리업자의 선정 및 변경

   7. 조합임원의 선임 및 해임

   8. 정비사업비의 조합원별 분담내역

   9. 제52조에 따른 사업시행계획서의 작성 및 변경(제50조제1항 본문에 따른 정비사업의 중지 또는 폐지에 관한 사항을 포함하며, 같은 항 단서에 따른 경미한 변경은 제외한다)

   10. 제74조에 따른 관리처분계획의 수립 및 변경(제74조제1항 각 호 외의 부분 단서에 따른 경미한 변경은 제외한다)

   11. 제89조에 따른 청산금의 징수ㆍ지급(분할징수ㆍ분할지급을 포함한다)과 조합 해산 시의 회계보고

   12. 제93조에 따른 비용의 금액 및 징수방법

② 제1항 각 호의 사항 중 이 법 또는 정관에 따라 조합원의 동의
   가 필요한 사항은 총회에 상정하여야 한다.

③ 총회의 의결은 이 법 또는 정관에 다른 규정이 없으면 조합원
   과반수의 출석과 출석 조합원의 과반수 찬성으로 한다.

④ 제1항 제9호 및 제10호의 경우에는 조합원 과반수의 찬성으로
   의결한다. 다만, 정비사업비가 100분의 10(생산자물가상승률분,
   제73조에 따른 손실보상 금액은 제외한다) 이상 늘어나는 경우에는
   조합원 3분의 2 이상의 찬성으로 의결하여야 한다.

3.
사업시행계획서의 작성

· · · · · ·

  정비사업에서 사업시행계획서는 "토지이용계획", "정비기반시설 및 공동
이용시설의 설치계획", "임시거주시설을 포함한 주민이주대책", "세입자의
주거 및 이주대책", "사업시행기간 동안 정비구역 내 가로등 설치", "폐쇄회
로 텔레비전 설치 등 범죄예방대책", "임대주택의 건설계획", "국민주택규모
주택의 건설계획", "공공지원민간임대주택 또는 임대관리 위탁주택의 건설
계획", "건축물의 높이 및 용적률 등에 관한 건축계획", "정비사업의 시행과
정에서 발생하는 폐기물의 처리계획", "교육시설의 교육환경 보호에 관한 계
획", "정비사업비" 등을 포함하여 작성해야 한다.

-도시정비법-

제52조(사업시행계획서의 작성)

① 사업시행자는 정비계획에 따라 다음 각 호의 사항을 포함하는 사업시행계획서를 작성하여야 한다. 〈개정 2018. 1. 16., 2021. 4. 13.〉

  1. 토지이용계획(건축물배치계획을 포함한다)
  2. 정비기반시설 및 공동이용시설의 설치계획
  3. 임시거주시설을 포함한 주민이주대책
  4. 세입자의 주거 및 이주 대책
  5. 사업시행기간 동안 정비구역 내 가로등 설치, 폐쇄회로 텔레비전 설치 등 범죄예방대책
  6. 제10조에 따른 임대주택의 건설계획(재건축사업의 경우는 제외한다)
  7. 제54조제4항, 제101조의5 및 제101조의6에 따른 국민주택 규모 주택의 건설계획(주거환경개선사업의 경우는 제외한다)
  8. 공공지원민간임대주택 또는 임대관리 위탁주택의 건설계획(필요한 경우로 한정한다)
  9. 건축물의 높이 및 용적률 등에 관한 건축계획
  10. 정비사업의 시행과정에서 발생하는 폐기물의 처리계획
  11. 교육시설의 교육환경 보호에 관한 계획(정비구역부터 200미터 이내에 교육시설이 설치되어 있는 경우로 한정한다)
  12. 정비사업비
  13. 그 밖에 사업시행을 위한 사항으로서 대통령으로 정하는 바에 따라 시·도조례로 정하는 사항

-도정법 시행령-

제47조(사업시행계획서의 작성)

① 법 제52조제1항제11호에 따른 교육시설의 교육환경 보호에 관한 계획에 포함될 사항에 관하여는 「교육환경 보호에 관한 법률 시행령」 제16조제1항을 준용한다.

② 법 제52조제1항제13호에서 "대통령령으로 정하는 바에 따라 시·도조례로 정하는 사항"이란 다음 각 호의 사항 중 시·도조례로 정하는 사항을 말한다.

   1. 정비사업의 종류·명칭 및 시행기간

   2. 정비구역의 위치 및 면적

   3. 사업시행자의 성명 및 주소

   4. 설계도서

   5. 자금계획

   6. 철거할 필요는 없으나 개·보수할 필요가 있다고 인정되는 건축물의 명세 및 개·보수계획

   7. 정비사업의 시행에 지장이 있다고 인정되는 정비구역의 건축물 또는 공작물 등의 명세

   8. 토지 또는 건축물 등에 관한 권리자 및 그 권리의 명세

   9. 공동구의 설치에 관한 사항

   10. 정비사업의 시행으로 법 제97조제1항에 따라 용도가 폐지되는 정비기반시설의 조서·도면과 새로 설치할 정비기반시설의 조서·도면(토지주택공사등이 사업시행자인 경우만 해당한다)

   11. 정비사업의 시행으로 법 제97조제2항에 따라 용도가 폐지되는 정비기반시설의 조서·도면 및 그 정비기반시설에

대한 둘 이상의 감정평가업자의 감정평가서와 새로 설치
할 정비기반시설의 조서 · 도면 및 그 설치비용 계산서

12. 사업시행자에게 무상으로 양여되는 국 · 공유지의 조서

13. 「물의 재이용 촉진 및 지원에 관한 법률」에 따른 빗물처리
계획

14. 기존주택의 철거계획서(석면을 함유한 건축자재가 사용된 경
우에는 그 현황과 해당 자재의 철거 및 처리계획을 포함한다)

15. 정비사업 완료 후 상가 세입자에 대한 우선 분양 등에 관
한 사항

4.
사업시행계획인가 신청 시 필요서류

사업시행계획인가 시 사업시행계획서에 "총회의결서 사본", "수용 또는
사용할 토지 또는 건축물의 명세 및 소유권 외의 권리의 명세서", "인허가
의제 관련 서류" 등을 첨부해야 한다(시행규칙 제10조 제2항 제1호).

※ 사업시행계획인가(변경 · 중지 또는 폐지인가를 포함한다)를 신청하려는 경
우 신청서는 본서의 마지막에 "[별지5] 사업시행계획인가 신청서(도정법 시
행규칙 제10조 제1항 별지 제8호 서식)"으로 첨부하였다.

-도정법-

제50조(사업시행계획인가)

① 사업시행자(제25조제1항 및 제2항에 따른 공동시행의 경우를 포함하되, 사업시행자가 시장·군수등인 경우는 제외한다)는 정비사업을 시행하려는 경우에는 제52조에 따른 사업시행계획서(이하 "사업시행계획서"라 한다)에 정관등과 그 밖에 국토교통부령으로 정하는 서류를 첨부하여 시장·군수등에게 제출하고 사업시행계획인가를 받아야 하고, 인가받은 사항을 변경하거나 정비사업을 중지 또는 폐지하려는 경우에도 또한 같다. 다만, 대통령령으로 정하는 경미한 사항을 변경하려는 때에는 시장·군수등에게 신고하여야 한다.

-도정법 시행규칙-

제10조(사업시행계획인가의 신청 및 고시)

① 법 제50조제1항 본문에 따라 사업시행자(법 제25조제1항 및 제2항에 따른 공동시행의 경우를 포함하되, 사업시행자가 시장·군수등인 경우를 제외하며, 사업시행자가 둘 이상인 경우에는 그 대표자를 말한다. 이하 같다)가 사업시행계획인가(변경·중지 또는 폐지인가를 포함한다)를 신청하려는 경우 신청서(전자문서로 된 신청서를 포함한다)는 별지 제8호서식에 따른다.

② 법 제50조제1항 본문에서 "국토교통부령으로 정하는 서류"란 다음 각 호의 구분에 따른 서류(전자문서를 포함한다)를 말한다.

1. 사업시행계획인가: 다음 각 목의 서류
    가. 총회의결서 사본. 다만, 법 제25조제1항제2호에 따라 토지등소유자가 재개발사업을 시행하는 경우 또는 법 제27조에 따라 지정개발자를 사업시행자로 지정한 경우에는 토지등소유자의 동의서 및 토지등소유자의 명부를 첨부한다.
    나. 법 제52조에 따른 사업시행계획서
    다. 법 제57조제3항에 따라 제출하여야 하는 서류
    라. 법 제63조에 따른 수용 또는 사용할 토지 또는 건축물의 명세 및 소유권 외의 권리의 명세서(재건축사업의 경우에는 법 제26조제1항제1호 및 제27조제1항제1호에 해당하는 사업을 시행하는 경우로 한정한다)
2. 사업시행계획 변경ㆍ중지 또는 폐지인가: 다음 각 목의 서류
    가. 제1호다목의 서류
    나. 변경ㆍ중지 또는 폐지의 사유 및 내용을 설명하는 서류

5.
사업시행계획서의 동의요건

· · · · · ·

가. 사업시행자가 조합인 경우

사업시행자가 조합인 경우 사업시행계획서의 작성 및 변경의 경우 조합원 과반수의 찬성으로 의결한다. 다만 정비사업비가 100분의 10 이상 늘어나는 경우에는 조합원 3분의 2 이상의 찬성으로 의결해야 한다(법 제45조 제1항 제9호, 동조 제4항).

나. 사업시행자가 토지 등 소유자인 경우

토지 등 소유자가 재개발 사업을 시행하는 경우 사업시행계획인가를 신청하기 전에 사업시행계획서에 대하여 토지 등 소유자의 4분의 3 이상 및 토지면적의 2분의 1 이상의 토지소유자의 동의를 받아야 한다(법 제50조 제6항).

다. 사업시행자가 지정개발자인 경우

지정개발자가 정비사업을 시행하려는 경우에는 사업시행계획인가를 신청하기 전에 토지 등 소유자의 과반수의 동의 및 토지면적의 2분의 1 이상의 토지소유자의 동의를 받아야 한다(법 제50조 제7항).

-도정법-

제45조(총회의 의결)

① 다음 각 호의 사항은 총회의 의결을 거쳐야 한다. 〈개정 2019. 4. 23., 2020. 4. 7., 2021. 3. 16.〉

　9. 제52조에 따른 사업시행계획서의 작성 및 변경(제50조제1항 본문에 따른 정비사업의 중지 또는 폐지에 관한 사항을 포함하며, 같은 항 단서에 따른 경미한 변경은 제외한다)

③ 총회의 의결은 이 법 또는 정관에 다른 규정이 없으면 조합원 과반수의 출석과 출석 조합원의 과반수 찬성으로 한다.

④ 제1항제9호 및 제10호의 경우에는 조합원 과반수의 찬성으로 의결한다. 다만, 정비사업비가 100분의 10(생산자물가상승률분, 제73조에 따른 손실보상 금액은 제외한다) 이상 늘어나는 경우에는 조합원 3분의 2 이상의 찬성으로 의결하여야 한다.

제50조(사업시행계획인가)

⑥ 토지등소유자가 제25조제1항제2호에 따라 재개발사업을 시행하려는 경우에는 사업시행계획인가를 신청하기 전에 사업시행계획서에 대하여 토지등소유자의 4분의 3 이상 및 토지면적의 2분의 1 이상의 토지소유자의 동의를 받아야 한다. 다만, 인가받은 사항을 변경하려는 경우에는 규약으로 정하는 바에 따라 토지등소유자의 과반수의 동의를 받아야 하며, 제1항 단서에 따른 경미한 사항의 변경인 경우에는 토지등소유자의 동의를 필요로 하지 아니한다. 〈개정 2021. 3. 16.〉

⑦ 지정개발자가 정비사업을 시행하려는 경우에는 사업시행계획인가를 신청하기 전에 토지등소유자의 과반수의 동의 및 토지면적의 2분의 1 이상의 토지소유자의 동의를 받아야 한다. 다만, 제1항 단서에 따른 경미한 사항의 변경인 경우에는 토지등소유자의 동의를 필요로 하지 아니한다. 〈개정 2021. 3. 16.〉

6.
사업시행계획인가의 효과

· · · · · ·

가. 종전자산평가의 기준

사업시행자는 사업시행계획인가의 고시가 있었던 날부터 120일 이내에 토지등 소유자에게 "분양대상자별 종전의 토지 또는 건축물의 명세 및 사업시행계획인가의 고시가 있은 날을 기준으로 한 가격"을 통지해야 한다(**법 제72조 제1항**).

위와 같이 사업시행계획인가 고시일은 종전자산평가의 기준일이 된다. 이에 실무적으로 사업시행계획인가가 나게 되면 토지 등 소유자의 토지 또는 건축물에 대하여 감정평가를 실시하게 되는데, 사업시행자는 위와 같은 내용을 알리면서 정비사업이 원만히 진행되고 있다고 홍보하기도 한다.

나. 분양통지와 공고

앞서 살펴보았듯이 사업시행자는 사업시행계획인가의 고시가 있던 날부터 120일 이내에 토지 등 소유자에게 "분양대상자별 종전의 토지 또는 건축물의 명세 및 사업시행계획인가의 고시가 있은 날을 기준으로 한 가격, 분양대상자별 분담금의 추산액, 분양신청기간 등"을 통지해야 한다(법 제72조 제1항).

토지 등 소유자는 위 통지된 내용을 확인하여 앞으로 분양신청을 할 것인지 여부를 결정하게 된다. 다만, 위 내용 중 분양대상자별 분담금의 추산액은 말 그대로 추정하여 계산한 금액에 불과하기 때문에 추후 변동될 여지가 충분하다는 점을 유의해야 한다.

나아가, "사업시행인가의 내용, 정비사업의 종류 · 명칭 및 정비구역의 위치 · 면적, 분양신청기간 및 장소, 분양대상 대지 또는 건축물의 내역, 분양신청자격, 분양신청방법, 토지등소유자와의 권리자의 권리신고방법, 분양을 신청하지 아니한 자에 대한 조치 등"을 해당 지역에서 발간되는 일간신문에 공고해야 한다.

-도정법-

제72조(분양공고 및 분양신청)

① 사업시행자는 제50조제9항에 따른 사업시행계획인가의 고시가 있은 날(사업시행계획인가 이후 시공자를 선정한 경우에는 시공자와 계약을 체결한 날)부터 120일 이내에 다음 각 호의 사항을 토지등소유자에게 통지하고, 분양의 대상이 되는 대지 또는 건축물의 내역 등 대통령령으로 정하는 사항을 해당 지역에서 발간되는 일간신문에 공고하여야 한다. 다만, 토지등소유자 1인이 시행하는 재개발사업의 경우에는 그러하지 아니하다. 〈개정 2021. 3. 16.〉

  1. 분양대상자별 종전의 토지 또는 건축물의 명세 및 사업시행계획인가의 고시가 있은 날을 기준으로 한 가격(사업시행계획인가 전에 제81조제3항에 따라 철거된 건축물은 시장·군수등에게 허가를 받은 날을 기준으로 한 가격)
  2. 분양대상자별 분담금의 추산액
  3. 분양신청기간
  4. 그 밖에 대통령령으로 정하는 사항

② 제1항제3호에 따른 분양신청기간은 통지한 날부터 30일 이상 60일 이내로 하여야 한다. 다만, 사업시행자는 제74조제1항에 따른 관리처분계획의 수립에 지장이 없다고 판단하는 경우에는 분양신청기간을 20일의 범위에서 한 차례만 연장할 수 있다.

③ 대지 또는 건축물에 대한 분양을 받으려는 토지등소유자는 제2항에 따른 분양신청기간에 대통령령으로 정하는 방법 및 절차에 따라 사업시행자에게 대지 또는 건축물에 대한 분양신청을 하여야 한다.

④ 사업시행자는 제2항에 따른 분양신청기간 종료 후 제50조제1항 에 따른 사업시행계획인가의 변경(경미한 사항의 변경은 제외한다) 으로 세대수 또는 주택규모가 달라지는 경우 제1항부터 제3항 까지의 규정에 따라 분양공고 등의 절차를 다시 거칠 수 있다.

⑤ 사업시행자는 정관등으로 정하고 있거나 총회의 의결을 거친 경우 제4항에 따라 제73조제1항제1호 및 제2호에 해당하는 토 지등소유자에게 분양신청을 다시 하게 할 수 있다

⑥ 제3항부터 제5항까지의 규정에도 불구하고 투기과열지구의 정비사업에서 제74조에 따른 관리처분계획에 따라 같은 조 제 1항제2호 또는 제1항제4호가목의 분양대상자 및 그 세대에 속 한 자는 분양대상자 선정일(조합원 분양분의 분양대상자는 최초 관리처분계획 인가일을 말한다)부터 5년 이내에는 투기과열지구 에서 제3항부터 제5항까지의 규정에 따른 분양신청을 할 수 없 다. 다만, 상속, 결혼, 이혼으로 조합원 자격을 취득한 경우에 는 분양신청을 할 수 있다. 〈신설 2017. 10. 24.〉

⑦ 공공재개발사업 시행자는 제39조제2항제6호에 따라 건축물 또는 토지를 양수하려는 경우 무분별한 분양신청을 방지하기 위하여 제1항 또는 제4항에 따른 분양공고 시 양수대상이 되 는 건축물 또는 토지의 조건을 함께 공고하여야 한다.

-도시정비법 시행령-

제59조(분양신청의 절차 등)

① 법 제72조제1항 각 호 외의 부분 본문에서 "분양의 대상이 되 는 대지 또는 건축물의 내역 등 대통령령으로 정하는 사항"이

란 다음 각 호의 사항을 말한다.

1. 사업시행인가의 내용
2. 정비사업의 종류 · 명칭 및 정비구역의 위치 · 면적
3. 분양신청기간 및 장소
4. 분양대상 대지 또는 건축물의 내역
5. 분양신청자격
6. 분양신청방법
7. 토지등소유자외의 권리자의 권리신고방법
8. 분양을 신청하지 아니한 자에 대한 조치
9. 그 밖에 시 · 도조례로 정하는 사항

② 법 제72조제1항제4호에서 "대통령령으로 정하는 사항"이란 다음 각 호의 사항을 말한다.

1. 제1항제1호부터 제6호까지 및 제8호의 사항
2. 분양신청서
3. 그 밖에 시 · 도조례로 정하는 사항

다만, 법에서는 토지등소유자 1인이 시행하는 재개발 사업의 경우에는 위 통지 및 공고의무를 부담하지 않는다고 정하고 있다(**법 제72조 제1항 단서**).

제9장

관리

처분

계획인가

1.
서설

사업시행계획이 건축허가를 받는 개념으로 볼 수 있다면, 관리처분계획은 정비사업으로 인해 조성된 토지 및 건축물을 조합원들에게 어떻게 배분하느냐에 관한 계획이라고 이해할 수 있다. 즉, 사업시행계획이 조합과 관할 관청 사이의 관계를 정하는 것이라면, 관리처분계획은 조합과 조합원 사이의 관계를 정하는 것이다.

2.
관리처분계획의 법적 성격

관리처분계획의 법적 성격을 살펴보는 것은 관리처분계획에 하자가 있

는 경우 이를 이유로 관리처분계획 인가처분의 취소 또는 무효확인을 구할
수 있는지를 판단하기 위함이다. '조합설립인가의 법적 성격'에서도 설명했
듯이 법률 전문가가 아니라면 반드시 이해해야 할 부분은 아니므로, 이해
가 되지 않는다면 법적 성격의 부분은 넘어가도 무방하다고 할 것이다.

　대법원은 관리처분계획인가의 법적 성격에 관하여 아래〈표〉와 같이 "행
정청의 인가는 관리처분계획에 대한 법률상의 효력을 완성시키는 보충행
위로서 그 기본 되는 관리처분계획에 하자가 있을 때에 그에 대한 인가가
있었다고 해도 기본행위인 관리처분계획이 유효한 것으로 될 수 없고, 다
만 그 기본행위가 적법·유효하고 보충행위인 인가처분 자체에만 하자가
있다면 그 인가처분의 무효나 취소를 주장할 수 있다고 할 것이지만, 인가
처분에 하자가 없다면 기본행위의 하자를 다투는 것은 별론으로 하고 그
기본행위의 무효를 이유로 행정청의 인가처분의 취소 또는 무효확인을 구
할 소의 이익이 없다."고 판단하고 있다.

-대법원 2001. 12. 11. 선고 2001두7541 판결 [관리처분계획변경인가처분무효확인] -

　도시재개발법 제34조에 의한 행정청의 인가는 주택개량재개발
　조합의 관리처분계획에 대한 법률상의 효력을 완성시키는 보충
　행위로서 그 기본 되는 관리처분계획에 하자가 있을 때에는 그에
　대한 인가가 있었다 하여도 기본행위인 관리처분계획이 유효한
　것으로 될 수 없으며, 다만 그 기본행위가 적법·유효하고 보충
　행위인 인가처분 자체에만 하자가 있다면 그 인가처분의 무효나
　취소를 주장할 수 있다고 할 것이지만, 인가처분에 하자가 없다

면 기본행위에 하자가 있다 하더라도 따로 그 기본행위의 하자를 다투는 것은 별론으로 하고 기본행위의 무효를 내세워 바로 그에 대한 행정청의 인가처분의 취소 또는 무효확인을 소구할 법률상의 이익이 있다고 할 수 없다.

또한, 대법원은 관리처분계획에 관하여 아래 〈표〉와 같이 "관리처분계획은 정비사업의 시행 결과 조성되는 대지 또는 건축물의 권리귀속에 관한 사항과 조합원의 비용 분담에 관한 사항 등을 정함으로써 조합원의 재산상 권리·의무 등에 구체적이고 직접적인 영향을 미치게 되므로, 이는 구속적 행정계획으로서 재건축조합이 행하는 독립된 행정처분에 해당한다."이라고 판단하였다.

-대법원 2009. 9. 17. 선고 2007다2428 전원합의체 판결 [총회결의무효확인]-

도시 및 주거환경정비법(이하 '도시정비법'이라고 한다)에 따른 주택재건축정비사업조합(이하 '재건축조합'이라고 한다)은 관할 행정청의 감독 아래 도시정비법상의 주택재건축사업을 시행하는 공법인(도시정비법 제18조)으로서, 그 목적 범위 내에서 법령이 정하는 바에 따라 일정한 행정작용을 행하는 행정주체의 지위를 갖는다. 그리고 재건축조합이 행정주체의 지위에서 도시정비법 제48조에 따라 수립하는 관리처분계획은 정비사업의 시행 결과 조성되는 대지 또는 건축물의 권리귀속에 관한 사항과 조합원의 비용 분담에 관한 사항 등을 정함으로써 조합원의 재산상 권리·의무 등에

구체적이고 직접적인 영향을 미치게 되므로, 이는 구속적 행정계
획으로서 재건축조합이 행하는 독립된 행정처분에 해당한다(대
법원 1996. 2. 15. 선고 94다31235 전원합의체 판결, 대법원 2007. 9. 6. 선
고 2005두11951 판결 등 참조).

나아가, 대법원은 관리처분계획에 대하여 행정청의 인가·고시까지 있
는 경우 관리처분계획은 행정처분으로서 효력을 발생하게 되므로, 총회결
의의 하자를 이유로 하여 행정처분의 효력을 다투는 항고소송의 방법으로
관리처분계획의 취소 또는 무효확인을 구해야 하고, 그와 별도로 행정처분
에 이르는 절차적 요건 중 하나에 불과한 총회결의 부분만을 따로 떼어내
어 효력 유무를 다투는 확인의 소를 제기하는 것은 특별한 사정이 없는 한
허용되지 않는다고 판단하였다.

-대법원 2009. 9. 17. 선고 2007다2428 전원합의체 판결 [총회결의무효확인]-

도시 및 주거환경정비법상 주택재건축정비사업조합이 같은 법 제48
조에 따라 수립한 관리처분계획에 대하여 관할 행정청의 인가·고
시까지 있게 되면 관리처분계획은 행정처분으로서 효력이 발생하
게 되므로, 총회결의의 하자를 이유로 하여 행정처분의 효력을 다투
는 항고소송의 방법으로 관리처분계획의 취소 또는 무효확인을 구
하여야 하고, 그와 별도로 행정처분에 이르는 절차적 요건 중 하나
에 불과한 총회결의 부분만을 따로 떼어내어 효력 유무를 다투는 확
인의 소를 제기하는 것은 특별한 사정이 없는 한 허용되지 않는다.

3.
관리처분계획의 내용

　사업시행자는 분양신청기간이 종료된 때에 분양신청 현황을 기초로 하여 "분양설계", "분양대상자의 주소 및 성명, 분양대상자별 분양예정인 대지 또는 건축물의 추산액", "보류지 등의 명세와 추산액 및 처분방법", "분양대상자별 종전의 토지 또는 건축물 명세 및 사업시행계획인가 고시가 있은 날을 기준으로 한 가격", "정비사업비의 추산액", "분양대상자의 종전 토지 또는 건축물에 관한 소유권 외의 권리명세", "세입자별 손실보상을 위한 권리명세 및 그 평가액", "그 밖에 정비사업과 관련한 권리 등에 관한 사항 등"이 포함된 관리처분계획을 수립하여 시장·군수의 인가를 받아야 한다(법제74조).

　관리처분계획의 내용과 관련하여 법 제74조 제1항 제9호에서의 "대통령령으로 정하는 사항"에 관해서 시행령 제62조에서 구체적인 내용을 정하고 있는데, 위 시행령 제62조 제6호에서는 "그 밖의 시·도조례로 정하는 사항"이라고 규정하고 있다. 이에 위 "그 밖의 시·도조례로 정하는 사항"에 관하여는 서울특별시 도시정비조례와 부산광역시 도시정비조례를 아래〈표〉에 참고로 기재해 두었다.

-도시정비법-

제74조(관리처분계획의 인가 등)

① 사업시행자는 제72조에 따른 분양신청기간이 종료된 때에는 분양신청의 현황을 기초로 다음 각 호의 사항이 포함된 관리처분계획을 수립하여 시장·군수등의 인가를 받아야 하며, 관리처분계획을 변경·중지 또는 폐지하려는 경우에도 또한 같다. 다만, 대통령령으로 정하는 경미한 사항을 변경하려는 경우에는 시장·군수등에게 신고하여야 한다. 〈개정 2018. 1. 16.〉

1. 분양설계

2. 분양대상자의 주소 및 성명

3. 분양대상자별 분양예정인 대지 또는 건축물의 추산액(임대 관리 위탁주택에 관한 내용을 포함한다)

4. 다음 각 목에 해당하는 보류지 등의 명세와 추산액 및 처분방법. 다만, 나목의 경우에는 제30조제1항에 따라 선정된 임대사업자의 성명 및 주소(법인인 경우에는 법인의 명칭 및 소재지와 대표자의 성명 및 주소)를 포함한다.

  가. 일반 분양분

  나. 공공지원민간임대주택

  다. 임대주택

  라. 그 밖에 부대시설·복리시설 등

5. 분양대상자별 종전의 토지 또는 건축물 명세 및 사업시행계획인가 고시가 있은 날을 기준으로 한 가격(사업시행계획인가 전에 제81조제3항에 따라 철거된 건축물은 시장·군수등에게 허가를 받은 날을 기준으로 한 가격)

6. 정비사업비의 추산액(재건축사업의 경우에는 「재건축초과이익환수에 관한 법률」에 따른 재건축부담금에 관한 사항을 포함한다) 및 그에 따른 조합원 분담규모 및 분담시기

7. 분양대상자의 종전 토지 또는 건축물에 관한 소유권 외의
   권리명세
8. 세입자별 손실보상을 위한 권리명세 및 그 평가액
9. 그 밖에 정비사업과 관련한 권리 등에 관하여 대통령령으
   로 정하는 사항

-도시정비법 시행령-

제62조(관리처분계획의 내용) 법 제74조제1항제9호에서 "대통령령
으로 정하는 사항"이란 다음 각 호의 사항을 말한다.
1. 법 제73조에 따라 현금으로 청산하여야 하는 토지등소유자별
   기존의 토지 · 건축물 또는 그 밖의 권리의 명세와 이에 대한
   청산방법
2. 법 제79조제4항 전단에 따른 보류지 등의 명세와 추산가액 및
   처분방법
3. 제63조제1항제4호에 따른 비용의 부담비율에 따른 대지 및 건
   축물의 분양계획과 그 비용부담의 한도 · 방법 및 시기. 이 경
   우 비용부담으로 분양받을 수 있는 한도는 정관등에서 따로
   정하는 경우를 제외하고는 기존의 토지 또는 건축물의 가격의
   비율에 따라 부담할 수 있는 비용의 50퍼센트를 기준으로 정
   한다.
4. 정비사업의 시행으로 인하여 새롭게 설치되는 정비기반시설의
   명세와 용도가 폐지되는 정비기반시설의 명세
5. 기존 건축물의 철거 예정시기
6. 그 밖에 시 · 도조례로 정하는 사항

-서울특별시 도시정비조례-

제33조(관리처분계획의 내용) 영 제62조제6호에서 "그 밖에 시 · 도 조례로 정하는 사항"이란 다음 각 호의 사항을 말한다.

1. 법 제74조제1항제1호의 분양설계에는 다음 각 목의 사항을 포함한다.

   가. 관리처분계획 대상물건 조서 및 도면

   나. 임대주택의 부지명세와 부지가액 · 처분방법 및 임대주택 입주대상 세입자명부(임대주택을 건설하는 정비구역으로 한정한다)

   다. 환지예정지 도면

   라. 종전 토지의 지적 또는 임야도면

2. 법 제45조제1항제10호에 따른 관리처분계획의 총회의결서 사본 및 법 제72조제1항에 따른 분양신청서(권리신고사항 포함) 사본

3. 법 제74조제1항제8호에 따른 세입자별 손실보상을 위한 권리 명세 및 그 평가액과 영 제62조제1호에 따른 현금으로 청산하여야 하는 토지등소유자별 권리명세 및 이에 대한 청산방법 작성 시 제67조에 따른 협의체 운영 결과 또는 법 제116조 및 제117조에 따른 도시분쟁조정위원회 조정 결과 등 토지등소유자 및 세입자와 진행된 협의 경과

4. 영 제14조제3항 및 이 조례 제12조제3항에 따른 현금납부액 산정을 위한 감정평가서, 납부방법 및 납부기한 등을 포함한 협약 관련 서류

-부산광역시 도시정비조례-

제35조(관리처분계획의 내용) 영 제62조제6호에 따른 "시·도조례로 정하는 사항"이란 다음 각 호의 사항을 말한다.

1. 임대주택 공급대상 세입자 명부(임대주택을 건설하는 정비구역에 한정한다)
2. 환지예정지 도면
3. 종전 토지의 지적 또는 임야도면
4. 영 제59조제2항제2호에 따른 분양신청서(권리신고사항 포함) 사본
5. 영 제14조제3항 및 조례 제11조제3항에 따른 현금납부액 산정을 위한 감정평가서, 납부방법 및 납부기한 등을 포함한 협약 관련 서류
6. 그 밖에 관리처분계획 내용을 증명하는 서류

4.
관리처분계획의 수립기준

· · · · · ·

관리처분계획은 법에서 정한 기준의 범위에서 수립되어야 한다. 법에서 정하고 있는 관리처분계획의 수립기준은 아래 〈표〉와 같다. 위 수립기준 중에서 주택공급에 관한 규정을 유의 깊게 살펴보기를 권한다.

-도정법-

제76조(관리처분계획의 수립기준)

① 제74조제1항에 따른 관리처분계획의 내용은 다음 각 호의 기준에 따른다. 〈개정 2017. 10. 24., 2018. 3. 20.〉

1. 종전의 토지 또는 건축물의 면적·이용 상황·환경, 그 밖의 사항을 종합적으로 고려하여 대지 또는 건축물이 균형 있게 분양신청자에게 배분되고 합리적으로 이용되도록 한다.

2. 지나치게 좁거나 넓은 토지 또는 건축물은 넓히거나 좁혀 대지 또는 건축물이 적정 규모가 되도록 한다.

3. 너무 좁은 토지 또는 건축물이나 정비구역 지정 후 분할된 토지를 취득한 자에게는 현금으로 청산할 수 있다.

4. 재해 또는 위생상의 위해를 방지하기 위하여 토지의 규모를 조정할 특별한 필요가 있는 때에는 너무 좁은 토지를 넓혀 토지를 갈음하여 보상을 하거나 건축물의 일부와 그 건축물이 있는 대지의 공유지분을 교부할 수 있다.

5. 분양설계에 관한 계획은 제72조에 따른 분양신청기간이 만료하는 날을 기준으로 하여 수립한다.

6. 1세대 또는 1명이 하나 이상의 주택 또는 토지를 소유한 경우 1주택을 공급하고, 같은 세대에 속하지 아니하는 2명 이상이 1주택 또는 1토지를 공유한 경우에는 1주택만 공급한다.

7. 제6호에도 불구하고 다음 각 목의 경우에는 각 목의 방법에 따라 주택을 공급할 수 있다.

가. 2명 이상이 1토지를 공유한 경우로서 시·도조례로 주
  택공급을 따로 정하고 있는 경우에는 시·도조례로 정
  하는 바에 따라 주택을 공급할 수 있다.

나. 다음 어느 하나에 해당하는 토지등소유자에게는 소유
  한 주택 수만큼 공급할 수 있다.

  1) 과밀억제권역에 위치하지 아니한 재건축사업의 토
    지등소유자. 다만, 투기과열지구 또는 「주택법」 제
    63조의2제1항제1호에 따라 지정된 조정대상지역
    에서 사업시행계획인가(최초 사업시행계획인가를 말
    한다)를 신청하는 재건축사업의 토지등소유자는 제
    외한다.

  2) 근로자(공무원인 근로자를 포함한다) 숙소, 기숙사 용
    도로 주택을 소유하고 있는 토지등소유자

  3) 국가, 지방자치단체 및 토지주택공사등

  4) 「국가균형발전 특별법」 제18조에 따른 공공기관지
    방이전 및 혁신도시 활성화를 위한 시책 등에 따라
    이전하는 공공기관이 소유한 주택을 양수한 자

다. 제74조제1항제5호에 따른 가격의 범위 또는 종전 주택
  의 주거전용면적의 범위에서 2주택을 공급할 수 있고,
  이 중 1주택은 주거전용면적을 60제곱미터 이하로 한
  다. 다만, 60제곱미터 이하로 공급받은 1주택은 제86
  조제2항에 따른 이전고시일 다음 날부터 3년이 지나기
  전에는 주택을 전매(매매·증여나 그 밖에 권리의 변동을
  수반하는 모든 행위를 포함하되 상속의 경우는 제외한다)하
  거나 전매를 알선할 수 없다.

라. 과밀억제권역에 위치한 재건축사업의 경우에는 토지
등소유자가 소유한 주택수의 범위에서 3주택까지 공
급할 수 있다. 다만, 투기과열지구 또는 「주택법」 제63
조의2제1항제1호에 따라 지정된 조정대상지역에서 사
업시행계획인가(최초 사업시행계획인가를 말한다)를 신청
하는 재건축사업의 경우에는 그러하지 아니하다.

② 제1항에 따른 관리처분계획의 수립기준 등에 필요한 사항은
대통령령으로 정한다.

※ 자주 하는 질문 – 1세대 또는 1인 1주택 공급의 원칙

정비구역 내 다수의 물건을 보유하고 있거나 2명 이상이 1 주택 또는 1토
지를 공유하는 경우, 특별한 사정이 없는 한 1개의 아파트를 분양받게 되는
것인지에 관하여 질의하는 분들이 많다. 위와 같은 질의하는 분들 중 상당
수가 만약 1개의 아파트를 분양받게 된다면 이는 심각한 재산권 침해라며
억울해하는 경우가 많다.

정비조합에서 관리처분계획을 수립할 때 도정법상 위 규정에 따를 수밖
에 없고 위 법에서는 "1세대 또는 1명이 하나 이상의 주택 또는 토지를 소유
한 경우 1주택을 공급하고, 같은 세대에 속하지 아니하는 2명 이상이 1주택
또는 1토지를 공유한 경우에는 1주택만 공급한다."라고 정하고 있다. 이에
해당 정비조합에서 관리처분계획을 세운다고 하더라도 위 법에서 정한 기
준에 반하는 내용을 정할 수 없다. 만약, 정비조합이 위 법을 위반하여 관리

처분계획의 내용을 정하였다면 관할청의 인가가 나지 않을 것이며 인가가
난다고 하더라도 해당 관리처분계획은 무효 또는 취소될 가능성이 높다.

5.
관리처분계획 인가고시의 효과
· · · · · ·

관리처분계획인가의 고시가 되면 종전의 토지 또는 건축물의 소유자, 지
상권자, 전세권자, 임차권자 등은 종전의 토지 또는 건축물을 사용하거나
수익할 수 없다. 다만, 종전 토지의 또는 건축물의 사용 · 수익에 관해 사업
시행자의 동의를 받았거나, 토지보상법상 손실보상이 완료되지 않은 경우
에는 사용 · 수익이 가능하다(법 제81조 제1항). 사업시행자는 관리처분계획인
가를 받은 후 기존의 건축물에 관한 철거를 시작하게 된다(법 제81조 제2항).

6.
관리처분계획인가와 임차인의 보호
· · · · · ·

필자에게 정비구역 내 임차인의 경우 임대차 보호법이 적용되어, 관리처
분계획인가가 나더라도 종전에 토지 또는 건축물을 사용할 수 있으며, 주
택의 경우 주택임대차보호법에 의해 임대차 기간이 2년이, 상가건물의 경
우 상가건물 임대차보호법에 의해 1년이 각각 보장되는 것이 아니냐고 물

어보는 경우가 많다.

그러나, 도정법에서는 아래 〈표〉와 같이 관리처분계획 인가가 나면 주택 임대차보호법 제4조 제1항, 상가건물 임대차보호법 제9조 제1항을 적용하 지 않는다고 정하고 있다(법 제70조 제5항).

-도정법-

제70조(지상권 등 계약의 해지)

① 정비사업의 시행으로 지상권 · 전세권 또는 임차권의 설정 목적 을 달성할 수 없는 때에는 그 권리자는 계약을 해지할 수 있다.

② 제1항에 따라 계약을 해지할 수 있는 자가 가지는 전세금 · 보 증금, 그 밖의 계약상의 금전의 반환청구권은 사업시행자에게 행사할 수 있다.

③ 제2항에 따른 금전의 반환청구권의 행사로 해당 금전을 지급 한 사업시행자는 해당 토지등소유자에게 구상할 수 있다.

④ 사업시행자는 제3항에 따른 구상이 되지 아니하는 때에는 해당 토지등소유자에게 귀속될 대지 또는 건축물을 압류할 수 있다. 이 경우 압류한 권리는 저당권과 동일한 효력을 가진다.

⑤ 제74조에 따라 관리처분계획의 인가를 받은 경우 지상권 · 전세 권설정계약 또는 임대차계약의 계약기간은 「민법」 제280조 · 제 281조 및 제312조제2항, 「주택임대차보호법」 제4조제1항, 「상가 건물 임대차보호법」 제9조제1항을 적용하지 아니한다.

-주택임대차 보호법-

제4조(임대차기간 등)

① 기간을 정하지 아니하거나 2년 미만으로 정한 임대차는 그 기
간을 2년으로 본다. 다만, 임차인은 2년 미만으로 정한 기간이
유효함을 주장할 수 있다.

-상가건물 임대차 보호법-

제9조(임대차기간 등)

① 기간을 정하지 아니하거나 기간을 1년 미만으로 정한 임대차
는 그 기간을 1년으로 본다. 다만, 임차인은 1년 미만으로 정
한 기간이 유효함을 주장할 수 있다.

또한, 위 도정법 제70조 제1항에 근거하여 임차인이 임대차 계약을 해지
한 경우 임차인의 보호가 문제가 되는데, 임차인은 조합에 임대차 보증금
반환을 요구할 수 있고 조합에서 임대차 보증금을 반환했다면 해당 임대
차 계약의 임대인에게 구상할 수 있다(법 제70조 제2항, 제3항). 정비구역 내 임
차인이 임대차 보증금 반환에 어려움을 겪고 있다면 조합에 임대차 보증금
반환을 요구해 보는 것이 필요하다.

제10-1장

현금청산

1.
현금청산 의의
· · · · · ·

가. 재개발 정비사업의 경우

재개발 정비사업이 통상적으로 10년 이상이 걸리며, 재개발에 반대를 해도 일단 법에 의해 강제로 조합원이 되기 때문에 이에 위 조합원들에게 정비구역 내 토지 등 부동산을 조합에 현금으로 청산하고 나갈 수 있게 기회를 부여하게 되는데 이러한 절차를 현금청산이라 한다.

재개발 정비사업의 경우 도정법에서 토지보상법을 준용하고 있는데, 위 토지보상법에 의해 강제수용 절차를 통해 현금청산 절차가 진행된다. 많은 분들이 재개발 정비사업의 경우 강제수용으로 인해 현금청산 절차가 진행된다는 말에 재산권 침해가 아니냐고 반문하는 경우가 많은데, 이에 관해 수 차례의 헌법소원이 진행되었으나 현재까지 위헌으로 결정된 바 없다.

나. 재건축 정비사업의 경우

재건축 정비사업은 소요되는 시간이 재개발 정비사업보다 상대적으로 짧긴 하지만 5~8년 이상이 걸리는 경우가 많다(물론 경우에 따라서 10년 이상 소요되는 경우도 있다). 또한, 재건축 정비사업은조합설립에 동의를 하지 않으면 조합원이 되지 않는다는 점 등에서 재개발 정비사업과의 차이점이 있다.

위와 같이 재건축 정비구역 내 토지 등 소유자가 조합설립에 동의하지 않는 경우, 조합설립에 동의를 했더라도 분양신청 등을 하지 않는 경우 매도청구소송을 통하여 현금청산을 하게 된다. 조합에서 일정한 요건을 충족하여 매도청구소송을 제기하면 강제로 매매계약이 체결된 것으로 보게 되기 때문에 그 강제성에 있어서는 재개발 정비사업과 차이가 없다고 할 것이다.

2.
현금청산대상자가 되는 유형

· · · · · · ·

가. 도정법 규정

도정법에서는 현금청산자에 관해서 아래 〈표〉와 같이 "분양신청을 하지 아니한 자", "분양신청기간 종료 이전에 분양신청을 철회한 자", "제72조 제6항 본문에 따라 분양신청을 할 수 없는 자", "인가된 관리처분계획에 따라 분양대상에서 제외된 자"로 규정하고 있다.

-도정법-

제73조(분양신청을 하지 아니한 자 등에 대한 조치)

① 사업시행자는 관리처분계획이 인가·고시된 다음 날부터 90
일 이내에 다음 각 호에서 정하는 자와 토지, 건축물 또는 그
밖의 권리의 손실보상에 관한 협의를 하여야 한다. 다만, 사업
시행자는 분양신청기간 종료일의 다음 날부터 협의를 시작할
수 있다.〈개정 2017. 10. 24.〉

 1. 분양신청을 하지 아니한 자
 2. 분양신청기간 종료 이전에 분양신청을 철회한 자
 3. 제72조제6항 본문에 따라 분양신청을 할 수 없는 자
 4. 제74조에 따라 인가된 관리처분계획에 따라 분양대상에서
  제외된 자

나. 분양신청을 하지 않은 경우

　도정법에서는 분양신청 기간에 분양신청을 하지 않은 자를 현금청산자
로 정하고 있다. 참고로, 법에서는 사업시행자가 토지 등 소유자에게 사업
시행계획인가의 고시가 있던 날로부터 120일 이내에 "분양대상자별 종전
의 토지 또는 건축물의 명세 및 사업시행계획인가의 고시가 있은 날을 기
준으로 한 가격", "분양대상자별 분담금의 추산액", "분양신청기간"등을 통
지하게 되어 있다(법 제72조 제1항).

　위와 같이 토지 등 소유자는 사업시행자의 통지로 인해 분양대상자별 분담
금의 추산액, 분양신청기간 등을 알 수 있는 바, 토지 등 소유자 자신이 현금

청산자가 되는 것이 유리하다고 판단하는 경우가 있다. 이 경우 현금청산자가 되는 방법으로 분양신청 기간에 분양신청을 하지 않는 방법을 많이 사용한다.

다. 분양신청기간 종료 이전에 분양신청을 철회한 자

토지 등 소유자는 분양신청기간 종료 이전에 분양신청을 철회할 수 있다. 분양신청을 철회하게 되면 앞서 "나"항에서와 같이 분양신청을 하지 않은 경우와 효과가 동일하다. 다만, 법에서 분양신청기간이라고 명확히 규정하고 있기 때문에 분양신청기간 후에는 철회를 할 수 없다는 점도 유의해야 한다.

라. 제72조제6항 본문에 따라 분양신청을 할 수 없는 자

법 제72조 제6항에서는 아래 〈표〉와 같이 정하고 있다. 즉, 상속, 결혼, 이혼의 예외를 규정하고 있으나 원칙적으로 2017. 10. 24. 이후에 투기과열지구의 정비사업에서 제74조에 따른 관리처분계획에 따라 같은 조 제1항제2호 또는 제1항제4호가목의 분양대상자 및 그 세대에 속한 자는 분양대상자 선정일(조합원 분양분의 분양대상자는 최초 관리처분계획 인가일을 말한다)부터 5년 이내에는 투기과열지구에서 분양신청을 할 수 없다고 정하고 있다.

-도정법-

제72조(분양공고 및 분양신청)
⑥ 제3항부터 제5항까지의 규정에도 불구하고 투기과열지구의 정비사업에서 제74조에 따른 관리처분계획에 따라 같은 조 제1항제2호 또는 제1항제4호가목의 분양대상자 및 그 세대에 속한 자는 분양대상자 선정일(조합원 분양분의 분양대상자는 최초

관리처분계획 인가일을 말한다)부터 5년 이내에는 투기과열지구에서 제3항부터 제5항까지의 규정에 따른 분양신청을 할 수 없다. 다만, 상속, 결혼, 이혼으로 조합원 자격을 취득한 경우에는 분양신청을 할 수 있다.

마. 인가된 관리처분계획에 따라 분양대상에서 제외된 자

이해하기 쉽게 사업시행계획과 관리처분계획을 간단하게 설명하자면 사업시행계획은 조합과 관할 관청 사이의 관계를 설정하는 것으로 해당 조합에서 몇 동의 아파트를 몇 세대로 지을 것인지를 정하는 것이라면, 관리처분계획은 조합과 조합원 사이에 새 아파트를 어떻게 배정할 것인지를 정하는 것이라 할 것이다. 위와 같이 관리처분계획에서 분양대상에서 제외된 자는 추후 새 아파트가 건설된다고 하더라도, 이를 분양받지 못하게 되므로 당연히 현금청산자가 된다고 할 것이다.

바. 분양체결기간에 분양계약을 체결하지 아니한 자.

재개발 · 재건축 정비사업에서 조합원은 분양체결기간에 분양계약을 체결하지 않는 방법으로 현금청산자가 될 수 있다. 그러나, 앞서 설명한 다른 유형들과 달리 위 내용은 도정법에 규정하고 있지 않고 표준정관에서 규정하고 있으나 표준정관은 강제력이 없기 때문에 개별조합의 조합규약마다 해당 사항을 정하고 있는지 반드시 유의해서 확인해야 한다.

대개의 조합의 경우 위와 같은 내용을 규정하고 있으나, 간혹 규정하고 있지 않은 조합도 있다. 정비조합의 조합원 및 조합원이 되려고 하는 자들은 해당 정비조합의 정관에 위 내용이 있는지 반드시 확인해 보기를 권한다.

-표준정관-

제44조(분양신청 등)

④조합은 조합원이 다음 각호의 1에 해당하는 경우에는 그 해당하게 된 날부터 150일 이내에 건축물 또는 그 밖의 권리에 대하여 현금으로 청산 한다. 그 금액은 시장·군수가 추천하는 감정평가업자 2 이상이 평가한 금액을 산술평균하여 산정한다.

  1. 분양신청을 하지 아니한 자
  2. 분양신청을 철회한 자
  3. 인가된 관리처분계획에 의하여 분양대상에서 제외된 자

⑤ 조합원은 관리처분계획인가 후 ○일 이내에 분양계약체결을 하여야 하며 분양계약체결을 하지 않는 경우 제4항의 규정을 준용한다.

위 표준정관 제44조 제5항에서는 관리처분계획인가 후 분양계약을 체결해야 하는데, 만약 분양계약을 체결하지 않을 경우 제4항의 규정을 준용한다고 정하고 있어 현금청산자가 된다고 정하고 있다.

과거에는 위 정관의 내용이 구 도시정비법에 위반되는지, 유효한지 여부 등에 관하여 의견의 대립이 있기도 하였는데, 이에 관하여 대법원은 아래 〈표〉와 같이 "조합원으로 하여금 관리처분계획이 인가된 이후라도 조합원 지

위에서 이탈하여 현금청산을 받을 기회를 추가로 부여하려는 취지이므로, 그 내용이 구 도시정비법에 위배되어 무효라고 볼 수 없다."고 판단하였다.

사. 투지과열지구에서의 양수인

도정법은 주택법에 비해서 정교하고 구체적으로 규정하고 있다. 다만, 도정법이 계속해서 개정되면서 지나치게 복잡하게 되었고 개정조항의 부칙의 적용도 고려하면 해석에 있어 더 꼼꼼하게 관련규정을 살펴보고 해석해야 한다.

현금청산자가 되는 방법에 앞서 설명한 방법 외에 더 고려해야 하는 사항이 있는데, 바로 조합원 자격 조항과 관련이 있다. 도정법 제39조 제2항에서는 정비조합의 조합원 자격에 관하여 규정하고 있다.

-도정법-

제39조(조합원의 자격 등)

② 「주택법」 제63조제1항에 따른 투기과열지구(이하 "투기과열지구"라 한다)로 지정된 지역에서 재건축사업을 시행하는 경우에는 조합설립인가 후, 재개발사업을 시행하는 경우에는 제74조에 따른 관리처분계획의 인가 후 해당 정비사업의 건축물 또는 토지를 양수(매매·증여, 그 밖의 권리의 변동을 수반하는 모든 행위를 포함하되, 상속·이혼으로 인한 양도·양수의 경우는 제외한다. 이하 이 조에서 같다)한 자는 제1항에도 불구하고 조합원이 될 수 없다. 다만, 양도인이 다음 각 호의 어느 하나에 해당하는 경우 그 양도인으로부터 그 건축물 또는 토지를 양수한 자는 그러하지 아니하다. 〈개정 2017.10.24, 2020.6.9, 2021.4.13〉

1. 세대원(세대주가 포함된 세대의 구성원을 말한다. 이하 이 조에서 같다)의 근무상 또는 생업상의 사정이나 질병치료(「의료법」 제3조에 따른 의료기관의 장이 1년 이상의 치료나 요양이 필요하다고 인정하는 경우로 한정한다)·취학·결혼으로 세대원이 모두 해당 사업구역에 위치하지 아니한 특별시·광역시·특별자치시·특별자치도·시 또는 군으로 이전하는 경우
2. 상속으로 취득한 주택으로 세대원 모두 이전하는 경우
3. 세대원 모두 해외로 이주하거나 세대원 모두 2년 이상 해외에 체류하려는 경우

4. 1세대(제1항제2호에 따라 1세대에 속하는 때를 말한다) **1주택자**
   로서 양도하는 주택에 대한 소유기간 및 거주기간이 대통
   령령으로 정하는 기간 이상인 경우
5. 제80조에 따른 지분형주택을 공급받기 위하여 건축물 또는
   토지를 토지주택공사등과 공유하려는 경우
6. 공공임대주택, 「공공주택 특별법」에 따른 공공분양주택의
   공급 및 대통령령으로 정하는 사업을 목적으로 건축물 또
   는 토지를 양수하려는 공공재개발사업 시행자에게 양도하
   려는 경우
7. 그 밖에 불가피한 사정으로 양도하는 경우로서 대통령령으
   로 정하는 경우

③ 사업시행자는 제2항 각 호 외의 부분 본문에 따라 조합원의 자
격을 취득할 수 없는 경우 정비사업의 토지, 건축물 또는 그
밖의 권리를 취득한 자에게 제73조를 준용하여 손실보상을 하
여야 한다.

-도정법 시행령-

제37조(조합원)

① 법 제39조제2항제4호에서 "대통령령으로 정하는 기간"이란 다
음 각 호의 구분에 따른 기간을 말한다. 이 경우 소유자가 피
상속인으로부터 주택을 상속받아 소유권을 취득한 경우에는
피상속인의 주택의 소유기간 및 거주기간을 합산한다.
  1. 소유기간: 10년

2. **거주기간**(『주민등록법』 제7조에 따른 주민등록표를 기준으로 하며, 소유자가 거주하지 아니하고 소유자의 배우자나 직계존비속이 해당 주택에 거주한 경우에는 그 기간을 합산한다): **5년**

② 법 제39조제2항제6호에서 "대통령령으로 정하는 사업"이란 공공재개발사업 시행자가 상가를 임대하는 사업을 말한다. 〈신설 2021. 7. 13.〉

③ 법 제39조제2항제7호에서 "대통령령으로 정하는 경우"란 다음 각 호의 어느 하나에 해당하는 경우를 말한다. 〈개정 2020. 6. 23., 2021. 7. 13.〉

1. 조합설립인가일부터 3년 이상 사업시행인가 신청이 없는 재건축사업의 건축물을 3년 이상 계속하여 소유하고 있는 자(소유기간을 산정할 때 소유자가 피상속인으로부터 상속받아 소유권을 취득한 경우에는 피상속인의 소유기간을 합산한다. 이하 제2호 및 제3호에서 같다)가 사업시행인가 신청 전에 양도하는 경우

2. 사업시행계획인가일부터 3년 이내에 착공하지 못한 재건축사업의 토지 또는 건축물을 3년 이상 계속하여 소유하고 있는 자가 착공 전에 양도하는 경우

3. 착공일부터 3년 이상 준공되지 않은 재개발사업·재건축사업의 토지를 3년 이상 계속하여 소유하고 있는 경우

4. 법률 제7056호 도시및주거환경정비법 일부개정법률 부칙 제2항에 따른 토지등소유자로부터 상속·이혼으로 인하여 토지 또는 건축물을 소유한 자

5. 국가·지방자치단체 및 금융기관(『주택법 시행령』 제71조제

1호 각 목의 금융기관을 말한다)에 대한 채무를 이행하지 못하여 재개발사업·재건축사업의 토지 또는 건축물이 경매 또는 공매되는 경우

6. 「주택법」 제63조제1항에 따른 투기과열지구(이하 "투기과열지구"라 한다)로 지정되기 전에 건축물 또는 토지를 양도하기 위한 계약(계약금 지급 내역 등으로 계약일을 확인할 수 있는 경우로 한정한다)을 체결하고, 투기과열지구로 지정된 날부터 60일 이내에 「부동산 거래신고 등에 관한 법률」 제3조에 따라 부동산 거래의 신고를 한 경우

위 법에서는 일정한 예외를 정하고 있으나 투기과열지구로 지정된 지역에서의 재건축 정비사업을 시행하는 경우에는 조합설립인가 후, 재개발 정비사업에서 관리처분계획인가를 받은 후 정비사업의 건축물 또는 토지를 양수한 자는 조합원이 될 수 없다고 정하고 있으며, 이 경우 제73조를 준용하여 손실보상을 해야 한다며 현금청산자가 된다고 정하고 있다.

물론, 위 법 제39조 제2항의 각 호에서 예외적으로 조합원 지위를 인정하는 경우를 규정하고 있으며 그 구체적인 내용을 시행령 제37조에서 정하고 있다. 그러나 위 예외사유에 해당 내용이 복잡하고 많아 일반인이 그 예외사유에 해당하는지 여부를 판단하는 것이 결코 쉽지 않아 유의해야 한다.

추측하건대, 위와 같이 예외사유를 복잡하게 규정한 입법자의 의도는 투기과열지구에서 일정한 시점 이후의 정비구역 내 물건의 양도·양수 자체

를 금지하여 부동산 투기를 방지하기 위함이라고 생각된다.

나아가, 도정법 제73조에서 현금청산자 유형을 규정하고 있어 해당 법조문만으로 현금청산자의 대상을 고려하면 위와 같은 내용을 빠뜨리기 쉽다. 필자가 도정법의 전체적인 규정을 반드시 꼼꼼하게 살펴봐야 한다고 강조하는 이유가 바로 여기에 있다.

아. 현금청산대상자로부터 토지 또는 건축물을 양수한 자

도정법에서는 아래 〈표〉와 같이 "사업시행자와 정비사업과 관련하여 권리를 갖는자의 변동이 있은 때에는 종전의 사업시행자와 권리자의 권리·의무는 새로 사업시행자와 권리자로 된 자가 승계한다."고 정하고 있다(법 제129조). 이에 정비구역 물건의 양도자가 현금청산 대상자인 경우 위 물건의 양수자는 현금 청산자의 대상자가 된다고 할 것이다.

-도정법-

제129조(사업시행자 등의 권리·의무의 승계)
사업시행자와 정비사업과 관련하여 권리를 갖는 자(이하 "권리자"라 한다)의 변동이 있은 때에는 종전의 사업시행자와 권리자의 권리·의무는 새로 사업시행자와 권리자로 된 자가 승계한다.

특별한 사정이 없는 한, 현금청산이 되는 정비구역의 물건을 매입하려는 자는 없다고 할 것이다. 만약 현금청산이 되는 정비구역의 물건을 매입하

는 자가 있다면 대부분이 해당 물건을 매입하면 조합원이 되는 줄 알고 거래하는 경우일 것이다.

위와 같이 조합원 입주권이 없는 물건을 매입한 자가 현금청산의 대상이 되는지 알았건 몰랐건 상관없이 현금청산자가 된다고 할 것이다. 물론, 매수인이 매도인, 공인중개사를 상대로 손해배상 소송 등을 제기하는 것은 별개의 문제이다.

필자의 개인적인 견해로는 위 법 조항은 현금청산 대상의 물건을 매입하면 양수인도 현금청산대상자가 된다는 것으로 어찌 보면 당연한 논리의 귀결로써 이를 위와 같은 내용을 확인하는 의미가 있다고 할 것이다.

3.
현금청산 협의시점

　　· · · · · ·

현금청산의 협의시점은 개정 전의 도정법이 적용되는 경우도 있으나, 본서가 출판되는 시점에는 개정법이 적용되는 경우가 대부분일 것으로 예상되어 본서에서는 현행법을 기준으로 설명하도록 하겠다.

현행 도정법에서는 아래 〈표〉와 같이 "사업시행자는 관리처분계획이 인가·고시된 다음날부터 90일 이내에 분양신청을 하지 않는 자 등과 토지, 건축물 또는 그 밖의 권리의 손실보상에 관한 협의를 하여야 하고, 사업시행자는 분양신청기간 종료일 다음날부터 협의를 시작할 수 있다."고 정하고 있다(법 제73조).

-도정법-

제73조(분양신청을 하지 아니한 자 등에 대한 조치)

① 사업시행자는 관리처분계획이 인가·고시된 다음 날부터 90일 이내에 다음 각 호에서 정하는 자와 토지, 건축물 또는 그 밖의 권리의 손실보상에 관한 협의를 하여야 한다. 다만, 사업시행자는 분양신청기간 종료일의 다음 날부터 협의를 시작할 수 있다. 〈개정 2017.10.24〉

  1. 분양신청을 하지 아니한 자
  2. 분양신청기간 종료 이전에 분양신청을 철회한 자
  3. 제72조제6항 본문에 따라 분양신청을 할 수 없는 자
  4. 제74조에 따라 인가된 관리처분계획에 따라 분양대상에서 제외된 자

② 사업시행자는 제1항에 따른 협의가 성립되지 아니하면 그 기간의 만료일 다음 날부터 60일 이내에 수용재결을 신청하거나 매도청구소송을 제기하여야 한다.

③ 사업시행자는 제2항에 따른 기간을 넘겨서 수용재결을 신청하거나 매도청구소송을 제기한 경우에는 해당 토지등소유자에게 지연일수(지연일수)에 따른 이자를 지급하여야 한다. 이 경우 이자는 100분의 15 이하의 범위에서 대통령령으로 정하는 이율을 적용하여 산정한다.

위 법에서는 사업시행자는 분양신청기간 종료일 다음 날부터 협의를 시작할 수 있다고 정하고 있다. 이는 분양신청기간 종료일 다음날부터 협의를 할 수 있다는 것이지 반드시 협의를 해야 된다는 것은 아니다. 그러나, 사업시행자는 관리처분계획인 인가 · 고시된 다음날부터 90일 이내에는 반드시 협의를 해야 한다는 점을 유의해야 한다.

또한, 사업시행자는 협의가 성립되지 않으면 그 기간의 만료일 다음 날부터 60일 이내 수용재결을 신청하거나 매도청구소송을 제기해야 하고, 만약 위 기간을 넘겨서 수용재결을 신청하거나 매도청구소송을 제기한 경우에는 해당 토지 등 소유자에게 지연일수에 따른 이자를 지급해야 한다. 위 지연일수에 따른 이자는 기간에 따라 차이가 있는데 시행령에서는 아래 〈표〉와 같이 지연일수의 기간에 따라 달리 정하고 있다.

-도정법 시행령-

제60조(분양신청을 하지 아니한 자 등에 대한 조치)

② 법 제73조제3항 후단에서 "대통령으로 정하는 이율"이란 다음 각 호를 말한다.

1. 6개월 이내의 지연일수에 따른 이자의 이율: 100분의 5
2. 6개월 초과 12개월 이내의 지연일수에 따른 이자의 이율: 100분의 10
3. 12개월 초과의 지연일수에 따른 이자의 이율: 100분의 15

4.
토지보상금의 산정방법
· · · · · ·

가. 토지보상법의 준용

재개발 정비사업의 이해가 쉽지 않은 이유는 재개발 정비사업을 규율하는 도정법만 이해했다고 끝나는 것이 아니라, 도정법에서 준용하는 다른 법에 대해서도 상당부분 이해야 한다는 점이다. 그만큼 알고 이해해야 하는 규정이 많다. 특히, 손실보상과 관련하여 도정법에서 준용하고 있는 토지보상법은 반드시 이해해야 한다.

-도정법-

제65조(「공익사업을 위한 토지 등의 취득 및 보상에 관한 법률」의 준용)

① 정비구역에서 정비사업의 시행을 위한 토지 또는 건축물의 소유권과 그 밖의 권리에 대한 수용 또는 사용은 이 법에 규정된 사항을 제외하고는 「공익사업을 위한 토지 등의 취득 및 보상에 관한 법률」을 준용한다. 다만, 정비사업의 시행에 따른 손실보상의 기준 및 절차는 대통령령으로 정할 수 있다.

② 제1항에 따라 「공익사업을 위한 토지 등의 취득 및 보상에 관한 법률」을 준용하는 경우 사업시행계획인가 고시(시장·군수 등이 직접 정비사업을 시행하는 경우에는 제50조제9항에 따른 사업시행계획서의 고시를 말한다. 이하 이 조에서 같다)가 있은 때에는 같은 법 제20조제1항 및 제22조제1항에 따른 사업인정 및 그 고시가 있은 것으로 본다. 〈개정 2021.3.16〉

---

③ 제1항에 따른 수용 또는 사용에 대한 재결의 신청은 「공익사업을 위한 토지 등의 취득 및 보상에 관한 법률」 제23조 및 같은 법 제28조제1항에도 불구하고 사업시행계획인가(사업시행계획변경인가를 포함한다)를 할 때 정한 사업시행기간 이내에 하여야 한다.

④ 대지 또는 건축물을 현물보상하는 경우에는 「공익사업을 위한 토지 등의 취득 및 보상에 관한 법률」 제42조에도 불구하고 제83조에 따른 준공인가 이후에도 할 수 있다.

나. 토지보상금의 산정방법

토지보상금 산정방법과 관련해서 아래 〈표〉와 같이 규정하고 있다. 아래 규정들을 종합적으로 해석하면 토지보상법은 비교표준지의 공시지가를 기준으로 하여 감정평가사가 종합적으로 평가해야 한다.

-토지보상법-

제70조(취득하는 토지의 보상)

① 협의나 재결에 의하여 취득하는 토지에 대하여는 「부동산 가격공시에 관한 법률」에 따른 공시지가를 기준으로 하여 보상하되, 그 공시기준일부터 가격시점까지의 관계 법령에 따른 그 토지의 이용계획, 해당 공익사업으로 인한 지가의 영향을 받지 아니하는 지역의 대통령령으로 정하는 지가변동률, 생산자물가상승률(「한국은행법」 제86조에 따라 한국은행이 조사·발표하는 생산자물가지수에 따라 산정된 비율을 말한다)과 그 밖에 그 토지의 위치·형상·환경·이용상황 등을 고려하여 평가한 적정가격으로 보상하여야 한다. 〈개정 2016.1.19.〉

② 토지에 대한 보상액은 가격시점에서의 현실적인 이용상황과 일반적인 이용방법에 의한 객관적 상황을 고려하여 산정하되, 일시적인 이용상황과 토지소유자나 관계인이 갖는 주관적 가치 및 특별한 용도에 사용할 것을 전제로 한 경우 등은 고려하지 아니한다.

-부동산 가격공시에 관한 법률-

제3조(표준지공시지가의 조사 · 평가 및 공시 등)

① 국토교통부장관은 토지이용상황이나 주변 환경, 그 밖의 자연적 · 사회적 조건이 일반적으로 유사하다고 인정되는 일단의 토지 중에서 선정한 표준지에 대하여 매년 공시기준일 현재의 단위면적당 적정가격(이하 "표준지공시지가"라 한다)을 조사 · 평가하고, 제24조에 따른 중앙부동산가격공시위원회의 심의를 거쳐 이를 공시하여야 한다.

다. 보상액 산정의 가격시점

현금청산자들이 필자에게 상담을 요청할 때 가장 많이 물어보는 질문 중 하나가 바로 보상액의 산정시점이다. 보상액 산정시점을 알기 위해서는 도정법에서 준용하는 토지보상법 규정을 살펴봐야 한다.

토지보상법에서는 아래 〈표〉와 같이 "협의에 의한 경우 협의성립 당시의 가격을, 재결에 의한 경우에는 수용 또는 사용 재결 당시의 가격을 기준으로 보상액을 산정한다."고 정하고 있다.

-토지보상법-

제67조(보상액의 가격시점 등)

① 보상액의 산정은 협의에 의한 경우에는 <u>협의 성립 당시의 가격</u>을, 재결에 의한 경우에는 수용 또는 사용의 재결 당시의 가격을 기준으로 한다.

② 보상액을 산정할 경우에 해당 공익사업으로 인하여 토지등의 가격이 변동되었을 때에는 이를 고려하지 아니한다.

토지보상법에서는 위와 같이 보상액의 산정시점을 협의에 의한 경우 협의성립 당시의 가격으로 재결에 의한 경우는 수용재결 당시의 가격으로 한다고 정하고 있다. 이를 해석해야 입장에서 다소 추상적인 규정이라고 생각할 수도 있는데 좀 더 구체적인 내용을 알기 위해서는 국토교통부 고시인 감정평가 실무기준을 확인해 볼 필요가 있다.

감정평가 실무기준에는 아래 〈표〉와 같이 사업인정 전 협의취득한 경우와 사업인정 후 취득한 경우로 분리하여 그 기준을 정하고 있다. 대략적으로 협의취득의 경우 협의시점의, 재결로 인한 경우 재결시점의 비교표준공시지가가 기준이 된다고 생각하면 된다.

-감정평가 실무기준-

3.5 토지등의 수용등에 따른 감정평가

도시정비사업구역 안 토지등의 수용등에 따른 감정평가는 「공익사업을 위한 토지등의 취득 및 보상에 관한 법률」 및 [800 보상평가]에 따라 감정평가한다.

5.6.1 공시지가기준 감정평가방법

토지 보상평가는 표준지 공시지가를 기준으로 하되, 그 공시기준일부터 기준시점까지의 관련 법령에 따른 해당 토지의 이용계획, 해당 공익사업으로 인한 지가의 영향을 받지 아니하는 지역의 토지보상법 시행령으로 정하는 지가변동률, 생산자물가상승률(「한국은행법」 제86조에 따라 한국은행이 조사 · 발표하는 생산자물가지수에 따라 산정된 비율을 말한다. 이하 같다), 그 밖에 해당 토지의 위치 · 형상 · 환경 · 이용상황 등을 고려한 적정가격으로 감정평가한다.

5.6.2 비교표준지의 선정

① 비교표준지의 선정은 [610-1.5.2.1]에 따른다.

② 택지개발사업 · 산업단지개발사업 등 공익사업시행지구 안에 있는 토지를 감정평가할 때에는 그 공익사업시행지구 안에 있는 표준지 공시지가를 선정한다.

③ 제2항에도 불구하고 특별한 이유가 있는 경우에는 해당 공익사업시행지구 안에 있는 표준지 공시지가의 일부를 선정대상에서 제외하거나, 해당 공익사업시행지구 밖에 있는 표준지 공시지가를 선정할 수 있다. 이 경우에는 그 이유를 감정평가서에 기재하여야 한다.

④ 비교표준지를 선정한 때에는 선정이유를 감정평가서에 기재한다.

5.6.3 적용공시지가의 선택

① 적용공시지가는 [610-1.5.2.2]에 따르되, 다음 각 호의 경우 그에 따른다.

  1. 사업인정(다른 법률의 규정에 따라 사업인정으로 보는 경우를 포함한다. 이하 같다) 전의 협의에 의한 취득의 경우에는 해당 토지의 기준시점 당시에 공시된 공시지가 중에서 기준시점에 가장 가까운 시점의 것으로 한다.

  2. 사업인정 후의 취득의 경우에는 사업인정고시일 전의 시점을 공시기준일로 하는 공시지가로서, 해당 토지에 대한 협의 또는 재결 당시 공시된 공시지가 중에서 해당 사업인정고시일에 가장 가까운 시점의 것으로 한다.

  3. 제1호와 제2호에도 불구하고 해당 공익사업의 계획 또는 시행이 공고되거나 고시됨에 따라 취득하여야 할 토지의 가격이 변동되었다고 인정되는 경우에는 해당 공고일 또는 고시일 전의 시점을 공시기준일로 하는 공시지가로서 해당 토지의 기준시점 당시 공시된 공시지가 중에서 해당 공익사업의 공고일 또는 고시일에 가장 가까운 시점의 것으로 한다.

5.
건축물 보상금의 산정방법
· · · · · ·

가. 이전보상비 원칙

토지보상법에서는 건축물에 대해서 이전비 보상을 원칙으로 정하고 있고 예외적으로 건축물이 이전하기 어렵거나 이전비가 그 물건의 가격을 넘는 경우 해당 물건의 가격으로 보상해야 한다고 정하고 있다.

즉, 건축물의 경우 이전비 보상이 원칙이나 예외사유에 해당하기 때문에 물건의 가격으로 보상이 이루어진다. 다만, 건축물 및 기타 지장물의 경우 이전비 보상이 원칙이라는 점은 유의해야 한다.

또한, 위 토지보상법에서는 사업시행자가 사업예정지 안에 있는 건축물이 이전이 어렵거나 이전비가 그 물건의 가격을 넘는 경우 관할 토지수용위원회에 수용재결을 신청할 수 있다고 정하고 있다(토지보상법 제75조 제5항).

-토지보상법-

제75조(건축물등 물건에 대한 보상)

① 건축물 · 입목 · 공작물과 그 밖에 토지에 정착한 물건(이하 "건축물등"이라 한다)에 대하여는 이전에 필요한 비용(이하 "이전비"라 한다)으로 보상하여야 한다. 다만, 다음 각 호의 어느 하나에 해당하는 경우에는 해당 물건의 가격으로 보상하여야 한다.
  1. 건축물등을 이전하기 어렵거나 그 이전으로 인하여 건축물등을 종래의 목적대로 사용할 수 없게 된 경우
  2. 건축물 등의 이전비가 그 물건의 가격을 넘는 경우
  3. 사업시행자가 공익사업에 직접 사용할 목적으로 취득하는 경우

② 농작물에 대한 손실은 그 종류와 성장의 정도 등을 종합적으로 고려하여 보상하여야 한다.

③ 토지에 속한 흙·돌·모래 또는 자갈(흙·돌·모래 또는 자갈이 해당 토지와 별도로 취득 또는 사용의 대상이 되는 경우만 해당한다)에 대하여는 거래가격 등을 고려하여 평가한 적정가격으로 보상하여야 한다.

④ 분묘에 대하여는 이장(이장)에 드는 비용 등을 산정하여 보상하여야 한다.

⑤ 사업시행자는 사업예정지에 있는 건축물등이 제1항 제1호 또는 제2호에 해당하는 경우에는 관할 토지수용위원회에 그 물건의 수용 재결을 신청할 수 있다.

나. 건축물 보상금 산정방법

건축물의 보상방법은 토지보상법 시행규칙을 확인해야 한다. 건축물의 보상방법에 관하여 토지보상법 시행규칙에서는 아래 〈표〉와 같이 건축물의 가격은 원가법으로 평가한다.

참고로, 원가법이란 "가격시점에서 대상물건을 재조달하는데 소요되는 가격에서 감가수정을 하여 대상물건에 대한 가격시점 현재의 가격을 구하는 방법"을 말한다.

다만, 주거용 건축물에 있어서는 거래사례비교법에 의하여 평가한 금액이 원가법에 의하여 평가한 금액보다 큰 경우와 「집합건물의 소유 및 관리에 관한 법률」에 의한 구분소유권의 대상이 되는 건물의 가격은 거래사례비교법으로 평가한다."고 정하고 있다.

참고로 거래사례비교법이란 "대상물건과 동일성 또는 유사성이 있는 다른 물건의 거래사례와 비교하여 대상물건에 대한 가격시점 현재의 가격을 구하는 방법"을 말한다.

-토지보상법 시행규칙-

제2조(정의)

6. "거래사례비교법"이라 함은 대상물건과 동일성 또는 유사성이 있는 다른 물건의 거래사례와 비교(거래된 사정 및 시기 등에 따른 적정한 보완을 하여 비교하는 것을 말한다. 이하 같다)하여 대상물건에 대한 가격시점 현재의 가격을 구하는 방법을 말한다.

9. "원가법"이라 함은 가격시점에서 대상물건을 재조달하는데 소요되는 가격에서 감가수정을 하여 대상물건에 대한 가격시점 현재의 가격을 구하는 방법을 말한다.

제33조(건축물의 평가)

① 건축물(담장 및 우물 등의 부대시설을 포함한다. 이하 같다)에 대하여는 그 구조 · 이용상태 · 면적 · 내구연한 · 유용성 및 이전가능성 그 밖에 가격형성에 관련되는 제요인을 종합적으로 고려하여 평가한다.

② 건축물의 가격은 원가법으로 평가한다. 다만, 주거용 건축물에 있어서는 거래사례비교법에 의하여 평가한 금액(공익사업의 시행에 따라 이주대책을 수립 · 실시하거나 주택입주권 등을 당해 건축물의 소유자에게 주는 경우 또는 개발제한구역안에서 이전이 허용되는 경우에 있어서의 당해 사유로 인한 가격상승분은 제외하고 평가

한 금액을 말한다)이 원가법에 의하여 평가한 금액보다 큰 경우
와 「집합건물의 소유 및 관리에 관한 법률」에 의한 구분소유권
의 대상이 되는 건물의 가격은 거래사례비교법으로 평가한다.
〈개정 2005.2.5〉

③ 건축물의 사용료는 임대사례비교법으로 평가한다. 다만, 임대
사례비교법으로 평가하는 것이 적정하지 아니한 경우에는 적
산법으로 평가할 수 있다.

④ 물건의 가격으로 보상한 건축물의 철거비용은 사업시행자가
부담한다. 다만, 건축물의 소유자가 당해 건축물의 구성부분
을 사용 또는 처분할 목적으로 철거하는 경우에는 건축물의
소유자가 부담한다.

제10-2장

현금청산과
관련하여
자주 하는 질문

1.
건물 임대소득도
보상의 대상이 되는지 여부

· · · · · · ·

재개발 정비사업에서 현금청산 시 손실보상과 관련해서 임대소득과 관련해서 영업보상을 받을 수 있는지에 대한 질의가 많다. 임대업 또한 다른 영업과 마찬가지로 보호되어야 하는 것이 아닌가라는 의문을 제기할 수 있으나, 결론적으로는 보상이 되지 않는다. 조합에서 원만하고 빠른 정비사업의 진행을 위해서 임의적으로 보상을 해주는 경우도 있으나, 법적인 보상의무는 없다.

2.
무허가 건축물 보상 여부

· · · · · · ·

무허가 건물이 보상이 되는지 여부는 해당 건출물이 언제 건축되었는지
를 확인해야 한다. 토지보상법에서는 사업인정고시 후 허가 없이 건축할
건물은 보상대상에서 제외된다고 정하고 있다.

-토지보상법-

제25조(토지등의 보전)

① 사업인정고시가 된 후에는 누구든지 고시된 토지에 대하여 사
업에 지장을 줄 우려가 있는 형질의 변경이나 제3조제2호 또
는 제4호에 규정된 물건을 손괴하거나 수거하는 행위를 하지
못한다.

② 사업인정고시가 된 후에 고시된 토지에 건축물의 건축 · 대수
선, 공작물(공작물)의 설치 또는 물건의 부가(부가) · 증치(증치)
를 하려는 자는 특별자치도지사, 시장 · 군수 또는 구청장의 허
가를 받아야 한다. 이 경우 특별자치도지사, 시장 · 군수 또는
구청장은 미리 사업시행자의 의견을 들어야 한다.

③ 제2항을 위반하여 건축물의 건축 · 대수선, 공작물의 설치 또
는 물건의 부가 · 증치를 한 토지소유자 또는 관계인은 해당
건축물 · 공작물 또는 물건을 원상으로 회복하여야 하며 이에
관한 손실의 보상을 청구할 수 없다.

위 규정을 반대로 해석하면 사업인정고 시 전 건축물이 보상대상이 된다고 할 것인데, 다음의 대법원 판례에서는 사업인정 고시 전 건축된 주거용 건축물이 아닌 위법 건축물에 관하여 그 법령에 위반한 행위에 대한 비난 가능성 등이 높은 경우 예외적으로 수용보상의 대상이 되지 않는다고 판단하고 있다.

대법원 2001. 4. 13. 선고 2000두6411 판결 [토지수용이의재결처분취소]

토지수용법상의 사업인정 고시 이전에 건축되고 공공사업용지 내의 토지에 정착한 지장물인 건물은 통상 적법한 건축허가를 받았는지 여부에 관계없이 손실보상의 대상이 되나, 주거용 건물이 아닌 위법 건축물의 경우에는 관계 법령의 입법 취지와 그 법령에 위반된 행위에 대한 비난가능성과 위법성의 정도, 합법화될 가능성, 사회통념상 거래 객체가 되는지 여부 등을 종합하여 구체적 · 개별적으로 판단한 결과 그 위법의 정도가 관계 법령의 규정이나 사회통념상 용인할 수 없을 정도로 크고 객관적으로도 합법화될 가능성이 거의 없어 거래의 객체도 되지 아니하는 경우에는 예외적으로 수용보상 대상이 되지 아니한다고 본 사례.

제11장

영업보상

1.
서설

재개발 정비구역에서 영업손실보상을 이해하려면 도정법, 도정법 시행령, 도정법 시행규칙, 토지보상법, 토지보상법 시행령, 토지보상법 시행규칙 등을 알고 있어야 하고 체계적으로 이해해야 한다.

2.
영업손실보상에 관한 법규정

토지보상법에서는 영업을 폐업하거나 휴업함에 따른 영업손실에 대해서는 보상해야 한다는 의무규정을 두고 있고, 토지보상법 시행규칙에서는 영업손실보상의 요건에 관해서 구체적으로 정하고 있다

-토지보상법-

제77조(영업의 손실 등에 대한 보상)

① 영업을 폐업하거나 휴업함에 따른 영업손실에 대하여는 영업 이익과 시설의 이전비용 등을 고려하여 보상하여야 한다. 〈개 정 2020.6.9〉

② 농업의 손실에 대하여는 농지의 단위면적당 소득 등을 고려하 여 실제 경작자에게 보상하여야 한다. 다만, 농지소유자가 해 당 지역에 거주하는 농민인 경우에는 농지소유자와 실제 경작 자가 협의하는 바에 따라 보상할 수 있다.

③ 휴직하거나 실직하는 근로자의 임금손실에 대하여는 「근로기 준법」에 따른 평균임금 등을 고려하여 보상하여야 한다.

④ 제1항부터 제3항까지의 규정에 따른 보상액의 구체적인 산정 및 평가 방법과 보상기준, 제2항에 따른 실제 경작자 인정기준 에 관한 사항은 국토교통부령으로 정한다. 〈개정 2013.3.23〉

-토지보상법 시행규칙-

제45조(영업손실의 보상대상인 영업)

법 제77조제1항에 따라 영업손실을 보상하여야 하는 영업은 다음 각 호 모두에 해당하는 영업으로 한다. 〈개정 2007.4.12, 2009.11.13, 2015.4.28〉

1. 사업인정고시일등 전부터 적법한 장소(무허가건축물등, 불법형 질변경토지, 그 밖에 다른 법령에서 물건을 쌓아놓는 행위가 금지되 는 장소가 아닌 곳을 말한다)에서 인적 · 물적시설을 갖추고 계속 적으로 행하고 있는 영업. 다만, 무허가건축물등에서 임차인 이 영업하는 경우에는 그 임차인이 사업인정고시일등 1년 이

위 토지보상법 시행규칙에서의 '사업인정고시일'은 아래 〈표〉의 도정법 시행령에 따라 도정법 시행령 제13조 제1항의 '정비계획에 관한 공람공고일'이라는 사실을 알 수 있다. 다만, 위 사업인정고시일을 '정비구역 지정을 위한 주민 공람공고일'로 표현하기도 한다. 어떤 표현을 사용하더라도 의미만 통한다면 문제될 것은 없다고 할 것이다.

다만, 시행령 제13조 제1항의 내용이 정비계획 공람공고일이 정확한 표현이라고 생각되어 본서에서는 위 "정비계획 공람공고일"이라고 표현하도록 하겠다.

-도정법 시행령-

제54조(손실보상 등)

① 제13조제1항에 따른 공람공고일부터 계약체결일 또는 수용재결일까지 계속하여 거주하고 있지 아니한 건축물의 소유자는 「공익사업을 위한 토지 등의 취득 및 보상에 관한 법률 시행

령」제40조제5항제2호에 따라 이주대책대상자에서 제외한다. 다만, 같은 호 단서(같은 호 마목은 제외한다)에 해당하는 경우에는 그러하지 아니하다. 〈개정 2018.4.17.〉

② 정비사업으로 인한 영업의 폐지 또는 휴업에 대하여 손실을 평가하는 경우 영업의 휴업기간은 4개월 이내로 한다. 다만, 다음 각 호의 어느 하나에 해당하는 경우에는 실제 휴업기간으로 하되, 그 휴업기간은 2년을 초과할 수 없다.
  1. 해당 정비사업을 위한 영업의 금지 또는 제한으로 인하여 4개월 이상의 기간 동안 영업을 할 수 없는 경우
  2. 영업시설의 규모가 크거나 이전에 고도의 정밀성을 요구하는 등 해당 영업의 고유한 특수성으로 인하여 4개월 이내에 다른 장소로 이전하는 것이 어렵다고 객관적으로 인정되는 경우

③ 제2항에 따라 영업손실을 보상하는 경우 보상대상자의 인정시점은 제13조제1항에 따른 공람공고일로 본다.

제13조(정비구역의 지정을 위한 주민공람 등)
① 정비계획의 입안권자는 법 제15조제1항에 따라 정비계획을 주민에게 공람하려는 때에는 미리 공람의 요지 및 장소를 해당 지방자치단체의 공보등에 공고하고, 공람장소에 관계 서류를 갖추어 두어야 한다.

위 규정들을 종합적으로 해석하면 드디어 영업보상 대상의 요건을 알 수 있다. 영업보상 대상의 요건의 구체적인 내용은 항을 바꾸어 상세히 서술하도록 하겠다.

3.
영업손실보상의 대상

. . . .

가. 영업손실보상의 요건

재개발 정비구역에서 영업손실보상을 받기 위해서는 '정비계획 공람공고일' 전부터 적법한 장소에서 인적·물적시설을 갖추고 계속적으로 허가 등을 받아 행하고 있는 영업일 것을 요한다.

영업손실을 보상받으려면 사업자등록이 반드시 필요하냐고 많이 물어보는데, 전술한 요건에서 알 수 있듯이 필수적인 요소는 아니다. 그러나 후술하는 무허가건축물 임차인의 경우 영업손실보상을 받기 위해서는 사업자등록이 필요하다.

나. 무허가 건물의 임차인

토지보상법에서는 사업인정고시일 등 전부터 적법한 장소에서 영업을 행하고 있을 것을 원칙적으로 요구하나, 예외적으로 무허가 건축물 등에서 임차인이 영업하는 경우 사업인정고시일 등 1년 이전부터 부가가치세법에 따른 사업자등록을 하고 행하는 경우는 영업손실 보상의 대상으로 하고 있다. 이는 무허가 건축물을 임차하고 있는 영세한 사업자를 보호하기 위한 것으로 보인다.

다. 무허가 영업의 경우

무허가 영업의 경우에도 보상규정이 있는데, 사업인정고시일 전부터 영업을 하고 있어야 한다. 또한, 본인 또는 생계를 같이 하는 동일 세대안의 직계존속·비속 및 배우자가 해당 공익사업으로 다른 영업에 대한 보상을 받은 경우에는 영업시설 등의 이전비용만을 보상하여야 한다고 정하고 있다.

-토지보상법 시행규칙-

제52조(허가등을 받지 아니한 영업의 손실보상에 관한 특례)

사업인정고시일등 전부터 허가등을 받아야 행할 수 있는 영업을 허가등이 없이 행하여 온 자가 공익사업의 시행으로 인하여 제45조 제1호 본문에 따른 적법한 장소에서 영업을 계속할 수 없게 된 경우에는 제45조제2호에 불구하고 「통계법」 제3조제3호에 따른 통계작성기관이 조사·발표하는 가계조사통계의 도시근로자가구 월평균 가계지출비를 기준으로 산정한 3인 가구 3개월분 가계지출비에 해당하는 금액을 영업손실에 대한 보상금으로 지급하되, 제47조제1항제2호에 따른 영업시설·원재료·제품 및 상품의 이전에 소요되는 비용 및 그 이전에 따른 감손상당액(이하 이 조에서 "영업시설등의 이전비용"이라 한다)은 별도로 보상한다. 다만, 본인 또는 생계를 같이 하는 동일 세대안의 직계존속·비속 및 배우자가 해당 공익사업으로 다른 영업에 대한 보상을 받은 경우에는 영업시설등의 이전비용만을 보상하여야 한다. 〈개정 2008.4.18〉

참고로, 2020년 기준 3인 가구 기준 도시근로자가구 월평균가계지출비는 4,431,490원이며, 이를 기준으로 3개월분 가계지출비에 해당하는 금액은 13,294,470원이다.

라. 영업보상에서 제외되는 경우

영업보상과 관련해서 많이 하는 질문 중 하나는 영업보상에서 제외되는 경우에 대한 것이다. 영업보상에서 제외되는 경우 중 대표적인 예가 "1. 정비계획 공람공고일 이후부터 영업을 하는 경우", "2. 단순히 사무실로 사용하는 경우", "3. 허가받은 대로 영업을 하지 않는 경우", "4. 부동산 임대업의 경우", "5. 정비사업과 관계없이 영업이익이 없거나 휴업상태에 있는 경우" 등이 있다.

특히, 위 사례 중 부동산 임대업의 경우 영업보상에서 제외된다는 점이 의아할 수 있겠으나 이에 관해서는 다수의 하급심 판결이 존재하며 당분간은 변경될 가능성이 낮다고 판단된다.

제12장

이주정착금·
주거이전비·
이사비

1.
서설
. . . . . .

공익사업시행으로 인해서 주택이 수용되어 해당 주택에서 이사를 하게 되면 토지보상법에 근거해서 이주정착금 · 주거이전비 · 이사비를 받게 된다. 이에 재개발 정비사업도 공익사업에 해당하기에 위 사업으로 인해서 주택을 수용하게 되면 일정한 요건하에서 이주정착금 · 주거이전비 · 이사비를 받을 수 있다.

참고로, 재개발 사업의 경우 공익성이 강하다는 판단하에 토지보상법을 준용하여 위와 같이 일정한 요건하에서 이주정착금 · 주거이전비 · 이사비를 받을 수 있으나, 재건축 사업의 경우 상대적으로 사익성이 강하다는 판단하에 위 토지보상법을 준용하지 않는다. 이에 따라 재건축 사업에서는 이주정착금 등이 인정되지 않는다.

이주정착금·주거이전비·이사비의 요건과 내용을 알기 위해서는 도정법과 토지보상법의 규정을 전체적으로 해석할 수 있어야 한다. 이에 독자들의 편의를 위해 위 이주정착금·주거이전비·이사비에 관한 해당 법조문을 〈표〉를 통해 최대한 기재하도록 하고 중복되는 경우가 있다고 하더라도 해당 내용을 이해하기 위해서는 다시 다수의 조문을 확인해야 하는 번거로움을 방지하기 위해 그대로 기재하였다.

본서에서 조문의 기재순서는 도정법→도정법 시행령→도정법시행규칙→토지보상법→토지보상법 시행령→토지보상법 시행규칙의 순으로 독자들의 편의를 위해 일관되게 기재도록 하였다.

2.
이주정착금

· · · · · ·

가. 요건

이주정착금은 간단하게 말하면 생활의 근거를 상실하여 다른 지역으로 이사하여 해당 지역에서 정착해서 살아가야 하기 때문에 이를 보상하기 위해 지급하는 금원이다. 이주정착금의 요건을 살펴보면 ① 주거용 건축물의 소유자일 것 ② 정비계획 공람공고일부터 계약체결일 또는 수용재결일까지 계속 거주할 것을 요한다.

-도정법-

① 정비구역에서 정비사업의 시행을 위한 토지 또는 건축물의 소유권과 그 밖의 권리에 대한 수용 또는 사용은 이 법에 규정된 사항을 제외하고는 「공익사업을 위한 토지 등의 취득 및 보상에 관한 법률」을 준용한다. 다만, 정비사업의 시행에 따른 손실보상의 기준 및 절차는 대통령령으로 정할 수 있다.

-도정법 시행령-

제54조(손실보상 등)

① 제13조제1항에 따른 공람공고일부터 계약체결일 또는 수용재결일까지 계속하여 거주하고 있지 아니한 건축물의 소유자는 「공익사업을 위한 토지 등의 취득 및 보상에 관한 법률 시행령」 제40조제5항제2호에 따라 이주대책대상자에서 제외한다. 다만, 같은 호 단서(같은 호 마목은 제외한다)에 해당하는 경우에는 그러하지 아니하다. 〈개정 2018.4.17〉

-토지보상법 시행령-

제40조(이주대책의 수립 · 실시)

⑤ 다음 각 호의 어느 하나에 해당하는 자는 이주대책대상자에서 제외한다. 〈개정 2016.1.6, 2018.4.17〉

　1. 허가를 받거나 신고를 하고 건축 또는 용도변경을 하여야 하는 건축물을 허가를 받지 아니하거나 신고를 하지 아니하고 건축 또는 용도변경을 한 건축물의 소유자

　2. 해당 건축물에 공익사업을 위한 관계 법령에 따른 고시 등이 있은 날부터 계약체결일 또는 수용재결일까지 계속하

여 거주하고 있지 아니한 건축물의 소유자. 다만, 다음 각
목의 어느 하나에 해당하는 사유로 거주하고 있지 아니한
경우에는 그러하지 아니하다.

가. 질병으로 인한 요양

나. 징집으로 인한 입영

다. 공무

라. 취학

마. 해당 공익사업지구 내 타인이 소유하고 있는 건축물에
의 거주

바. 그 밖에 가목부터 라목까지에 준하는 부득이한 사유

-토지보상법 시행규칙-

제53조(이주정착금 등)

① 영 제40조제2항 본문에서 "국토교통부령으로 정하는 부득이
한 사유"란 다음 각 호의 어느 하나에 해당하는 경우를 말한
다. 〈개정 2008.3.14, 2013.3.23, 2020.12.11〉

1. 공익사업시행지구의 인근에 택지 조성에 적합한 토지가 없
는 경우

2. 이주대책에 필요한 비용이 당해 공익사업의 본래의 목적을
위한 소요비용을 초과하는 등 이주대책의 수립·실시로 인
하여 당해 공익사업의 시행이 사실상 곤란하게 되는 경우

② 영 제41조에 따른 이주정착금은 보상대상인 주거용 건축물에
대한 평가액의 30퍼센트에 해당하는 금액으로 하되, 그 금액
이 1천2백만 원 미만인 경우에는 1천2백만 원으로 하고, 2천
4백만 원을 초과하는 경우에는 2천4백만 원으로 한다. 〈개정
2012.1.2, 2020.12.11〉

이주정착금은 '주거용 건축물'의 '소유자'에 한해 지급되는 것으로 근린생활시설이거나 무허가 및 무단용도변경된 경우 이주정착금을 지급받지 못한다. 또한, 계속 거주의 요건도 있으나 질병으로 인한 요양, 징집으로 인한 입영, 공무, 취학 등의 경우에 예외를 인정받을 수도 있다(**토지보상법 시행령 제40조 제5항 제2호**). 나아가, 실제거주를 했다고 이를 증명할 수 있다면 주민등록 여부와 관계없이 이주정착금 지급대상이 된다고 할 것이다.

나. 이주정착금 금액

이주정착금은 건축물 평가액의 30%를 받을 수 있다. 최근 법개정으로 건축물 평가액의 30%에 해당하는 금액이 12,000,000원 이하는 12,000,000원을 24,000,000원 이상은 24,000,000원을 받을 수 있다. 결론적으로 이주정착금은 12,000,000원과 24,000,000원 사이에서 받을 수 있다.

3.
주거이전비
· · · · · · ·

가. 소유자의 경우

주거이전비는 주택의 수용으로 인해 다른 지역으로 주거를 이전해야 하기 때문에 지급되는 보상금으로 주거용 건축물의 현금청산자가 그 대상이다. 주거이전비의 요건을 살펴보면 ① 건축물의 소유자일 것 ② 정비계획 공람공고일부터 계약체결일 또는 수용재결일까지 계속 거주해야 한다.

-도정법-

① 정비구역에서 정비사업의 시행을 위한 토지 또는 건축물의 소유권과 그 밖의 권리에 대한 수용 또는 사용은 이 법에 규정된 사항을 제외하고는 「공익사업을 위한 토지 등의 취득 및 보상에 관한 법률」을 준용한다. 다만, 정비사업의 시행에 따른 손실보상의 기준 및 절차는 대통령령으로 정할 수 있다.

-도정법 시행령-

제54조(손실보상 등)

① 제13조제1항에 따른 공람공고일부터 계약체결일 또는 수용재결일까지 계속하여 거주하고 있지 아니한 건축물의 소유자는 「공익사업을 위한 토지 등의 취득 및 보상에 관한 법률 시행령」 제40조제5항제2호에 따라 이주대책대상자에서 제외한다. 다만, 같은 호 단서(같은 호 마목은 제외한다)에 해당하는 경우에는 그러하지 아니하다. 〈개정 2018.4.17〉
④ 주거이전비를 보상하는 경우 보상대상자의 인정시점은 제13조제1항에 따른 공람공고일로 본다.

-토지보상법 시행령-

제40조(이주대책의 수립 · 실시)

⑤ 다음 각 호의 어느 하나에 해당하는 자는 이주대책대상자에서 제외한다. 〈개정 2016.1.6, 2018.4.17〉
  1. 허가를 받거나 신고를 하고 건축 또는 용도변경을 하여야 하는 건축물을 허가를 받지 아니하거나 신고를 하지 아니

하고 건축 또는 용도변경을 한 건축물의 소유자

2. 해당 건축물에 공익사업을 위한 관계 법령에 따른 고시 등이 있은 날부터 계약체결일 또는 수용재결일까지 계속하여 거주하고 있지 아니한 건축물의 소유자. 다만, 다음 각 목의 어느 하나에 해당하는 사유로 거주하고 있지 아니한 경우에는 그러하지 아니하다.

   가. 질병으로 인한 요양

   나. 징집으로 인한 입영

   다. 공무

   라. 취학

   마. 해당 공익사업지구 내 타인이 소유하고 있는 건축물에의 거주

   바. 그 밖에 가목부터 라목까지에 준하는 부득이한 사유

-토지보상법 시행규칙-

제54조(주거이전비의 보상)

① 공익사업시행지구에 편입되는 주거용 건축물의 소유자에 대하여는 해당 건축물에 대한 보상을 하는 때에 가구원수에 따라 2개월분의 주거이전비를 보상하여야 한다. 다만, 건축물의 소유자가 해당 건축물 또는 공익사업시행지구 내 타인의 건축물에 실제 거주하고 있지 아니하거나 해당 건축물이 무허가건축물등인 경우에는 그러하지 아니하다. 〈개정 2016.1.6〉

② 공익사업의 시행으로 인하여 이주하게 되는 주거용 건축물의 세입자(무상으로 사용하는 거주자를 포함하되, 법 제78조제1항에 따른 이주대책대상자인 세입자는 제외한다)로서 사업인정고시일등 당시 또는 공익사업을 위한 관계 법령에 따른 고시 등이 있은

당시 해당 공익사업시행지구안에서 3개월 이상 거주한 자에 대해서는 가구원수에 따라 4개월분의 주거이전비를 보상해야 한다. 다만, 무허가건축물등에 입주한 세입자로서 사업인정고시일등 당시 또는 공익사업을 위한 관계 법령에 따른 고시 등이 있은 당시 그 공익사업지구 안에서 1년 이상 거주한 세입자에 대해서는 본문에 따라 주거이전비를 보상해야 한다. 〈개정 2007.4.12, 2016.1.6, 2020.12.11〉

③ 제1항 및 제2항에 따른 거주사실의 입증은 제15조제1항 각 호의 방법으로 할 수 있다. 〈신설 2020.12.11〉

④ 제1항 및 제2항에 따른 주거이전비는 「통계법」 제3조제3호에 따른 통계작성기관이 조사·발표하는 가계조사통계의 도시근로자가구의 가구원수별 월평균 명목 가계지출비(이하 이 항에서 "월평균 가계지출비"라 한다)를 기준으로 산정한다. 이 경우 가구원수가 5인인 경우에는 5인 이상 기준의 월평균 가계지출비를 적용하며, 가구원수가 6인 이상인 경우에는 5인 이상 기준의 월평균 가계지출비에 5인을 초과하는 가구원수에 다음의 산식에 의하여 산정한 1인당 평균비용을 곱한 금액을 더한 금액으로 산정한다. 〈개정 2009.11.13, 2012.1.2, 2020.12.11〉 1인당 평균비용 = (5인 이상 기준의 도시근로자가구 월평균 가계지출비 − 2인 기준의 도시근로자가구 월평균 가계지출비) ÷ 3

대법원은 건축물 소유자에 대한 주거이전비의 보상은 주거용 건축물에 대하여 정비계획에 관한 공람·공고일부터 해당 건축물에 대한 보상을 하는 때까지 계속하여 소유 및 거주한 주거용 건축물의 소유자를 대상으로 한다고 판단하고 있다.

> -대법원 2015. 2. 26. 선고 2012두19519 판결 [주거이전비]-
>
> 구 도시 및 주거환경정비법(2009. 5. 27. 법률 제9729호로 개정되기 전의 것, 이하 같다) 제36조 제1항, 제40조 제1항, 구 공익사업을 위한 토지 등의 취득 및 보상에 관한 법률(2013. 3. 23. 법률 제11690호로 개정되기 전의 것) 제78조 제5항, 제9항, 공익사업을 위한 토지 등의 취득 및 보상에 관한 법률 시행규칙 제54조 제1항, 제2항의 문언과 규정형식 등을 종합하면, 구 도시 및 주거환경정비법상 주거용 건축물의 소유자에 대한 주거이전비의 보상은 주거용 건축물에 대하여 정비계획에 관한 공람·공고일부터 해당 건축물에 대한 보상을 하는 때까지 계속하여 소유 및 거주한 주거용 건축물의 소유자를 대상으로 한다.

나아가, 소유자의 주거이전비에 관해서는 가구원 수에 따라 2개월분의 주거이전비를 보상해야 한다고 정하고 있다. 구체적인 금액은 후술하는 "다"항에서 살펴보도록 하겠다.

나. 세입자의 경우

토지보상법 시행규칙에서 세입자의 주거이전비에 관하여 사업인정고시일 등 당시 또는 공익사업을 위한 관계 법령에 따른 고시 등이 있은 당시 해당 공익사업시행지구안에서 3개월 이상 거주한 자일 것을 요구한다.

다만, 무허가건축물등에 입주한 세입자로서 사업인정고시일등 당시 또는 공익사업을 위한 관계 법령에 따른 고시 등이 있은 당시 그 공익사업지구 안에서 1년 이상 거주한 세입자일 것을 요구한다.

　도정법 시행령 제54조 제4항에서는 주거이전비를 보상하는 경우 보상대상자의 인정시점은 '정비계획공람공고일'이라고 규정하고 있는 바, 위 토지보상법 시행규칙에서의 사업인정고시일은 위 공람공고일이라고 할 것이다.

-도정법 시행령-

제54조(손실보상 등)

① 제13조제1항에 따른 공람공고일부터 계약체결일 또는 수용재결일까지 계속하여 거주하고 있지 아니한 건축물의 소유자는 「공익사업을 위한 토지 등의 취득 및 보상에 관한 법률 시행령」 제40조제5항제2호에 따라 이주대책대상자에서 제외한다. 다만, 같은 호 단서(같은 호 마목은 제외한다)에 해당하는 경우에는 그러하지 아니하다. 〈개정 2018.4.17.〉

② 정비사업으로 인한 영업의 폐지 또는 휴업에 대하여 손실을 평가하는 경우 영업의 휴업기간은 4개월 이내로 한다. 다만, 다음 각 호의 어느 하나에 해당하는 경우에는 실제 휴업기간으로 하되, 그 휴업기간은 2년을 초과할 수 없다.
  1. 해당 정비사업을 위한 영업의 금지 또는 제한으로 인하여 4개월 이상의 기간 동안 영업을 할 수 없는 경우
  2. 영업시설의 규모가 크거나 이전에 고도의 정밀성을 요구하는 등 해당 영업의 고유한 특수성으로 인하여 4개월 이내에 다른 장소로 이전하는 것이 어렵다고 객관적으로 인정되는 경우

---

③ 제2항에 따라 영업손실을 보상하는 경우 보상대상자의 인정시점은 제13조제1항에 따른 공람공고일로 본다.

④ 주거이전비를 보상하는 경우 보상대상자의 인정시점은 제13조제1항에 따른 공람공고일로 본다.

-토지보상법 시행규칙-

제54조(주거이전비의 보상)

① 공익사업시행지구에 편입되는 주거용 건축물의 소유자에 대하여는 해당 건축물에 대한 보상을 하는 때에 가구원수에 따라 2개월분의 주거이전비를 보상하여야 한다. 다만, 건축물의 소유자가 해당 건축물 또는 공익사업시행지구 내 타인의 건축물에 실제 거주하고 있지 아니하거나 해당 건축물이 무허가건축물등인 경우에는 그러하지 아니하다. 〈개정 2016.1.6〉

② 공익사업의 시행으로 인하여 이주하게 되는 주거용 건축물의 세입자(무상으로 사용하는 거주자를 포함하되, 법 제78조제1항에 따른 이주대책대상자인 세입자는 제외한다)로서 사업인정고시일등 당시 또는 공익사업을 위한 관계 법령에 따른 고시 등이 있은 당시 해당 공익사업시행지구안에서 3개월 이상 거주한 자에 대해서는 가구원수에 따라 4개월분의 주거이전비를 보상해야 한다. 다만, 무허가건축물등에 입주한 세입자로서 사업인정고시일등 당시 또는 공익사업을 위한 관계 법령에 따른 고시 등이 있은 당시 그 공익사업지구 안에서 1년 이상 거주한 세입자에 대해서는 본문에 따라 주거이전비를 보상해야 한다. 〈개정 2007.4.12, 2016.1.6, 2020.12.11〉

③ 제1항 및 제2항에 따른 거주사실의 입증은 제15조제1항 각 호의 방법으로 할 수 있다. 〈신설 2020.12.11〉

④ 제1항 및 제2항에 따른 주거이전비는 「통계법」 제3조제3호에 따른 통계작성기관이 조사·발표하는 가계조사통계의 도시근로자가구의 가구원수별 월평균 명목 가계지출비(이하 이 항에서 "월평균 가계지출비"라 한다)를 기준으로 산정한다. 이 경우 가구원수가 5인인 경우에는 5인 이상 기준의 월평균 가계지출비를 적용하며, 가구원수가 6인 이상인 경우에는 5인 이상 기준의 월평균 가계지출비에 5인을 초과하는 가구원수에 다음의 산식에 의하여 산정한 1인당 평균비용을 곱한 금액을 더한 금액으로 산정한다. 〈개정 2009.11.13, 2012.1.2, 2020.12.11〉 1인당 평균비용 = (5인 이상 기준의 도시근로자가구 월평균 가계지출비 - 2인 기준의 도시근로자가구 월평균 가계지출비) ÷ 3

대법원에서는 아래 〈표〉와 같이 "도시정비법상 주거용 건축물의 세입자가 주거이전비를 보상받기 위하여 반드시 정비사업의 시행에 따른 관리처분계획인가고시 및 그에 따른 주거이전비에 관한 보상계획의 공고일 내지 그 산정통보일까지 계속 거주하여야 할 필요는 없다."고 판단하고 있다.

-대법원 2012. 2. 23. 선고 2011두23603 판결 [주거이전비등]-

위와 같은 각 법규정의 내용, 형식 및 입법경위에다가 주거이전비는 당해 공익사업시행지구 안에 거주하는 세입자들의 조기이주를 장려하여 사업을 원활하게 추진하려는 정책적인 목적을 가지면서 동시에 주거이전으로 인하여 특별한 어려움을 겪게 될 세입자들을 대상으로 하는 사회보장적인 차원에서 지급하는 성격의 것인

> 점(대법원 2006. 4. 27. 선고 2006두2435 판결 등 참조) 등을 종합하면,
> 도시정비법상 주거용 건축물의 세입자가 주거이전비를 보상받기
> 위하여 반드시 정비사업의 시행에 따른 관리처분계획인가고시 및
> 그에 따른 주거이전비에 관한 보상계획의 공고일 내지 그 산정통
> 보일까지 계속 거주하여야 할 필요는 없다고 할 것이다.

다만, 대법원은 아래〈표〉와 같이 주거용 건축물 세입자의 주거이전비의 보상은 정비계획에 관한 공람공고일 당시 해당 정비구역 안에서 3개월 이상 거주한 자를 대상으로 하되, 그 보상 방법 및 금액 등의 보상내용은 원칙적으로 사업시행계획 인가고시일에 확정된다고 보고 있다.

이에 세입자가 사업시행계획인가 고시로 주거이전비 보상 내용이 확정되기 전에 재개발 정비구역 밖으로 이주하였다면 주거이전비를 보상받지 못할 수도 있다는 점을 유의해야 한다.

> ─대법원 2017. 10. 26. 선고 2015두46673 판결 [주거이전비등]─
>
> 이와 같이 도시정비법에 따라 지급되는 '주거이전비'와 '이사비'는
> 사업시행지구 안에 거주하는 세입자들의 조기이주와 사업추진을
> 원활하게 하려는 정책적인 목적과 주거이전으로 인하여 특별한
> 어려움을 겪게 될 세입자들에 대한 사회보장적인 고려 아래 지급
> 하도록 강제하는 것이다. 나아가 도시정비법령의 전체적 체계와
> 그에 따른 사업진행과정, 앞에서 본 관련 법령의 문언 · 내용 ·

취지 등에 비추어 보면 도시정비법상 주거용 건축물의 세입자에 대한 주거이전비의 보상은 정비계획에 관한 공람공고일 당시 해당 정비구역 안에서 3월 이상 거주한 자를 대상으로 하되, 그 보상 방법 및 금액 등의 보상내용은 원칙적으로 사업시행계획 인가 고시일에 확정되는 것으로 봄이 타당하다(대법원 2012. 9. 27. 선고 2010두13890 판결 등 참조).

나아가, 세입자의 주거이전비에 관해서는 가구원 수에 따라 4개월분의 주거이전비를 보상해야 한다고 정하고 있다. 구체적인 금액은 후술하는 "다"항에서와 같다.

다. 주거이전비 금액

주거이전비는 주거용 건축물의 소유자인 경우 도시가계조사통계의 근로자 가구의 가구원수별 월평균가계지출비×2를, 주거용 건축물의 세입자의 경우 도시가계조사통계의 근로자 가구의 가구원수별 월평균가계지출비×4를 받을 수 있다. 주거이전비를 주거용 건축물 소유자의 경우와 세입자의 경우를 나누어 대략적인 금액을 살펴보면 아래와 같다.

〈2020년 기준 주거이전비〉=
• 주거용 건축물 소유자의 경우 도시가계조사통계의 근로자 가구의 가구원수별 월평균가계지출비 × 2개월분
 → 1인가구 : 4,314,766원, 2인가구 : 6,392,984원, 3인가구 : 8,862,980원

• 주거용 건축물 세입자의 경우 도시가계조사통계의 근로자 가구의 가구원수별 월평균가계지출비 × 4개월분

→ 1인가구 : 8,629,532원, 2인가구 : 12,785,968원, 3인가구 : 17,725,960원

4.
이사비
· · · · · ·

이사비의는 공익사업의 추진을 원활하게 함과 아울러 주거를 이전하게 되는 거주자들을 보호하려는 취지의 제도이다. 재개발 정비구역에 편입되는 주거용 건축물의 거주자는 이사비를 지급받을 수 있다.

이주정착금이나 주거이전비에서는 주거용 건축물의 "소유자"일 것을 요구하고 있으나, 이사비에서는 주거용 건축물의 "거주자"라고 규정하고 있어 소유자와 세입자 간 구분 없이 이사비를 지급받을 수 있다.

-토지보상법 시행규칙-

제55조(동산의 이전비 보상 등)
① 토지등의 취득 또는 사용에 따라 이전하여야 하는 동산(제2항에 따른 이사비의 보상대상인 동산을 제외한다)에 대하여는 이전에 소요되는 비용 및 그 이전에 따른 감손상당액을 보상하여야 한다. 〈개정 2007.4.12〉

② 공익사업시행지구에 편입되는 <u>주거용 건축물의 거주자</u>가 해당 공익사업시행지구 밖으로 이사를 하는 경우에는 별표 4의 기준에 의하여 산정한 이사비(가재도구 등 동산의 운반에 필요한 비용을 말한다. 이하 이 조에서 같다)를 보상하여야 한다. 〈개정 2012.1.2〉

③ 이사비의 보상을 받은 자가 당해 공익사업시행지구안의 지역으로 이사하는 경우에는 이사비를 보상하지 아니한다.

참고로, 대법원은 "공익사업을 위한 토지 등의 취득 및 보상에 관한 법률 제78조 제5항, 구 공익사업을 위한 토지 등의 취득 및 보상에 관한 법률 시행규칙(2016. 1. 6. **국토교통부령 제272호로 개정되기 전의 것**) 제55조 제2항의 각 규정 및 공익사업의 추진을 원활하게 함과 아울러 주거를 이전하게 되는 거주자들을 보호하려는 이사비 제도의 취지에 비추어 보면, <u>이사비 보상대상자는 공익사업시행지구에 편입되는 주거용 건축물의 거주자로서 공익사업의 시행으로 인하여 이주하게 되는 자로 보는 것이 타당하다. 이러한 취지는 도시 및 주거환경정비법에 따른 정비사업의 경우에도 마찬가지이다</u>(**대법원 2016. 12. 15. 선고 2016두49754 판결**)."라고 판단하고 있다.

이사비의 산정은 주택면적을 기준으로 하여 노임, 차량운임, 포장비를 산정하여 계산하는데, 복잡한 계산방식을 설명하는 것보다는 예외적인 경우가 있으나 <u>대략적으로 약 100~300만 원 정도라는 사실을 알아두면 충분할 것으로 생각된다.</u>

참고로, 이사비 산정 기준에 관하여는 본서의 마지막 부분에 "[별지6] 토지보상법 시행규칙 별표 4 이사비 기준"으로 첨부하였다.

제13장

매도청구권

1.
서설
· · · · · ·

매도청구권은 재건축 정비조합과 관련된 제도이며, 재건축 사업의 사업시행자는 사업시행계획인가의 고시가 있은 날로부터 30일 이내에 조합설립에 동의하지 아니한 자, 사업시행자 지정에 동의하지 아니한 자에게 조합설립 또는 사업시행자 지정에 관한 동의 여부를 회답할 것을 서면으로 촉구해야 한다(법 제64조 제1항).

토지등 소유자는 위 촉구를 받은 날부터 2개월 이내에 회답을 해야 하고, 만약 위 기간에 회답을 하지 아니하는 경우에는 그 토지 등 소유자는 조합설립 또는 사업시행자의 지정에 동의하지 않겠다는 뜻을 회답한 것으로 본다(법 제64조 제2항, 제3항).

나아가, 토지등 소유자가 회답의 촉구를 받은 날로부터 2개월 기간이 만료된 때부터 2개월 이내에 조합설립 또는 사업시행자 지정에 동의하지 아니하겠다는 뜻을 회답한 토지등 소유자와 건축물 또는 토지만 소유한 자에게 매도청구를 할 수가 있다(법 제64조 제4항).

-도정법-

제64조(재건축사업에서의 매도청구)

① 재건축사업의 사업시행자는 사업시행계획인가의 고시가 있은 날부터 30일 이내에 다음 각 호의 자에게 조합설립 또는 사업시행자의 지정에 관한 동의 여부를 회답할 것을 서면으로 촉구하여야 한다.

   1. 제35조제3항부터 제5항까지에 따른 조합설립에 동의하지 아니한 자

   2. 제26조제1항 및 제27조제1항에 따라 시장·군수등, 토지주택공사등 또는 신탁업자의 사업시행자 지정에 동의하지 아니한 자

② 제1항의 촉구를 받은 토지등소유자는 촉구를 받은 날부터 2개월 이내에 회답하여야 한다.

③ 제2항의 기간 내에 회답하지 아니한 경우 그 토지등소유자는 조합설립 또는 사업시행자의 지정에 동의하지 아니하겠다는 뜻을 회답한 것으로 본다.

④ 제2항의 기간이 지나면 사업시행자는 그 기간이 만료된 때부터 2개월 이내에 조합설립 또는 사업시행자 지정에 동의하지 아니하겠다는 뜻을 회답한 토지등소유자와 건축물 또는 토지만 소유한 자에게 건축물 또는 토지의 소유권과 그 밖의 권리를 매도할 것을 청구할 수 있다.

참고로, 재건축 정비사업의 경우 건축물과 토지를 모두 소유한 자가 조합원이 될 수 있다고 할 것인 바, 건축물 또는 토지 중 1개의 소유권만 가지고 있는 자는 매도청구소송의 대상이 된다고 할 것이다.

2.
매도청구의 행사요건

매도청구권은 사업시행계획인가 고시일로부터 30일 이내에 동의 여부를 서면으로 촉구하고, 촉구수령일로부터 2개월의 회답 기간 부여하고, 해당기간이 만료된 날부터 2개월 이내에 매도청구권을 행사해야 한다(법 제64조). 다만, 조합에서 제명되어 조합원 자격 자체가 인정되지 않는 자에 대해서는 위 최고절차가 필요 없다고 할 것이다.

3.
시가의 산정

매도청구권 행사로 사업시행자와 해당 토지 등 소유자 사이에 시가에 의한 매매계약이 성립되는 효과가 발생하게 된다. 위 시가의 해석과 관련해서 대법원은 "매도청구권이 행사된 당시의 구분소유권과 대지사용권의 객관적 거래가격으로서, 노후되어 철거될 상태를 전제로 한 거래 가격이 아

니라 그 건물에 관하여 재건축 결의가 있었다는 것을 전제로 하여 구분 소
유권과 대지사용권을 일체로 평가한 가격, 즉 재건축으로 인하여 발생할
것으로 예상되는 개발이익이 포함된 가격을 말한다."고 판단하여 개발이익
이 포함된다는 것을 명확히 하였다.

다만, 매도청구소송에서 법원이 지정한 감정인을 통해 감정평가를 실시
하는 경우 개발이익을 명시적으로 기재하지 않고 단순히 감정평가액에 개
발이익이 포함되었다고 감정평가서를 제출하는 경우가 있는데, 개발이익을
명시적으로 기재하여 분쟁의 소지를 없애는 것이 타당하다고 할 것이다.

-대법원 1996. 1. 23. 선고 95다38172 판결-

집합건물에 관하여 집합건물의소유및관리에관한법률 제47조 소
정의 재건축 결의가 있은 후 그 재건축에 참가하지 않은 자에 대
하여 같은 법 제48조 제4항에 의한 매도청구권이 행사되면, 그 매
도청구권 행사의 의사표시가 도달함과 동시에 재건축에 참가하
지 않은 자의 구분소유권 및 대지사용권에 관하여 시가에 의한
매매계약이 성립하게 되는 것인바, 이때의 시가란 매도청구권이
행사된 당시의 구분소유권과 대지사용권의 객관적 거래가격으로
서, 노후되어 철거될 상태를 전제로 한 거래가격이 아니라 그 건
물에 관하여 재건축 결의가 있었다는 것을 전제로 하여 구분소유
권과 대지사용권을 일체로 평가한 가격, 즉 재건축으로 인하여
발생할 것으로 예상되는 개발이익이 포함된 가격을 말한다.

4.
매도청구소송에 대한 대응

. . . . . .

가. 조합원의 경우

매도청구소송이 진행될 것을 예상했다고 하더라도, 막상 해당 소장을 받게 되면 당황할 수밖에 없다. 매도청구소송이 진행되기 전에 협의를 통해서 해결하는 것도 하나의 방법이나, 소송이 진행이 되었다면 해당 소송에서 진행되는 법원에서 선정한 감정인이 진행하는 감정평가에 집중해야 한다.

결론적으로, 매도청구소송에서는 법원에서 진행한 감정평가액이 가장 중요하다. 만약, 1심에서 감정평가액이 낮게 나왔다면 해당 심급에서 감정평가에 문제가 있다는 것을 적극 주장해야 하고, 이를 통하여 재감정절차 등을 진행하는 것이 필요하다.

물론, 1심에서도 감정평가액을 변경하는 것이 쉽지 않으나, 1심에서 감정평가액을 수정하지 않으면, 2심에서 이를 변경하는 것은 더 어려워진다. 필자가 가장 안타까운 것이 1심 소송이 끝나고 2심이 시작될 무렵에 이르러서야 필자를 찾아와 소송을 맡아달라고 하는 것이다.

2심에서 재개발·재건축 전문 변호사라고 하더라도, 주장할 수 있는 부분이 상대적으로 적을 수밖에 없다. 이에 필자가 매도청구소송이 진행될 예정에 있거나 해당 소장을 받았다면 필자를 포함한 재개발·재건축 전문 변호사와 먼저 상의하기를 권하는 이유이기도 하다.

나. 재건축 정비조합의 경우

재건축 정비조합의 입장에서는 매도청구소송을 통해서 해당 물건의 소유권을 확보함과 동시에 위 물건에 설정되어 있는 가압류, 가등기, 근저당권의 말소 등을 신경 써야 한다.

구체적인 해결 방법으로 매도청구소송을 통해 해당 물건의 소유권을 확보한 후 가압류, 가등기, 근저당권에 관해 말소에 관해 별도의 소송을 제기하는 방법도 있겠으나, 가능하다면 매도청구소송 과정에서 이를 말소하는 방법도 고려해 볼 필요가 있다.

위 가압류, 가등기, 근저당권의 말소에 관해서는 구체적인 사안마다 달리 대응해야 할 필요가 있으며 위와 같은 설정이 된 경위에 따라 복잡한 해결방법이 필요한 경우가 많아 본서를 통해 모든 설명을 하는 것은 어렵다고 생각이 된다. 이에 위와 같은 대략적인 방법만 설명하고 구체적인 내용은 필자를 포함한 재개발 · 재건축 전문 변호사와 상의하기를 권한다.

5.
매도청구소송의 효과

· · · · · ·

재건축 정비조합이 매도청구소송에서 승소하여 이후 확정되었다고 하더라도 이로써 해당 물건의 소유권을 취득하는 것은 아니다. 해당 판결의 주문을 살펴보면 특정 날짜를 기준으로 매매계약이 성립되었다고만 기재되어 있다. 이에 매도청구소송이 확정된 후 해당 판결문을 근거로 하여 소유권이전등기를 경료해야 해당 물건의 소유권을 한다는 점을 유의해야 한다.

나아가, 재건축 정비조합이 위와 같이 판결문을 이용하여 소유권이전등기를 경료하는 경우 기존의 가압류, 근저당권, 가등기 등은 매수인인 재건축 정비조합이 인수하게 되므로 이를 말소할 방법을 강구해야 한다.

제14장

관련

자료의

공개

1.
서설
· · · · · ·

    추진위원장 또는 사업시행자는 정비사업의 시행과 관련해서 정비사업과 관련한 자료가 작성되거나 변경된 경우 15일 이내에 조합원, 토지 등 소유자, 세입자가 알 수 있도록 인터넷과 그 밖의 방법을 공개해야 한다(법 제124조 제1항). 공개해야 되는 서류의 내역은 다음 "2.항"에서 살펴보겠다.

2.
공개대상의 자료
· · · · · ·

    추진위원장 또는 사업시행자가 공개해야 하는 정비사업 관련 자류는 "추진위원회, 운영규정 및 정관 등", "설계자 · 시공자 · 철거업자 및 정비사업전문관리업자 등 용역업체의 선정계약서", "추진위원회 · 주민총회 · 조합총회 및 조합의 이사회 · 대의원회의 의사록", "사업시행계획서", "관리처분계획서", "해당 정비사업의 시행에 관한 공문서", "회계감사보고서", "월별 자금의 입금 · 출금 세부내역", "결산보고서", "청산인의 업무 처리 현황", "그 밖에 대통령령으로 정하는 서류 및 관련자료"이다(법 제124조 제1항).

-도정법-

제124조(관련 자료의 공개 등)

① 추진위원장 또는 사업시행자(조합의 경우 청산인을 포함한 조합임원, 토지등소유자가 단독으로 시행하는 재개발사업의 경우에는 그 대표자를 말한다)는 정비사업의 시행에 관한 다음 각 호의 서류 및 관련 자료가 작성되거나 변경된 후 15일 이내에 이를 조합원, 토지등소유자 또는 세입자가 알 수 있도록 인터넷과 그 밖의 방법을 병행하여 공개하여야 한다.

1. 제34조제1항에 따른 추진위원회 운영규정 및 정관등
2. 설계자 · 시공자 · 철거업자 및 정비사업전문관리업자 등 용역업체의 선정계약서
3. 추진위원회 · 주민총회 · 조합총회 및 조합의 이사회 · 대의원회의 의사록
4. 사업시행계획서
5. 관리처분계획서
6. 해당 정비사업의 시행에 관한 공문서
7. 회계감사보고서
8. 월별 자금의 입금 · 출금 세부내역
9. 결산보고서

10. 청산인의 업무 처리 현황
11. 그 밖에 정비사업 시행에 관하여 대통령령으로 정하는 서류 및 관련 자료

-도정법 시행령-

제94조(자료의 공개 및 통지 등)

① 법 제124조제1항제11호에서 "대통령령으로 정하는 서류 및 관련 자료"란 다음 각 호의 자료를 말한다.

1. 법 제72조제1항에 따른 분양공고 및 분양신청에 관한 사항
2. 연간 자금운용 계획에 관한 사항
3. 정비사업의 월별 공사 진행에 관한 사항
4. 설계자 · 시공자 · 정비사업전문관리업자 등 용역업체와의 세부 계약 변경에 관한 사항
5. 정비사업비 변경에 관한 사항

3.
공개대상 자료의 통지

· · · · · ·

사업시행자는 공개의 대상이 되는 서류 및 관련 자료를 분기별로 공개 대상의 목록, 개략적인 내용, 공개 장소, 열람 · 복사 방법 등을 조합원 또는 토지 등 소유자에게 서면으로 통지해야 한다(법 제124조 제2항).

-도정법-

제124조(관련 자료의 공개 등)

② 제1항에 따라 공개의 대상이 되는 서류 및 관련 자료의 경우 분기별로 공개대상의 목록, 개략적인 내용, 공개장소, 열람 · 복사 방법 등을 대통령령으로 정하는 방법과 절차에 따라 조합원 또는 토지등소유자에게 서면으로 통지하여야 한다.

-도정법 시행령-

제94조(자료의 공개 및 통지 등)

② 추진위원장 또는 사업시행자(조합의 경우 조합임원, 법 제25조제1항제2호에 따라 재개발사업을 토지등소유자가 시행하는 경우 그 대표자를 말한다)는 법 제124조제2항에 따라 매 분기가 끝나는 달의 다음 달 15일까지 다음 각 호의 사항을 조합원 또는 토지등소유자에게 서면으로 통지하여야 한다.

1. 공개 대상의 목록
2. 공개 자료의 개략적인 내용
3. 공개 장소
4. 대상자별 정보공개의 범위
5. 열람 · 복사 방법
6. 등사에 필요한 비용

이는 조합원 또는 토지 등 소유자에게 공개대상의 목록, 장소, 개략적인 내용 등을 통지하여 적극적으로 정비사업 관련 자료를 공개하고 나아가 조합원 또는 토지 등 소유자에게 열람 · 복사 대상을 알려주기 위한 취지이다.

4.
관련 자료에 관한 열람·복사

· · · · · · ·

조합원, 토지등 소유자가 공개대상이 되는 서류와 토지등 소유자 명부, 조합원 명부에 관하여 열람·복사를 요청하는 경우 추진위원장이나 사업시행자는 15일 이내에 그 요청에 따라 열람·복사해 주어야 한다(법 제124조 제4항). 다만, 복사에 필요한 비용은 실비의 범위에서 청구인이 부담해야 하고, 열람·복사의 요청은 서면(전자문서 포함)으로 해야 한다는 점을 유의해야 한다.

※ 자주 하는 질문

정비조합에서 필자에게 조합원 명부의 공개와 관련해서 조합원의 전화번호까지 포함해서 열람·복사해야 하는지 질의하는 경우가 많다. 하급심에서 조합원의 전화번호를 공개해야 하는지 여부에 관하여 엇갈린 판결이 있어 실무상 혼란이 있었다. 그러나 최근 대법원에서 아래 〈표〉와 같이 조합원의 전화번호가 열람·복사의 대상이라고 판단하여 논란을 종결하였다.

-대법원 2021. 2. 10. 선고 2019도18700 판결-

도시 및 주거환경정비법 제124조 제1항, 제4항(이하 제4항을 '의무조항'이라 한다), 제138조 제1항 제7호의 내용과 체계에다가 의무조항의 연혁과 입법 취지 등을 종합하면, 조합원의 전화번호도 의무조항에 따른 열람·복사의 대상이라고 보아야 한다.

5.
벌칙규정

· · · · · ·

정비사업시행과 관련한 서류 및 자료를 인터넷과 그 밖에 방법을 병행하여 공개하지 아니하거나 조합원 또는 토지 등 소유자의 열람·복사 요청을 따르지 아니하는 추진위원장, 전문조합관리인 또는 조합임원은 1년 이하의 징역 또는 1천만 원 이하의 벌금형에 처한다(법 제138조 제1항 제8호).

제138조(벌칙)

① 다음 각 호의 어느 하나에 해당하는 자는 1년 이하의 징역 또는 1천만 원 이하의 벌금에 처한다. 〈개정 2018.6.12, 2020.6.9, 2021.1.5〉

　7. 제124조제1항을 위반하여 정비사업시행과 관련한 서류 및 자료를 인터넷과 그 밖의 방법을 병행하여 공개하지 아니하거나 같은 조 제4항을 위반하여 조합원 또는 토지등소유자의 열람·복사 요청을 따르지 아니하는 추진위원장, 전문조합관리인 또는 조합임원(조합의 청산인 및 토지등소유자가 시행하는 재개발사업의 경우에는 그 대표자, 제27조에 따른 지정개발자가 사업시행자인 경우 그 대표자를 말한다)

실무적으로 위와 같이 정비사업과 관련된 자료의 공개, 열람·복사의 의무를 이행하지 아니하여 정비조합 임원에게 벌금형이 선고되는 경우가 많다. 정비조합과 정비사업 진행에 있어서 주도권 분쟁을 하고 있는 비상대

책위원회 등 단체가 있는 경우 해당 비상대책위원회 등에서 조합의 임원을 교체하기 위해서 위 벌금형의 규정을 이용하여 임원의 결격사유인 도정법 위반의 벌금형을 선고받게 하는 경우가 있다.

정비조합에서는 임원이 위와 같은 벌금형을 선고받아 임원결격사유가 발생하여 당연퇴임하게 되는 등으로 인하여 정비사업 진행에 공백이 생기지 않도록 유의해야 할 것이다.

※ 자주 하는 질문
필자에게 법원에서 정비조합의 조합장에 관한 직무집행정지가처분 신청을 인용하면서 직무대행자를 선임한 경우 위 직무대행자에게도 정보공개 의무 위반으로 인하여 형사상 처벌이 되는지 질의하는 경우가 종종 있다.

결론적으로, 대법원에서는 법원에서 정비조합의 직무대행사를 선임한 경우 해당 직무대행자에게도 정보공개 의무를 부담하고 이를 위반한 경우 형사상 처벌된다고 판단하고 있다.

-대법원 2017. 6. 15. 선고 2017도2532 판결-

[1] 구 도시 및 주거환경정비법(2015. 9. 1. 법률 제13508호로 개정되기 전의 것) 제81조 제1항과 제86조 제6호에서 규정하고 있는 바와 같이, 위 법이 정비사업시행과 관련한 서류 및 자료를 공개하게 하고 이를 위반한 추진위원회위원장 또는 조합임원 등에 대한 처벌규정까지 둔 취지는 정비사업의 투명성·공공성

을 확보하고 조합원 등의 알권리를 충족시키기 위한 것이다.

[2] 구 도시 및 주거환경정비법(2015. 9. 1. 법률 제13508호로 개정되기 전의 것, 이하 '구 도시정비법'이라고 한다) 제21조 제1항은 조합장 1인과 이사, 감사를 조합의 임원으로 규정하고 있는데, 제27조는 조합에 관하여는 위 법에 규정된 것을 제외하고는 민법 중 사단법인에 관한 규정을 준용하도록 하고 있으므로, 민법 제52조의2가 준용되어 법원은 가처분명령에 의하여 조합임원의 직무대행자를 선임할 수 있다. 그런데 민법 제60조의2 제1항은 "제52조의2의 직무대행자는 가처분명령에 다른 정함이 있는 경우 외에는 법인의 통상사무에 속하지 아니한 행위를 하지 못한다. 다만, 법원의 허가를 얻은 경우에는 그러하지 아니하다."라고 규정하고 있으므로, 법원의 가처분명령에 의하여 선임된 조합임원 직무대행자는 조합을 종전과 같이 그대로 유지하면서 관리하는 것과 같은 조합의 통상사무에 속하는 행위를 할 수 있다. 따라서 법원에 의하여 선임된 조합임원 직무대행자도 조합의 통상사무를 처리하는 범위 내에서는 원칙적으로 조합 총회의 의결을 거쳐 선임된 조합임원과 동일한 권한을 가진다. 이러한 점과 더불어 정비사업의 투명성·공공성을 확보하고 조합원 등의 알권리를 충족시키기 위하여 정비사업시행과 관련한 서류 및 자료를 공개하지 아니한 조합임원 등을 처벌하는 규정을 둔 구 도시정비법의 취지 등을 종합하면, 법원에 의하여 선임된 조합임원 직무대행자도 구 도시정비법 제86조 제6호, 제81조 제1항 위반죄의 범행주체인 조합임원에 해당한다.

제15장

정비사업의

비용

부담

1.
사업시행자 비용부담의 원칙
· · · · · ·

정비사업비는 특별한 규정이 있는 경우를 제외하고 사업시행자가 부담하는 것이 원칙이다(법 제92조 제1항). 다만, 도정법에서는 시장·군수 등은 시장·군수 등이 아닌 사업시행자가 시행하는 정비사업의 정비계획에 따라 설치되는 "도시·군계획시설 중 대통령령으로 정하는 주요 정비기반시설 및 공동이용시설", "임시거주시설"을 건설하는 비용의 전부 또는 일부를 부담할 수 있다고 정하고 있다(법 제92조 제2항).

-도정법-

제92조(비용부담의 원칙)
① 정비사업비는 이 법 또는 다른 법령에 특별한 규정이 있는 경우를 제외하고는 사업시행자가 부담한다.

---

② 시장·군수등은 시장·군수등이 아닌 사업시행자가 시행하는 정비사업의 정비계획에 따라 설치되는 다음 각 호의 시설에 대하여는 그 건설에 드는 비용의 전부 또는 일부를 부담할 수 있다.

  1. 도시·군계획시설 중 대통령령으로 정하는 주요 정비기반시설 및 공동이용시설

  2. 임시거주시설

-도정법 시행령-

제77조(주요 정비기반시설) 법 제92조제2항제1호에서 "대통령령으로 정하는 주요 정비기반시설 및 공동이용시설"이란 다음 각 호의 시설을 말한다.

1. 도로

2. 상·하수도

3. 공원

4. 공용주차장

5. 공동구

6. 녹지

7. 하천

8. 공공공지

9. 광장

2.
비용의 조달

· · · · · ·

전술한 바와 같이 특별한 사정이 없는 한 정비사업비는 사업시행자가 부담하는 것이 원칙이라 할 것이며 이에 사업시행자는 토지 등 소유자에게 부과금을 부과하여 징수할 수 있다(법 제93조 제1항). 또한, 사업시행자는 토지 등 소유자가 위 부과금 납부를 게을리 한 때에는 연체료를 부과·징수할 수도 있다(법 제93조 제2항).

위 부과금 및 연체로 부과·징수에 필요한 사항은 정관 등으로 정하게 되어 있으며(법 제93조 제3항), 사업시행자(조합)는 부과금 또는 연체료를 체납하는 자가 있는 때에는 시장·군수등에게 그 부과·징수를 위탁할 수 있고, 시장·군수등은 위와 같이 부과·징수를 위탁받은 경우에는 지방세 체납처분의 예에 따라 부과·징수할 수 있다고 정하고 있다(법 제93조 제4항, 제5항).

도정법에서 부과금 또는 연체료를 체납에 관하여 시장·군수 등이 위탁받아 지방세 체납처분의 예에 따라 부과·징수할 수 있다고 정하고 있는 것은 정비사업의 공적인 측면을 보여주는 것이라 하겠다.

제93조(비용의 조달)

① 사업시행자는 토지등소유자로부터 제92조제1항에 따른 비용과 정비사업의 시행과정에서 발생한 수입의 차액을 부과금으로 부과 · 징수할 수 있다.

② 사업시행자는 토지등소유자가 제1항에 따른 부과금의 납부를 게을리한 때에는 연체료를 부과 · 징수할 수 있다. 〈개정 2020. 6. 9.〉

③ 제1항 및 제2항에 따른 부과금 및 연체료의 부과 · 징수에 필요한 사항은 정관등으로 정한다.

④ 시장 · 군수등이 아닌 사업시행자는 부과금 또는 연체료를 체납하는 자가 있는 때에는 시장 · 군수등에게 그 부과 · 징수를 위탁할 수 있다.

⑤ 시장 · 군수등은 제4항에 따라 부과 · 징수를 위탁받은 경우에는 지방세 체납처분의 예에 따라 부과 · 징수할 수 있다. 이 경우 사업시행자는 징수한 금액의 100분의 4에 해당하는 금액을 해당 시장 · 군수등에게 교부하여야 한다.

3.
정비기반시설 관리자의 비용부담

· · · · · · ·

시장 · 군수 등은 자신이 시행하는 정비사업으로 현저한 이익을 받는 정비기반시설의 관리자가 있는 경우에 해당 정비사업비의 일부를 그 정비기반시설의 관리자와 협의하여 그 관리자에게 부담시킬 수 있다(법 제94조 제1항).

사업시행자는 정비사업을 시행하는 지역에 전기·가스 등의 공급시설을 설치하기 위해 공동구를 설치하는 경우에 그 공동구에 수용될 시설을 설치할 의무가 있는 자에게 공동구의 설치에 드는 비용을 부담시킬 수 있다(법 제94조 제2항).

위 비용부담의 비율 및 부담방법과 공동구의 관리에 필요한 사항은 도정법 시행규칙에서 아래 〈표〉와 같이 정하고 있다(도정법 시행규칙 제16조, 제17조).

-도정법-

제94조(정비기반시설 관리자의 비용부담)

① 시장·군수등은 자신이 시행하는 정비사업으로 현저한 이익을 받는 정비기반시설의 관리자가 있는 경우에는 대통령령으로 정하는 방법 및 절차에 따라 해당 정비사업비의 일부를 그 정비기반시설의 관리자와 협의하여 그 관리자에게 부담시킬 수 있다.

② 사업시행자는 정비사업을 시행하는 지역에 전기·가스 등의 공급시설을 설치하기 위하여 공동구를 설치하는 경우에는 다른 법령에 따라 그 공동구에 수용될 시설을 설치할 의무가 있는 자에게 공동구의 설치에 드는 비용을 부담시킬 수 있다.

③ 제2항의 비용부담의 비율 및 부담방법과 공동구의 관리에 필요한 사항은 국토교통부령으로 정한다.

-도정법 시행령-

제78조(정비기반시설 관리자의 비용부담)
① 법 제94조제1항에 따라 정비기반시설 관리자가 부담하는 비용의 총액은 해당 정비사업에 소요된 비용(제76조제3항제1호의 비용을 제외한다. 이하 이 항에서 같다)의 3분의 1을 초과해서는 아니 된다. 다만, 다른 정비기반시설의 정비가 그 정비사업의 주된 내용이 되는 경우에는 그 부담비용의 총액은 해당 정비사업에 소요된 비용의 2분의 1까지로 할 수 있다.
② 시장·군수등은 법 제94조제1항에 따라 정비사업비의 일부를 정비기반시설의 관리자에게 부담시키려는 때에는 정비사업에 소요된 비용의 명세와 부담 금액을 명시하여 해당 관리자에게 통지하여야 한다.

-도정법 시행규칙-

제16조(공동구의 설치비용 등)
① 법 제94조제2항에 따른 공동구의 설치에 드는 비용은 다음 각 호와 같다. 다만, 법 제95조에 따른 보조금이 있는 경우에는 설치에 드는 비용에서 해당 보조금의 금액을 빼야 한다.
　1. 설치공사의 비용
　2. 내부공사의 비용
　3. 설치를 위한 측량·설계비용
　4. 공동구의 설치로 인한 보상의 필요가 있는 경우에는 그 보상비용
　5. 공동구 부대시설의 설치비용
　6. 법 제95조에 따른 융자금이 있는 경우에는 그 이자에 해당하는 금액

② 공동구에 수용될 전기ㆍ가스ㆍ수도의 공급시설과 전기통신시설 등의 관리자(이하 "공동구점용예정자"라 한다)가 부담할 공동구의 설치에 드는 비용의 부담비율은 공동구의 점용예정면적 비율에 따른다.

③ 사업시행자는 법 제50조제7항 본문에 따른 사업시행계획인가의 고시가 있은 후 지체 없이 공동구점용예정자에게 제1항 및 제2항에 따라 산정된 부담금의 납부를 통지하여야 한다.

④ 제3항에 따라 부담금의 납부통지를 받은 공동구점용예정자는 공동구의 설치공사가 착수되기 전에 부담금액의 3분의 1 이상을 납부하여야 하며, 그 잔액은 법 제83조제3항 또는 제4항에 따른 공사완료 고시일전까지 납부하여야 한다.

제17조(공동구의 관리)

① 법 제94조제2항에 따른 공동구는 시장ㆍ군수등이 관리한다.

② 시장ㆍ군수등은 공동구 관리비용(유지ㆍ수선비를 말하며, 조명ㆍ배수ㆍ통풍ㆍ방수ㆍ개축ㆍ재축ㆍ그 밖의 시설비 및 인건비를 포함한다. 이하 같다)의 일부를 그 공동구를 점용하는 자에게 부담시킬 수 있으며, 그 부담비율은 점용면적비율을 고려하여 시장ㆍ군수등이 정한다.

③ 공동구 관리비용은 연도별로 산출하여 부과한다.

④ 공동구 관리비용의 납입기한은 매년 3월 31일까지로 하며, 시장ㆍ군수등은 납입기한 1개월 전까지 납입통지서를 발부하여야 한다. 다만, 필요한 경우에는 2회로 분할하여 납부하게 할 수 있으며 이 경우 분할금의 납입기한은 3월 31일과 9월 30일로 한다.

제16장

글을 마치며

　재개발·재건축 정비사업에 관해 전반적으로 이해하기 위해서는 정말 많은 부분을 알아야 한다. 재개발·재건축 정비사업을 전문적으로 취급하는 변호사도 매일같이 변경되는 법령을 찾아 확인하고 숙지해야 할 만큼 그 양이 많다. 이러한 내용을 한 권의 책으로 모두 전한다는 것은 머리말에서 기재하였듯이 불가능에 가깝다.

　다만, 필자는 현실적으로 재개발·재건축 정비구역의 조합원들, 예비 조합원들, 임직원들, 기타 실무자들이 반드시 알아야 할 사항만 간추려 최대한 효율적으로 설명하고자 노력하였다. 추후 개정판을 통해서 본서의 부족한 부분을 보충하고 그 사이에 변경된 법령, 판례 등을 추가하도록 하겠다.

　필자는 재개발·재건축·주택조합 전문 변호사로서 감사하게도 위와 관련된 다수의 조합을 자문하고 많은 사건을 경험하였다. 다만, 정비사업에 관해 계속해서 법령이 변경하고 판례들이 형성되고 있어 항상 부족함을 느끼고 시간이 될 때마다 관련 내용을 연구하고 있다. 필자는 "법률가는 변화하는 법률 및 판례를 계속해서 연구하지 않으면 더 이상 법률가라고 할 수 없다."는 말을 항상 무겁게 받아들이고 있다.

마지막으로, 필자에게 그동안 재개발·재건축·주택조합에 관해 정말 많은 분들이 자문 및 질의를 구했는데, 시간상 모두 다 응해드리지 못해 죄송하다는 말씀을 드리고 싶다. 본서를 출간한 이유도 위와 같은 자문 및 질의에 다 응하지 못해 아쉬움과 미안한 마음에 본서로 해당 자문 및 질의에 조금이라도 답변이 되었으면 하는 데 있다. 필자는 앞으로 가능한 독자들의 질의 및 자문요청에 적극적으로 응대하도록 하겠다.

본서를 만들면서 더 보충하고 상세히 설명하고 싶은 부분이 많았지만, 원고를 마감해야 하는 기한이 있고 언제까지나 그 출판을 늦출 수 없어 부족한 상태로 본서를 발간하게 되었다. 필자가 아무리 바쁘더라도 추후 본서보다 보완되고 변경된 내용을 담은 개정판을 출간할 것을 약속하며, 아직 부족한 부분이 있는 본서를 구입하여 끝까지 읽어준 모든 독자분들께 감사하다는 말을 전하며 글을 마친다.

제17장

참고자료-
별지
모음

[별지1]
정비사업 조합설립추진위원회
구성동의서(시행규칙 별지 제3호)

334 | **조합설립추진위원회 승인신청서**

■ 도시 및 주거환경정비법 시행규칙[별지 제3호서식]

조합설립추진위원회 승인신청서

[□ 재개발사업, □ 재건축사업]

※ 색상이 어두운 란은 신청인이 적지 않습니다.

접수번호			접수일	처리기간 30일

신청인		추진위원회 명칭			
	대표자	성명		생년월일	
		주소		전화번호	

추진 위원회 구성 내역		주된 사무소 소재지		전화번호	
	사업 시행 예정 구역	구역 명칭		구역면적	m²
		위치			

동의 사항	토지등 소유자 수	(토지소유자:명) (건축물소유자:명) (지상권자:명) (주택 및 토지소유자:명) (부대시설 · 복리시설 및 토지소유자:명)	명 동의율	% (동의자 수 / 토지등 소유 자수)

「도시 및 주거환경정비법」 제31조제1항 및 같은 법 시행규칙 제7조제1항에 따라 위와 같이 조합설립추진위원회의 구성 승인을 신청합니다.

년월일

신청인 대표(서명 또는 인)

특별자치시장 · 특별자치도지사
시장 · 군수 · 구청장 귀하

신청인 제출서류	1. 토지등소유자의 명부 2. 토지등소유자의 동의서 3. 추진위원회 위원장 및 위원의 주소 및 성명 4. 추진위원회 위원 선정을 증명하는 서류

이 신청서는 다음과 같이 처리됩니다.

처 리 절 차

신청서 작성		접 수		검 토		승 인		통 지
신청인	→	특별자치시 특별자치도 시·군·구	→	특별자치시· 특별자치도· 시·군·구	→	특별자치시· 특별자치도· 시·군·구	→	특별자치시· 특별자치도· 시·군·구

210㎜×297㎜[백상지(80g/㎡) 또는 중질지(80g/㎡)]

[별지2]
정비사업 조합설립추진위원회 운영규정
(국토교통부고시 제2018-102호)

338 | 정비사업 조합설립추진위원회
운영규정

정비사업 조합설립추진위원회 운영규정

[시행 2018. 2. 9.] [국토교통부고시 제2018-102호, 2018. 2. 9., 타법개정.]

제1조(목적)

이 운영규정은 「도시 및 주거환경정비법」 제31조제1항 및 제34조제1항에 따라 정비사업조합설립추진위원회(이하 "추진위원회"라 한다)의 구성·기능·조직 및 운영에 관한 사항을 정하여 공정하고 투명한 추진위원회의 운영을 도모하고 원활한 정비사업추진에 이바지함을 목적으로 한다.

제2조(추진위원회의 설립)

① 정비사업조합을 설립하고자 하는 경우 위원장 및 감사를 포함한 5인 이상의 위원 및 「도시 및 주거환경정비법」(이하 "법"이라 한다) 제34조제1항에 따른 운영규정에 대한 토지등소유자(이하 "토지등소유자"라 한다) 과반수의 동의를 얻어 조합설립을 위한 추진위원회를 구성하여 「도시 및 주거환경정비법 시행규칙」이 정하는 방법 및 절차에 따라 시장·군수 또는 자치구의 구청장(이하 "시장·군수등"이라 한다)의 승인을 얻어야 한다.

② 제1항에 따른 추진위원회 구성은 다음 각 호의 기준에 따른다.

　　1. 위원장 1인과 감사를 둘 것

　　2. 부위원장을 둘 수 있다.

　　3. 추진위원의 수는 토지등소유자의 10분의 1 이상으로 하되, 토지등소유자가 50인 이하인 경우에는 추진위원을 5인으로 하며 추진위원이 100인을 초과하는 경우에는 토지등소유자의 10분의 1 범위 안에서 100인 이상으로 할 수 있다.

③ 다음 각 호의 어느 하나에 해당하는 자는 추진위원회 위원이 될 수 없다.

　　1. 미성년자·피성년후견인 또는 피한정후견인

　　2. 파산선고를 받고 복권되지 아니한 자

　　3. 금고 이상의 실형을 선고받고 그 집행이 종료(종료된 것으로 보는 경우를 포함한다)되거나 집행이 면제된 날부터 2년이 경과되지 아니한 자

　　4. 금고 이상의 형의 집행유예를 받고 그 유예기간 중에 있는 자

5. 법을 위반하여 벌금 100만원 이상의 형을 선고받고 5년이 지나지 아니한 자

④ 제1항의 토지등소유자의 동의는 별표의 ○○정비사업조합설립추진위원회운영규정안(이하 "운영규정안"이라 한다)이 첨부된 「도시 및 주거환경정비법 시행규칙」 별지 제4호서식의 정비사업 조합설립추진위원회 구성동의서에 동의를 받는 방법에 의한다.

⑤ 추진위원회의 구성에 동의한 토지등소유자(이하 "추진위원회 동의자"라 한다)는 법 제35조제1항부터 제5항까지에 따른 조합의 설립에 동의한 것으로 본다. 다만, 법 제35조에 따른 조합설립인가 신청 전에 시장·군수등 및 추진위원회에 조합설립에 대한 반대의 의사표시를 한 추진위원회 동의자의 경우에는 그러하지 아니하다.

제3조(운영규정의 작성)

① 정비사업조합을 설립하고자 하는 경우 추진위원회를 시장·군수등에게 승인 신청하기 전에 운영규정을 작성하여 토지등소유자의 과반수의 동의를 얻어야 한다.

② 제1항의 운영규정은 별표의 운영규정안을 기본으로 하여 다음 각 호의 방법에 따라 작성한다.

  1. 제1조·제3조·제4조·제15조제1항을 확정할 것

  2. 제17조제7항·제19조제2항·제29조·제33조·제35조제2항 및 제3항의 규정은 사업특성·지역상황을 고려하여 법에 위배되지 아니하는 범위 안에서 수정 및 보완할 수 있음

  3. 사업추진상 필요한 경우 운영규정안에 조·항·호·목 등을 추가할 수 있음

③ 제2항 각 호에 따라 확정·수정·보완 또는 추가하는 사항이 법·관계법령, 이 운영규정 및 관련행정기관의 처분에 위배되는 경우에는 효력을 갖지 아니한다.

④ 운영규정안은 재건축사업을 기본으로 한 것이므로 재개발사업 등을 추진하는 경우에는 일부 표현을 수정할 수 있다.

제4조(추진위원회의 운영)

① 추진위원회는 법·관계법령, 제3조의 운영규정 및 관련 행정기관의 처분을 준수하여 운영되어야 하며, 그 업무를 추진함에 있어 사업시행구역안의 토지등소유자의 의견을 충분히 수렴하여야 한다.

② 추진위원회는 법 제31조제1항에 따른 추진위원회 설립승인 후에 위원장 및 감사를 변경하고자 하는 경우 시장·군수등의 승인을 받아야 하며, 그 밖의 경우 시장·군수등에게 신고하여야 한다.

제5조(해산)

① 추진위원회는 조합설립인가일까지 업무를 수행할 수 있으며, 조합이 설립되면 모든 업무와 자산을 조합에 인계하고 추진위원회는 해산한다.

② 추진위원회는 자신이 행한 업무를 법 제44조에 따른 총회에 보고하여야 하며, 추진위원회가 행한 업무와 관련된 권리와 의무는 조합이 포괄승계한다.

③ 추진위원회는 조합설립인가 전 추진위원회를 해산하고자 하는 경우 추진위원회 동의자 3분의 2 이상 또는 토지등소유자의 과반수 동의를 받아 시장·군수등에게 신고하여 해산할 수 있다.

제6조(승계 제한)

이 운영규정이 정하는 추진위원회 업무 범위를 초과하는 업무나 계약, 용역업체의 선정 등은 조합에 승계되지 아니한다.

제7조(재검토기한)

국토교통부장관은 「훈령·예규 등의 발령 및 관리에 관한 규정」에 따라 이 고시에 대하여 2018년 7월 1일 기준으로 매 3년이 되는 시점(매 3년째의 6월 30일까지를 말한다)마다 그 타당성을 검토하여 개선 등의 조치를 하여야 한다.

부칙 〈제2018-102호, 2018. 2. 9.〉

이 고시는 2018년 2월 9일부터 시행한다.

[별지3]
[별지2] 고시 중 별표의 운영규정안

344

○○정비사업조합설립추진위원회 운영규정

○○정비사업조합설립추진위원회 운영규정

제1장 총칙

제1조(명칭)

① 이 재건축/재개발사업조합설립추진위원회의 명칭은 ○○○ 재건축/재개발사업조합설립추진위원회(이하 "추진위원회"라 한다)라 한다.

② 추진위원회가 시행하는 재건축/재개발사업의 명칭은 ○○○ 재건축/재개발사업(이하 "사업"이라 한다)이라 한다.

제2조(목적)

추진위원회는 「도시 및 주거환경정비법」(이하 "법"이라 한다)과 이 운영규정이 정하는 바에 따라 재건축/재개발사업조합(이하 "조합"이라 한다)의 설립인가준비 등 관련 업무를 충실히 수행하여 원활한 사업추진에 이바지함을 목적으로 한다.

제3조(사업시행구역)

추진위원회의 사업시행구역은 ○○ (시 · 도) ○○ (시 · 군 · 구) ○○ (읍 · 면) ○○ (리 · 동) ○○번지 외 ○○필지(상의 ○○아파트 단지)로서 대지의 총면적은 ○○㎡으로로 한다.

제4조(사무소)

① 추진위원회의 주된 사무소는 ○○ (시 · 도) ○○ (시 · 군 · 구) ○○ (읍 · 면) ○○ (리 · 동) ○○ 번지 ○○호에 둔다.

② 추진위원회의 사무소를 이전하는 경우 사업시행구역 내 법 제2조제9호 가목 및 나목에 따른 토지등소유자(이하 "토지등소유자"라 한다)에게 통지하여야 한다.

제5조(추진업무 등)

① 추진위원회는 다음 각 호의 업무를 수행한다.

1. 설계자의 선정 및 변경

2. 법 제102조에 따른 정비사업전문관리업자(이하 "정비사업전문관리업자"라 한다)의 선정

3. 개략적인 사업시행계획서의 작성

4. 조합의 설립인가를 받기 위한 준비업무

5. 추진위원회 운영규정 작성(다만, 추진위원회 설립승인시 토지등소유자의 과반수의 동의를 얻은 운영규정을 작성하여 시장·군수 또는 자치구의 구청장에게 신고한 경우는 제외한다) 및 변경

6. 조합정관 초안 작성

7. 토지등소유자의 동의서 징구

8. 조합의 설립을 위한 창립총회의 준비 및 개최

9. 그 밖에 법령의 범위 내에서 추진위원회 운영규정이 정하는 사항

② 삭제〈2010.9.16〉

③ 추진위원회는 주민총회에서 법 제29조에 따른 방법으로 정비사업전문관리업자를 선정하여 제1항제2호를 제외한 제1항 각 호의 업무를 수행하도록 할 수 있다.

④ 시공자·감정평가업자의 선정 등 조합의 업무에 속하는 부분은 추진위원회의 업무범위에 포함되지 아니한다. 다만, 추진위원회가 조합설립 동의를 위하여 법 제35조제8항에 따른 추정분담금을 산정하기 위해 필요한 경우 감정평가업자를 선정할 수 있다.

제6조(운영원칙)

① 추진위원회는 법, 관계 법령, 이 운영규정 및 관련 행정기관의 처분을 준수하여 운영되어야 하며, 그 업무를 추진함에 있어 사업시행구역 내 토지등소유자의 의견을 충분히 수렴하여야 한다.

② 추진위원회는 법 제31조제1항에 따른 추진위원회 구성승인 후에 위원장 및 감

사를 변경하고자 하는 경우 시장 · 군수 또는 자치구의 구청장(이하 "시장 · 군수등"이라 한다)의 승인을 얻어야 하며, 그 밖의 경우 시장 · 군수등에게 신고하여야 한다.

제7조(추진위원회 운영기간)

추진위원회의 운영기간은 추진위원회 승인일부터 법 제34조제4항에 따라 조합설립인가 후 조합에 회계장부 및 관련 서류를 인계하는 날까지로 한다.

제8조(토지등소유자의 동의)

① 추진위원회의 업무에 대한 토지등소유자의 동의는 「도시 및 주거환경정비법 시행령」(이하 "영"이라 한다) 제33조에 따른다.

② 법 제36조의 규정은 제1항의 규정에 의한 동의에 관하여 이를 준용한다.

③ 삭제〈2018.2.9.〉

제9조(권리 · 의무에 관한 사항의 공개 · 통지방법)

① 추진위원회는 토지등소유자의 권리 · 의무에 관한 다음 각 호의 사항(변동사항을 포함한다. 이하 같다)을 토지등소유자가 쉽게 접할 수 있는 장소에 게시하거나 인터넷 등을 통하여 공개하고, 필요한 경우에는 토지등소유자에게 서면통지를 하는 등 토지등소유자가 그 내용을 충분히 알 수 있도록 하여야 한다.

1. 안전진단 결과(재건축사업에 한함)
2. 정비사업전문관리업자의 선정에 관한 사항
3. 토지등소유자의 부담액 범위를 포함한 개략적인 사업시행계획서
4. 추진위원회 임원의 선정에 관한 사항
5. 토지등소유자의 비용부담을 수반하거나 권리 · 의무에 변동을 일으킬 수 있는 사항
6. 영 제26조에 따른 추진위원회의 업무에 관한 사항
7. 창립총회 개최의 방법 및 절차
8. 조합설립에 대한 동의철회(법 제31조제2항 단서에 따른 반대의 의사표시를 포

함한다) 및 방법

9. 영 제30조제2항에 따른 조합 설립 동의서에 포함되는 사항

10. 삭제〈2018.2.9.〉

② 제1항의 공개·통지방법은 이 운영규정에서 따로 정하는 경우를 제외하고는 다음 각 호의 방법에 따른다.

1. 토지등소유자에게 등기우편으로 개별 통지하여야 하며, 등기우편이 주소불명, 수취거절 등의 사유로 반송되는 경우에는 1회에 한하여 일반우편으로 추가 발송한다.

2. 토지등소유자가 쉽게 접할 수 있는 일정한 장소의 게시판(이하 "게시판"이라 한다)에 14일 이상 공고하고 게시판에 게시한 날부터 3월 이상 추진위원회 사무소에 관련 서류와 도면 등을 비치하여 토지등소유자가 열람할 수 있도록 한다.

3. 인터넷 홈페이지가 있는 경우 홈페이지에도 공개하여야 한다. 다만, 특정인의 권리에 관계되거나 외부에 공개하는 것이 곤란한 경우에는 그 요지만을 공개할 수 있다.

4. 제1호의 등기우편이 발송되고 제2호의 게시판에 공고가 있는 날부터 공개·통지된 것으로 본다.

제10조(운영규정의 변경)

① 운영규정의 변경은 토지등소유자의 4분의 1 이상 또는 추진위원회의 의결로 발의한다.

② 운영규정이 변경된 경우에는 추진위원회는 시장·군수등에게 이를 신고하여야 한다.

제2장 토지등소유자

제11조(권리·의무의 승계)

양도·상속·증여 및 판결 등으로 토지등소유자가 된 자는 종전의 토지등소유자가 행하였거나 추진위원회가 종전의 권리자에게 행한 처분 및 권리·의무 등을 포괄 승계한다.

제12조(토지등소유자의 명부 등)

① 추진위원회는 토지등소유자의 명부와 추진위원회 구성에 동의한 토지등소유자의 명부(이하 "동의자 명부"라 한다)를 작성하여 관리하여야 한다.

② 추진위원회 구성에 동의하지 아니한 자를 동의자 명부에 기재하기 위하여는 「도시 및 주거환경정비법 시행규칙」 별지 제4호서식의 추진위원회동의서를 징구하여야 하며, 해당 토지등소유자는 추진위원회 구성에 동의한 토지등소유자가 납부한 운영경비의 동일한 금액과 그 금액의 지연납부에 따른 이자를 납부하여야 한다.

제13조(토지등소유자의 권리·의무)

① 토지등소유자는 다음 각 호의 권리와 의무를 갖는다. 다만, 제3호부터 제5호까지의 규정은 추진위원회 구성에 동의한 자에 한한다.

　1. 주민총회의 출석권·발언권 및 의결권

　2. 추진위원회 위원(제15조제1항에 따른 위원을 말한다)의 선임·선출권

　3. 추진위원회 위원(제15조제1항에 따른 위원을 말한다)의 피선임·피선출권

　4. 추진위원회 운영경비 및 그 연체료의 납부의무

　5. 그 밖에 관계법령 및 이 운영규정, 주민총회 등의 의결사항 준수의무

② 토지등소유자의 권한은 평등하며, 권한의 대리행사는 원칙적으로 인정하지 아니하되, 다음 각 호에 해당하는 경우에는 권한을 대리할 수 있다. 이 경우 토지등소유자의 자격은 변동되지 아니한다.

　1. 토지등소유자가 권한을 행사할 수 없어 배우자·직계존비속·형제자매 중

에서 성년자를 대리인으로 정하여 위임장을 제출하는 경우

2. 해외거주자가 대리인을 지정한 경우

3. 법인인 토지등소유자가 대리인을 지정한 경우(이 경우 법인의 대리인은 추진위원회의 위원으로 선임될 수 있다.)

③ 토지등소유자가 그 권리를 양도하거나 주소 또는 인감을 변경하였을 경우에는 그 양수자 또는 변경 당사자는 그 행위의 종료일부터 14일 이내에 추진위원회에 그 변경내용을 신고하여야 한다. 이 경우 신고하지 아니하여 발생되는 불이익 등에 대하여 해당 토지등소유자는 추진위원회에 이의를 제기할 수 없다.

④ 토지등소유자로서 추진위원회 구성에 동의한 자는 추진위원회가 사업시행에 필요한 서류를 요구하는 경우 이를 제출할 의무가 있으며 추진위원회의 승낙이 없는 한 이를 회수할 수 없다. 이 경우 추진위원회는 요구서류에 대한 용도와 수량을 명확히 하여야 하며, 추진위원회의 승낙이 없는 한 회수할 수 없다는 것을 미리 고지하여야 한다.

⑤ 소유권을 수인이 공동 소유하는 경우에는 그 수인은 대표자 1인을 대표소유자로 지정하고 별지 서식의 대표소유자선임동의서를 작성하여 추진위원회에 신고하여야 한다. 이 경우 소유자로서의 법률행위는 그 대표소유자가 행한다.

제14조(토지등소유자 자격의 상실)

토지등소유자가 주택 또는 토지의 소유권을 이전하였을 때에는 그 자격을 즉시 상실한다.

제3장 위원

제15조(위원의 선임 및 변경)

① 추진위원회의 위원은 다음 각 호의 범위 이내로 둘 수 있으며, 상근하는 위원을 두는 경우 추진위원회의 의결을 거쳐야 한다.

　1. 위원장

　2. 부위원장

　3. 감사 _인

　4. 추진위원 _인

② 위원은 추진위원회 설립에 동의한 자 중에서 선출하되, 위원장 · 부위원장 및 감사는 다음 각 호의 어느 하나에 해당하는 자이어야 한다.

　1. 피선출일 현재 사업시행구역 안에서 3년 이내에 1년 이상 거주하고 있는 자 (다만, 거주의 목적이 아닌 상가 등의 건축물에서 영업 등을 하고 있는 경우 영업 등은 거주로 본다)

　2. 피선출일 현재 사업시행구역 안에서 5년 이상 토지 또는 건축물(재건축사업의 경우 토지 및 건축물을 말한다)을 소유한 자

③ 위원의 임기는 선임된 날부터 2년까지로 하되, 추진위원회에서 재적위원(추진위원회의 위원이 임기 중 궐위되어 위원 수가 이 운영규정 본문 제2조제2항에서 정한 최소 위원의 수에 미달되게 된 경우 재적위원의 수는 이 운영규정 본문 제2조제2항에서 정한 최소 위원의 수로 본다. 이하 같다) 과반수의 출석과 출석위원 3분의 2 이상의 찬성으로 연임할 수 있으나, 위원장 · 감사의 연임은 주민총회의 의결에 의한다.

④ 임기가 만료된 위원은 그 후임자가 선임될 때까지 그 직무를 수행하고, 추진위원회에서는 임기가 만료된 위원의 후임자를 임기만료 전 2개월 이내에 선임하여야 하며 위 기한 내 추진위원회에서 후임자를 선임하지 않을 경우 토지등소유자 5분의 1이상이 시장 · 군수등의 승인을 얻어 주민총회를 소집하여 위원을 선임할 수 있으며, 이 경우 제20조제5항 및 제6항, 제24조제2항을 준용한다.

⑤ 위원이 임기 중 궐위된 경우에는 추진위원회에서 재적위원 과반수 출석과 출

석위원 3분의 2이상의 찬성으로 이를 보궐선임할 수 있으나, 위원장·감사의 보궐선임은 주민총회의 의결에 의한다. 이 경우 보궐선임된 위원의 임기는 전임자의 잔임기간으로 한다.

⑥ 추진위원의 선임방법은 추진위원회에서 정하되, 동별·가구별 세대수 및 시설의 종류를 고려하여야 한다.

제16조(위원의 결격사유 및 자격상실 등)

① 다음 각 호의 어느 하나에 해당하는 자는 위원이 될 수 없다.

1. 미성년자·피성년후견인 또는 피한정후견인

2. 파산선고를 받고 복권되지 아니한 자

3. 금고 이상의 실형의 선고를 받고 그 집행이 종료(종료된 것으로 보는 경우를 포함한다)되거나 집행이 면제된 날부터 2년이 경과되지 아니한 자

4. 금고 이상의 형의 집행유예를 받고 그 유예기간 중에 있는 자

5. 법 또는 관련 법률에 의한 징계에 의하여 면직의 처분을 받은 날부터 2년이 경과되지 아니한 자

6. 법을 위반하여 벌금 100만 원 이상의 형을 확정판결 받은 날로부터 5년이 지나지 아니한 자

② 위원이 제1항 각 호의 어느 하나에 해당하게 되거나 선임 당시 그에 해당하는 자이었음이 판명되거나, 위원장·부위원장 및 감사가 선임 당시에 제15조제2항 각 호의 어느 하나에 해당하지 않은 것으로 판명된 경우 당연 퇴임한다.

③ 제2항에 따라 퇴직된 위원이 퇴직 전에 관여한 행위는 그 효력을 잃지 아니한다.

④ 위원으로 선임된 후 그 직무와 관련한 형사사건으로 기소된 경우에는 기소내용에 따라 확정판결이 있을 때까지 제18조의 절차에 따라 그 자격을 정지할 수 있고, 위원이 그 사건으로 받은 확정판결내용이 법 제135조부터 제138조까지의 벌칙규정에 따른 벌금형에 해당하는 경우에는 추진위원회에서 신임여부를 의결하여 자격상실 여부를 결정한다.

제17조(위원의 직무 등)

① 위원장은 추진위원회를 대표하고 추진위원회의 사무를 총괄하며 주민총회 및 추진위원회의 의장이 된다.

② 감사는 추진위원회의 사무 및 재산상태와 회계에 관하여 감사하며, 주민총회 및 추진위원회에 감사결과보고서를 제출하여야 하고 토지등소유자 5분의 1 이상의 요청이 있을 때에는 공인회계사에게 회계감사를 의뢰하여야 한다.

③ 감사는 추진위원회의 재산관리 또는 업무집행이 공정하지 못하거나 부정이 있음을 발견하였을 때에는 추진위원회에 보고하기 위하여 위원장에게 추진위원회 소집을 요구하여야 한다. 이 경우 감사의 요구에도 불구하고 위원장이 회의를 소집하지 아니하는 경우에는 감사가 직접 추진위원회를 소집할 수 있다.

④ 감사는 제3항 직무위배행위로 인해 감사가 필요한 경우 추진위원 또는 외부전문가로 구성된 감사위원회를 구성할 수 있다. 이 경우 감사는 감사위원회의 의장이 된다.

⑤ 부위원장 · 추진위원은 위원장을 보좌하고, 추진위원회에 부의된 사항을 심의 · 의결한다.

⑥ 다음 각 호의 경우 해당 안건에 관하여는 부위원장, 추진위원 중 연장자 순으로 추진위원회를 대표한다.

  1. 위원장이 자기를 위한 추진위원회와의 계약이나 소송에 관련되었을 경우

  2. 위원장의 유고로 인하여 그 직무를 수행할 수 없을 경우

  3. 위원장의 해임에 관한 사항

⑦ 추진위원회는 그 사무를 집행하기 위하여 필요하다고 인정되는 때에는 추진위원회 사무국을 둘 수 있으며, 사무국에 상근하는 유급직원을 둘 수 있다. 이 경우 사무국의 운영규정을 따로 정하여 주민총회의 인준을 받아야 한다.

⑧ 위원은 동일한 목적의 사업을 시행하는 다른 조합 · 추진위원회 또는 정비사업전문관리업자 등 관련 단체의 임원 · 위원 또는 직원을 겸할 수 없다.

제18조(위원의 해임 등)

① 위원이 직무유기 및 태만 또는 관계법령 및 이 운영규정에 위반하여 토지등소

유자에게 부당한 손실을 초래한 경우에는 해임할 수 있다.

② 제16조제2항에 따라 당연 퇴임한 위원은 해임 절차 없이 선고받은 날부터 그 자격을 상실한다.

③ 위원이 자의로 사임하거나 제1항에 따라 해임되는 경우에는 지체없이 새로운 위원을 선출하여야 한다. 이 경우 새로 선임된 위원의 자격은 위원장 및 감사의 경우 시장·군수등의 승인이 있은 후에, 그 밖의 위원의 경우 시장·군수등에게 변경신고를 한 후에 대외적으로 효력이 발생한다.

④ 위원의 해임·교체는 토지등소유자의 해임요구가 있는 경우에 재적위원 3분의 1 이상의 동의로 소집된 추진위원회에서 위원정수(운영규정 제15조에 따라 확정된 위원의 수를 말한다. 이하 같다)의 과반수 출석과 출석위원 3분의 2 이상의 찬성으로 해임하거나, 토지등소유자 10분의 1 이상의 발의로 소집된 주민총회에서 토지등소유자의 과반수 출석과 출석 토지등소유자의 과반수 찬성으로 해임할 수 있다. 다만, 위원 전원을 해임할 경우 토지등소유자의 과반수의 찬성으로 해임할 수 있다.

⑤ 제4항에 따라 해임대상이 된 위원은 해당 추진위원회 또는 주민총회에 참석하여 소명할 수 있으나 위원정수에서 제외하며, 발의자 대표의 임시사회로 선출된 자는 해임총회의 소집 및 진행에 있어 추진위원장의 권한을 대행한다.

⑥ 사임 또는 해임절차가 진행 중인 위원이 새로운 위원이 선출되어 취임할 때까지 직무를 수행하는 것이 적합하지 아니하다고 인정될 때에는 추진위원회 의결에 따라 그의 직무수행을 정지하고 위원장이 위원의 직무를 수행할 자를 임시로 선임할 수 있다. 다만, 위원장이 사임하거나 해임되는 경우에는 제17조제6항에 따른다.

제19조(보수 등)

① 추진위원회는 상근하지 아니하는 위원 등에 대하여는 보수를 지급하지 아니한다. 다만, 위원의 직무수행으로 발생되는 경비는 지급할 수 있다.

② 추진위원회는 상근위원 및 유급직원에 대하여 별도의 보수규정을 따로 정하여 보수를 지급하여야 한다. 이 경우 보수규정은 주민총회의 인준을 받아야 한다.

제4장 기관

제20조(주민총회)

① 토지등소유자 전원으로 주민총회를 구성한다.

② 주민총회는 위원장이 필요하다고 인정하는 경우에 개최한다. 다만, 다음 각 호
의 어느 하나에 해당하는 때에는 위원장은 해당 일부터 2월 이내에 주민총회
를 개최하여야 한다.

　1. 토지등소유자 5분의 1 이상이 주민총회의 목적사항을 제시하여 청구하는 때

　2. 추진위원 3분의 2 이상으로부터 개최요구가 있는 때

③ 제2항 각 호에 따른 청구 또는 요구가 있는 경우로서 위원장이 2개월 이내에
정당한 이유 없이 주민총회를 소집하지 아니하는 때에는 감사가 지체없이 주
민총회를 소집하여야 하며, 감사가 소집하지 아니하는 때에는 제2항 각 호에
따라 소집을 청구한 자의 대표가 시장 · 군수등의 승인을 얻어 이를 소집한다.

④ 주민총회를 개최하거나 일시를 변경하는 경우에는 주민총회의 목적 · 안건 ·
일시 · 장소 · 변경사유 등에 관하여 미리 추진위원회의 의결을 거쳐야 한다.
다만, 제2항 각 호에 따라 주민총회를 소집하는 경우에는 그러하지 아니하다.

⑤ 제2항 및 제3항의 규정에 의하여 주민총회를 소집하는 경우에는 회의개최 14
일 전부터 회의목적 · 안건 · 일시 및 장소 등을 게시판에 게시하여야 하며, 토
지등소유자에게는 회의개최 10일 전까지 등기우편으로 이를 발송 · 통지하여
야 한다. 이 경우 등기우편이 반송된 경우에는 지체없이 1회에 한하여 추가 발
송한다.

⑥ 주민총회는 제5항에 따라 통지한 안건에 대하여만 의결할 수 있다.

제21조(주민총회의 의결사항)

다음 각 호의 사항은 주민총회의 의결을 거쳐 결정한다.

1. 추진위원회 승인 이후 위원장 · 감사의 선임 · 변경 · 보궐선임 · 연임

2. 운영규정의 변경

3. 정비사업전문관리업자 및 설계자의 선정 및 변경

4. 삭제〈2010.9.16〉

5. 제30조에 따른 개략적인 사업시행계획서의 변경

6. 제31조5항에 따른 감사인의 선정

7. 조합설립추진과 관련하여 추진위원회에서 주민총회의 의결이 필요하다고 결정하는 사항

제22조(주민총회의 의결방법)

① 주민총회는 법 및 이 운영규정이 특별히 정한 경우를 제외하고 추진위원회 구성에 동의한 토지등소유자 과반수 출석으로 개의하고 출석한 토지등소유자(동의하지 않은 토지등소유자를 포함한다)의 과반수 찬성으로 의결한다.

② 토지등소유자는 서면 또는 제13조제2항 각 호에 해당하는 대리인을 통하여 의결권을 행사할 수 있다. 이 경우 서면에 의한 의결권 행사는 제1항에 따른 출석으로 본다.

③ 토지등소유자는 규정에 의하여 출석을 서면으로 하는 때에는 안건내용에 대한 의사를 표시하여 주민총회 전일까지 추진위원회에 도착되도록 하여야 한다.

④ 토지등소유자는 제2항에 따라 출석을 대리인으로 하고자 하는 경우에는 위임장 및 대리인 관계를 증명하는 서류를 추진위원회에 제출하여야 한다.

⑤ 주민총회 소집결과 정족수에 미달되는 때에는 재소집하여야 하며, 재소집의 경우에도 정족수에 미달되는 때에는 추진위원회 회의로 주민총회를 갈음할 수 있다.

제23조(주민총회운영 등)

① 주민총회의 운영은 이 운영규정 및 의사진행의 일반적인 규칙에 따른다.

② 의장은 주민총회의 안건내용 등을 고려하여 다음 각 호에 해당하는 자 중 토지등소유자가 아닌 자를 주민총회에 참석하여 발언하도록 할 수 있다.

1. 추진위원회 사무국 직원

2. 정비사업전문관리업자, 건축사 사무소 등 용역업체 관계자

3. 그 밖에 위원장이 주민총회운영을 위하여 필요하다고 인정하는 자

③ 의장은 주민총회의 질서를 유지하고 의사를 정리하며, 고의로 의사진행을 방해하는 발언·행동 등으로 주민총회질서를 문란하게 하는 자에 대하여 그 발언의 정지·제한 또는 퇴장을 명할 수 있다.

④ 추진위원회는 주민총회의 의사규칙을 정하여 운영할 수 있다

제24조(추진위원회의 개최)

① 추진위원회는 위원장이 필요하다고 인정하는 때에 소집한다. 다만, 다음 각 호의 어느 하나에 해당하는 때에는 위원장은 해당 일부터 14일 이내에 추진위원회를 소집하여야 한다.

  1. 토지등소유자의 10분의 1 이상이 추진위원회의 목적사항을 제시하여 소집을 청구하는 때

  2. 재적 추진위원 3분의 1 이상이 회의의 목적사항을 제시하여 청구하는 때

② 제1항 각 호의 어느 하나에 따른 소집청구가 있는 경우로서 위원장이 14일 이내에 정당한 이유 없이 추진위원회를 소집하지 아니한 때에는 감사가 지체 없이 이를 소집하여야 하며 이 경우 의장은 제17조제6항에 따른다. 감사가 소집하지 아니하는 때에는 소집을 청구한 자의 공동명의로 소집하며 이 경우 의장은 발의자 대표의 임시사회로 선출된 자가 그 의장이 된다.

③ 추진위원회의 소집은 회의개최 7일 전까지 회의목적·안건·일시 및 장소를 기재한 통지서를 추진위원회의 위원에게 송부하고, 게시판에 게시하여야 한다. 다만, 사업추진상 시급히 추진위원회의 의결을 요하는 사안이 발생하는 경우에는 회의 개최 3일 전에 이를 통지하고 추진위원회 회의에서 안건상정여부를 묻고 의결할 수 있다. 이 경우 출석위원 3분의 2 이상의 찬성으로 의결할 수 있다.

제25조(추진위원회의 의결사항)

① 추진위원회는 이 운영규정에서 따로 정하는 사항과 다음 각 호의 사항을 의결한다.

  1. 위원(위원장·감사를 제외한다)의 보궐선임

2. 예산 및 결산의 승인에 관한 방법

3. 주민총회 부의안건의 사전심의 및 주민총회로부터 위임받은 사항

4. 주민총회 의결로 정한 예산의 범위 내에서의 용역계약 등

5. 그 밖에 추진위원회 운영을 위하여 필요한 사항

② 추진위원회는 제24조제3항에 따라 통지한 사항에 관하여만 의결할 수 있다.

③ 위원은 자신과 관련된 해임·계약 및 소송 등에 대하여 의결권을 행사할 수 없다.

제26조(추진위원회의 의결방법)

① 추진위원회는 이 운영규정에서 특별히 정한 경우를 제외하고는 재적위원 과반수 출석으로 개의하고 출석위원 과반수의 찬성으로 의결한다. 다만, 제22조제5항에 따라 주민총회의 의결을 대신하는 의결사항은 재적위원 3분의 2 이상의 출석과 출석위원 3분의 2 이상의 찬성으로 의결한다.

② 위원은 대리인을 통한 출석을 할 수 없다. 다만, 위원은 서면으로 추진위원회 회의에 출석하거나 의결권을 행사할 수 있으며, 이 경우 제1항에 따른 출석으로 본다.

③ 감사는 재적위원에는 포함하되 의결권을 행사할 수 없다.

④ 제23조의 규정은 추진위원회 회의에 준용할 수 있다.

제27조(의사록의 작성 및 관리)

① 주민총회 및 추진위원회의 의사록에는 위원장·부위원장 및 감사가 기명날인하여야 한다.

② 위원의 선임과 관련된 의사록을 관할 시장·군수등에게 송부하고자 할 때에는 위원의 명부와 그 피선자격을 증명하는 서류를 첨부하여야 한다.

제5장 사업시행 등

제28조

삭제〈2010.9.16.〉

제29조(용역업체의 선정 및 계약)

용역업체의 선정은 법 제29조에 따른다.

제30조(개략적인 사업시행계획서의 작성)

추진위원회는 다음 각 호의 사항을 포함하여 개략적인 사업시행계획서를 작성하여야 한다.

1. 용적률 · 건폐율 등 건축계획
2. 건설예정 세대수 등 주택건설계획
3. 철거 및 신축비 등 공사비와 부대경비
4. 사업비의 분담에 관한 사항
5. 사업완료 후 소유권의 귀속에 관한 사항

제6장 회계

제31조(추진위원회의 회계)

① 추진위원회의 회계는 매년 1월 1일(설립승인을 받은 당해연도의 경우에는 승인일부터 12월 31일까지로 한다.

② 추진위원회의 예산·회계는 기업회계원칙에 따르되, 추진위원회는 필요하다고 인정하는 때에는 다음 각 호의 사항에 관하여 별도의 회계규정을 정하여 운영할 수 있다.

  1. 예산의 편성과 집행기준에 관한 사항

  2. 세입·세출예산서 및 결산보고서의 작성에 관한 사항

  3. 수입의 관리·징수방법 및 수납기관 등에 관한 사항

  4. 지출의 관리 및 지급 등에 관한 사항

  5. 계약 및 채무관리에 관한 사항

  6. 그 밖에 회계문서와 장부에 관한 사항

③ 추진위원회는 추진위원회의 지출내역서를 매분기별로 게시판에 게시하거나 인터넷 등을 통하여 공개하고, 토지등소유자가 열람할 수 있도록 하여야 한다.

④ 추진위원회는 매 회계연도 종료일부터 30일 내 결산보고서를 작성한 후 감사의 의견서를 첨부하여 추진위원회에 제출하여 의결을 거쳐야 하며, 추진위원회 의결을 거친 결산보고서를 주민총회 또는 토지등소유자에게 서면으로 보고하고 추진위원회 사무소에 3월 이상 비치하여 토지등소유자들이 열람할 수 있도록 하여야 한다.

⑤ 추진위원회는 납부 또는 지출된 금액의 총액이 3억 5천만 원 이상인 경우에는 「주식회사 등의 외부감사에 관한 법률」 제2조제7호에 따른 감사인의 회계감사를 받는다. 제36조에 따라 중도 해산하는 경우에도 또한 같다.

⑥ 추진위원회는 제5항 따라 실시한 회계감사 결과를 회계감사 종료일부터 15일 이내 시장·군수등에게 보고하고, 추진위원회 사무소에 이를 비치하여 토지등소유자가 열람할 수 있도록 하여야 한다.

⑦ 추진위원회는 사업시행상 조력을 얻기 위하여 용역업자와 계약을 체결하고자

하는 경우에는 「국가를 당사자로 하는 계약에 관한 법률」을 적용할 수 있다.

제32조(재원)

추진위원회의 운영 및 사업시행을 위한 자금은 다음 각 호에 따라 조달한다.

1. 토지등소유자가 납부하는 경비
2. 금융기관 및 정비사업전문관리업자 등으로부터의 차입금
3. 지방자치단체의 장이 융자하는 융자금

제33조(운영경비의 부과 및 징수)

① 추진위원회는 조합설립을 추진하기 위한 비용을 충당하기 위하여 토지등소유자에게 운영경비를 부과·징수할 수 있다.

② 제1항에 따른 운영경비는 추진위원회의 의결을 거쳐 부과할 수 있으며, 토지등소유자의 토지 및 건축물 등의 위치·면적·이용상황·환경 등 제반여건을 종합적으로 고려하여 공평하게 부과하여야 한다.

③ 추진위원회는 납부기한 내 운영경비를 납부하지 아니한 토지등소유자(추진위원회 구성에 찬성한 자에 한한다)에 대하여는 금융기관에서 적용하는 연체금리의 범위에서 연체료를 부과할 수 있다.

제7장 보칙

제34조(조합설립 동의서)

① 추진위원회가 법 제35조제2항부터 제4항까지의 규정에 따라 조합설립을 위한 토지등소유자의 동의를 받는 경우 「도시 및 주거환경정비법 시행규칙」 별지 제6호서식의 조합설립동의서에 동의를 받아야 한다. 이 경우 다음 각 호의 사항에 동의한 것으로 본다.

1. 건설되는 건축물의 설계의 개요
2. 공사비 등 정비사업에 드는 비용
3. 제2호의 비용의 분담에 관한 기준(제1호의 설계개요가 변경되는 경우 비용의 분담기준을 포함한다)
4. 사업완료 후 소유권의 귀속에 관한 사항
5. 조합정관

② 추진위원회는 조합설립에 필요한 동의를 받기 전에 다음 각 호의 정보를 토지등소유자에게 제공하여야 한다.

1. 토지등소유자별 분담금 추산액 및 산출근거
2. 그 밖에 추정분담금의 산출등과 관련하여 시·도조례로 정하는 정보

제35조(관련자료의 공개와 보존)

① 추진위원장은 정비사업 시행에 관하여 다음 각 호(제1호부터 제9호까지를 말한다)의 서류 및 관련 자료가 작성되거나 변경된 후 15일 이내에 토지등소유자가 알 수 있도록 인터넷(인터넷에 공개하기 어려운 사항은 그 개략적인 내용만 공개할 수 있다)과 그 밖의 방법을 병행하여 토지등소유자의 주민등록번호를 제외하고 공개하여야 하며, 토지등소유자의 열람·복사 요청이 있는 경우 15일 이내에 그 요청에 따라야 한다. 이 경우 복사에 필요한 비용은 실비의 범위 안에서 청구인의 부담으로 한다.

1. 추진위원회 운영규정 등
2. 정비사업전문관리업자 및 설계자 등 용역업체의 선정계약서

3. 추진위원회 · 주민총회 의사록

4. 사업시행계획서

5. 해당 정비사업의 시행에 관한 공문서

6. 회계감사보고서

7. 월별 자금 입금 · 출금 세부내역

8. 연간 자금운용 계획에 관한 사항

9. 정비사업전문관리업자 · 설계자 등 용역업체와의 세부 계약 변경에 관한 사항

10. 토지등소유자 명부

② 추진위원회 또는 정비사업전문관리업자는 주민총회 또는 추진위원회가 있은 때에는 제1항에 따른 서류 및 관련 자료와 속기록 · 녹음 또는 영상자료를 만들어 이를 조합설립 인가일부터 30일 이내에 조합에 인계하여야 하고, 중도해산의 경우 청산업무가 종료할 때까지 이를 보관하여야 한다.

③ 토지등소유자가 제1항 각 호의 사항을 열람 · 복사하고자 하는 때에는 서면으로 요청하여야 하며, 청구인은 제공받은 서류와 자료를 사용목적 외의 용도로 이용 · 활용하여서는 아니된다.

④ 추진위원회는 제1항에 따라 공개의 대상이 되는 서류 및 관련 자료의 경우 매분기가 끝나는 달의 다음 달 15일까지 다음 각 호의 사항을 토지등소유자에게 서면으로 통지하여야 한다.

1. 공개 대상의 목록

2. 공개 자료의 개략적인 내용

3. 공개 장소

4. 대상자별 정보공개의 범위

5. 열람 · 복사 방법

6. 등사에 필요한 비용

제36조(승계)

① 추진위원회는 조합설립인가일까지 업무를 수행할 수 있으며, 조합이 설립되면 모든 업무와 자산을 조합에 인계하고 해산한다.

② 추진위원회는 자신이 행한 업무를 조합의 총회에 보고하여야 하며, 추진위원회가 그 업무범위 내에서 행한 업무와 관련된 권리와 의무는 조합이 포괄승계한다.

제37조(민법의 준용 등)

① 추진위원회에 관하여는 법에 규정된 것을 제외하고는 민법의 규정 중 사단법인에 관한 규정을 준용한다.
② 법·민법 기타 다른 법률과 이 운영규정에서 정하는 사항 외에 추진위원회 운영과 사업시행 등에 관하여 필요한 사항은 관계법령 및 관련 행정기관의 지침·지시 또는 유권해석 등에 따른다.
③ 이 운영규정이 법령의 개정으로 변경되어야 할 경우 운영규정의 개정절차에 관계없이 변경되는 것으로 본다. 다만, 관계법령의 내용이 임의규정인 경우에는 그러하지 아니하다.

부칙

이 운영규정은 ○○시장·군수·구청장으로부터 ○○주택재건축/주택재개발/도시환경정비사업조합설립추진위원회로 승인을 받은 날부터 시행한다.

[별지4]
조합설립인가 신청서
(도정법 시행규칙 제8조 제1항
별지 제5호서식)

366 | **조합설립(변경) 인가신청서**

■ 도시 및 주거환경정비법 시행규칙[별지 제5호서식]

조합설립(변경) 인가신청서

[□ 재개발사업, □ 재건축사업]

※ 색상이 어두운 란은 신청인이 적지 않습니다.

접수번호			접수일		처리기간 30일	
신청인		조합 명칭				
	대표자	성명			생년월일	
		주소			전화번호	
추진 위원회 구성 내역	주된 사무소 소재지				전화번호	
	사업 시행 예정 구역	구역 명칭			구역면적	㎡
		위치				
	조합원 수		명	사업시행인가 신청예정시기	구역지정 고시일(년 월 일) 부터 ( ) 이내	
동의 사항	토지등 소유자 수	(토지소유자:명) (건축물소유자:명) (지상권자:명) (주택 및 토지소유자:명) (부대시설 · 복리시설 및 토지소유자:명)		명	동의율	% (동의자 수 / 토지등소유 자수)
정비사업 전문관리업자		명 칭			대표자	
		주된 사무소 소재지			전화번호	

「도시 및 주거환경정비법」 제35조, 같은 법 시행령 제30조 및 같은 법 시행규칙 제8조에 따라 위와 같이 조합설립(변경)인가를 신청합니다.

년월일

신청인 대표(서명 또는 인)

특별자치시장 · 특별자치도지사
시장 · 군수 · 구청장 귀하

신청인 제출서류	1. 설립인가: 다음 각 목의 서류 　가. 조합정관 　나. 조합원 명부(조합원자격을 증명하는 서류 첨부) 　다. 공사비 등 정비사업에 드는 비용을 기재한 토지등소유자의 조합설립동의서 및 　　동의사항을 증명하는 서류 　라. 창립총회 회의록(총회참석자 연명부를 포함합니다) 　마. 토지 · 건축물 또는 지상권이 여럿이서 공유하는 경우에는 그 대표자의 선임동 　　의서 　바. 창립총회에서 임원 · 대의원을 선임한 때에는 선임된 자의 자격을 증명하는 서 　　류 　사. 건축계획(주택을 건설하는 경우 주택건설예정세대수를 포함하여야 합니다), 건 　　축예정지의 지번 · 지목 및 등기명의자, 도시 · 군관리계획상의 용도지역, 대지 　　및 주변현황을 기재한 사업계획서 　아. 그 밖에 시 · 도조례로 정하는 서류 2. 변경인가: 변경내용을 증명하는 서류	수수료 없음

이 신청서는 다음과 같이 처리됩니다.

처 리 절 차

신청서 작성		접 수		검 토		인 가		통 지
신청인	→	특별자치시 특별자치도 시 · 군 · 구	→	특별자치시 · 특별자치도 · 시 · 군 · 구	→	특별자치시 · 특별자치도 · 시 · 군 · 구	→	특별자치시 · 특별자치도 · 시 · 군 · 구

210㎜×297㎜[백상지(80g/㎡) 또는 중질지(80g/㎡)]

[별지5]
사업시행계획인가 신청서
(도정법 시행규칙 제10조 제1항
별지 8호 서식)

사업시행계획 (인가,변경 · 중지 · 폐지인가)신청서
[□ 재개발사업, □ 재건축사업, □ 주거환경개선사업]

※ 색상이 어두운 란은 신청인이 적지 않습니다. (3쪽 중 제1쪽)

접수번호			접수일		처리기간60일	
신청인	사업시행자 명칭			사업시행자 지정 근거 및 일자		
	대표자	성명		생년월일		
		주소		전화번호		
	주된 사무소 소재지			전화번호		
시행 구역	구역명칭			시행면적		㎡
	위 치			건축물		동(무허가 동)
	거주가구 및 인구		가구 (인)	도시계획		지역 지구
	지목별	지목		국 · 공 유지 관리청별	관리청	
		면적(㎡) (필지수)			면적(㎡) (필지수)	
동의 내역	토지면적		토지 소유자수		건축물 소유자수	
	대상면적	㎡	대상 소유자수	인	대상 소유자수	인
	동의면적 (동의율)	㎡ (%)	동의자수 (동의율)	인 (%)	동의자수 (동의율)	인 (%)
정비사업 전문관리업자	명 칭			대표자		
	주된 사무소 소재지			전화번호		
사업 시행 계획	시행기간		사업시행계획인가일 ~ 일	사업비	원	
	부지 명칭		대지면적	㎡	주용도	
	건축면적	㎡	건축연면적	㎡	지하면적	㎡
	건폐율	%	용적률	%	최고높이	m
	층수(지상/지하)		주차장	대 ㎡		

210㎜×297㎜[백상지(80g/㎡) 또는 중질지(80g/㎡)]

사업 시행 계획	주택	공급 구분	주택 형태	동수	세대수	주택규모별 세대수 (전용면적기준)			
		계							
		분양							
		임대							

	정비 기반 시설	용도폐지 정비기반시설		새로 설치할 정비기반시설			
		종류	규모	종류	규모	시행자	비용부담자 및 부담내용

철거 또는 이전요구 대상	건축물	철거	이전	공작물	철거	이전
		동	동		개소	개소

개수대상 건축물	동	임시거주 계획	

수용 또는 사용대상	토지 토지	필지수	면적	권리자수
			㎡	
	건축물 건축물	동수	연면적	권리자수
			㎡	

세입자 대책	대상 세대수	임대주택 공급세대	주거이전비 지급세대	비대책 세대

일괄 처리 사항	주택건설사업자등록 ()	주택건설사업계획승인 ()	건축허가 ()
	가설건축물건축허가 ()	가설건축물축조신고 ()	도로공사시행허가 ()
	도로점용허가 ()	사방지지정해제	농지전용허가 · 협의 · 신고
	농지전용신고 ()	보전임지전용허가 · 협의	보안림안에서 행위허가 ()
	입목벌채등의허가 · 신고	하천공사시행허가 ()	하천공사실시계획인가
	하천점용허가 ()	일반수도사업인가 ()	전용상수도 · 전용공업수도 설치인가()
	공공하수도사업허가 ()	측량성과 사용의 심사	대규모점포의 등록
	국유지사용수익허가 ()	공유지대부 · 사용허가	사업착수 · 변경 또는 완료 신고()
	공장설립승인 · 신고 ()	자가용전기설비공사계획의 인가 · 신고()	폐기물처리시설설치(변경) 승인 · 신고()
	오수처리시설 · 단독정화조 설치신고()	소방동의 · 제조소등의 설치허가 ()	대기 · 수질 · 소음 진동배출 시설 허가 · 신고( )
	화약류저장소설치의 허가 ()		

210㎜×297㎜[백상지(80g/㎡) 또는 중질지(80g/㎡)]

이 신청서 및 첨부서류에 기재한 내용과 같이「도시 및 주거환경정비법」제50조제1항 및 같은 법 시행규칙 제10조에 따라 사업시행계획(인가, 변경·중지·폐지인가)를 신청합니다.

년월일

신청인 대표(서명 또는 인)

특별자치시장 · 특별자치도지사
시장 · 군수 · 구청장 귀하

신청인 제출서류	1. 사업시행계획인가: 다음 각 목의 서류 　가.「도시 및 주거환경정비법」(이하 "법"이라 합니다) 제2조제11호에 따른 정관 등 　나. 총회의결서 사본. 다만, 법 제25조제1항제2호에 따라 토지등소유자가 재개 발사업을 시행하려는 경우 또는 법 제27조에 따라 지정개발자를 사업시행 자로 지정한 경우에는 토지등소유자의 동의서 및 토지등소유자의 명부를 첨부합니다. 　다. 법 제52조에 따른 사업시행계획서 　라. 법 제57조제3항에 따라 제출하여야 하는 서류 　마. 법 제63조에 따른 수용 또는 사용할 토지 또는 건축물의 명세 및 소유권 외 의 권리의 명세서 　　(재건축사업의 경우에는 법 제26조제1항제1호 및 제27조제1항제1호에 해당 하는 사업을 시행하는 경우로 한정합니다.) 2. 변경·중지·폐지인가: 다음 각 목의 서류 　가. 법 제2조제11호에 따른 정관등 　나. 법 제63조에 따른 수용 또는 사용할 토지 또는 건축물의 명세 및 소유권 외 의 권리의 명세서 　　(재건축사업의 경우에는 법 제26조제1항제1호 및 제27조제1항제1호에 해당 하는 사업을 시행하는 경우로 한정합니다.) 　다. 변경·중지 또는 폐지의 사유 및 내용을 설명하는 서류	수 수 료 없 음

이 신청서는 다음과 같이 처리됩니다.

처 리 절 차						
신청서 작성	접 수	공 람 (14일 이상)	의견제출 및 검토	인 가	고 시	통 보
신청인	→ 특별자치시 특별자치도 시·군·구	→ 특별자치시 특별자치도 시·군·구	→ 관계기관 및 특별자치시 특별자치도 시·군·구	→ 특별자치시 특별자치도 시·군·구	→ 특별자치시 특별자치도 시·군·구	→ 특별자치시 특별자치도 시·군·구

210㎜×297㎜[백상지(80g/㎡) 또는 중질지(80g/㎡)]

■ 공익사업을 위한 토지 등의 취득 및 보상에 관한 법률 시행규칙 [별표 4] 〈개정 2021. 8. 27.〉

이사비 기준(제55조제2항 관련)

주택연면적기준	이사비			비고
	임금	차량운임	포장비	
1. 33제곱미터 미만	3명분	1대분	(임금 + 차량운임) × 0.15	1. 임금은 「통계법」 제3조제3호에 따른 통계작성기관이 같은 법 제18조에 따른 승인을 받아 작성·공표한 공사부문 보통인부의 임금을 기준으로 한다.
2. 33제곱미터 이상 49.5제곱미터 미만	4명분	2대분	(임금 + 차량운임) × 0.15	
3. 49.5제곱미터 이상 66제곱미터 미만	5명분	2.5대분	(임금 + 차량운임) × 0.15	2. 차량운임은 한국교통연구원이 발표하는 최대적재량이 5톤인 화물자동차의 1일 8시간 운임을 기준으로 한다.
4. 66제곱미터 이상 99제곱미터 미만	6명분	3대분	(임금 + 차량운임) × 0.15	3. 한 주택에서 여러 세대가 거주하는 경우 주택연면적기준은 세대별 점유면적에 따라 각 세대별로 계산·적용한다.
5. 99제곱미터 이상	8명분	4대분	(임금 + 차량운임) × 0.15	

[별지7]
본서 내용 관련
서울특별시 도시 및 주거환경정비조례

380

서울특별시 도시 및
주거환경정비 조례

서울특별시 도시 및 주거환경정비 조례

[시행 2021. 12. 30.] [서울특별시조례 제8294호, 2021. 12. 30., 일부개정]

제1장 총칙

제1조(목적)

이 조례는 「도시 및 주거환경정비법」, 같은 법 시행령 및 같은 법 시행규칙에서 위임된 사항과 그 시행에 필요한 사항을 규정함을 목적으로 한다.

제2조(정의)

이 조례에서 사용하는 용어의 뜻은 다음과 같다.〈개정 2021.9.30〉

1. "특정무허가건축물"이란 건설교통부령 제344호 공익사업을위한 토지등의취득및보상에관한법률시행규칙 부칙 제5조에서 "1989년 1월 24일 당시의 무허가건축물등"을 말한다.

2. "신발생무허가건축물"이란 제1호에 따른 특정무허가건축물 이외의 무허가건축물을 말한다.

3. "관리처분계획기준일"이란 「도시 및 주거환경정비법」(이하 "법"이라 한다) 제72조제1항제3호에 따른 분양신청기간의 종료일을 말한다.

4. "권리가액"이란 관리처분계획기준일 현재 제36조제3항에 따라 산정된 종전 토지 등의 총 가액을 말한다.

5. "호수밀도"란 건축물이 밀집되어 있는 정도를 나타내는 지표로서 정비구역 면적 1헥타르당 건축되어 있는 건축물의 동수를 말하고 다음 각 목의 기준에 따라 산정한다.

    가. 공동주택 및 다가구주택은 독립된 주거생활을 할 수 있는 구조로서 건축물대장 기준으로 세대(다가구주택은 가구, 이하 이목에서는 같다)수가 가장 많은 층의 1세대를 1동으로 보며, 나머지 층의 세대수는 계상하지 않는다.

    나. 신발생무허가건축물은 건축물 동수 산정에서 제외한다.

    다. 정비구역의 면적 중 존치되는 공원 또는 사업이 완료된 공원 및 존치되는 학교 면적을 제외한다.

    라. 단독주택을 건축물 준공 후 다세대주택 또는 다가구주택으로 변경한 경우에는 변경 전의 건축물 동수에 따라 산정한다.

    마. 준공업지역에서 정비사업으로 기존 공장의 재배치가 필요한 경우에는 정비구역 면적 중 공장용지 및 공장 건축물은 제외하고 산정한다.

    바. 비주거용건축물은 건축면적당 90제곱미터를 1동으로 보며, 소수점 이하는 절사하여 산정한다.

6. "사업시행방식전환"이란 법 제123조제1항 또는 법률 제6852호 도시및주거환경정비법 부칙 제14조에 따라 재개발사업의 시행방식이 전환되는 것을 말한다.

7. "무주택세대주"란 세대주를 포함한 세대원(세대주와 동일한 세대별 주민등록표상에 등재되어 있지 않은 세대주의 배우자 및 배우자와 동일한 세대를 이루고 있는 세대원을 포함한다) 전원이 주택을 소유하고 있지 않은 세대의 세대주를 말한다.

8. "미사용승인건축물"이란 관계 법령에 따라 건축허가 등을 받았으나 사용승인·준공인가 등을 받지 못한 건축물로서 사실상 준공된 건축물을 말한다.

9. "과소필지"란 토지면적이 90제곱미터 미만인 토지를 말한다.

10. "주택접도율"이란 「도시 및 주거환경정비법 시행령」(이하 "영"이라 한다) 제7조제1항 관련 별표 1 제1호마목에 따른 정비기반시설의 부족여부를 판단하기 위한 지표로서 폭 4미터 이상 도로에 길이 4미터 이상 접한 대지의 건축물의 총수를 정비구역 내 건축물 총수로 나눈 비율을 말한다. 다만, 연장 35미터 이상의 막다른 도로의 경우에는 폭 6미터로 한다.

11. "권리산정기준일"은 법 제77조에 따른 건축물의 분양받을 권리를 산정하기 위한 기준일로서 법 제16조제2항에 따른 고시가 있는 날 또는 시장이 투기를 억제하기 위하여 기본계획 수립 후 정비구역 지정·고시 전에 따로 정하는 날을 말한다.

12. "주거지보전사업"이란 재개발구역(재개발사업을 시행하는 정비구역을 말한다. 이하 같다)에서 기존 마을의 지형, 터, 골목길 및 생활상 등 해당 주거지의 특성 보전 및 마을 공동체 활성화를 위하여 건축물의 개량 및 건설 등의 사항을 포함하여 임대주택을 건설하는 사업을 말한다.

제3조(재개발사업의 구분)

법 제2조제2호나목에 따른 재개발사업은 다음 각 호에 따라 구분한다.

1. 주택정비형 재개발사업: 정비기반시설이 열악하고 노후 · 불량건축물이 밀집한 지역에서 주거환경을 개선하기 위하여 시행하는 재개발사업
2. 도시정비형 재개발사업: 상업지역 · 공업지역 등에서 도시 기능의 회복 및 상권 활성화 등 도시환경을 개선하기 위하여 시행하는 재개발사업

제4조(노후 · 불량건축물)

① 영 제2조제3항제1호에 따라 노후 · 불량건축물로 보는 기준은 다음 각 호와 같다.

1. 공동주택
   가. 철근콘크리트 · 철골콘크리트 · 철골철근콘크리트 및 강구조인 공동주택: 별표 1에 따른 기간
   나. 가목 이외의 공동주택: 20년
2. 공동주택 이외의 건축물
   가. 철근콘크리트 · 철골콘크리트 · 철골철근콘크리트 및 강구조 건축물(「건축법 시행령」 별표 1 제1호에 따른 단독주택을 제외한다): 30년
   나. 가목 이외의 건축물: 20년

② 영 제2조제2항제1호에 따른 노후 · 불량건축물은 건축대지로서 효용을 다할 수 없는 과소필지 안의 건축물로서 2009년 8월 11일 전에 건축된 건축물을 말한다.

③ 미사용승인건축물의 용도별 분류 및 구조는 건축허가 내용에 따르며, 준공 연도는 재산세 및 수도요금 · 전기요금 등의 부과가 개시된 날이 속하는 연도로 한다.

제3장 정비사업의 시행

제19조(조합의 설립인가 신청서류)

시행규칙 제8조제1항 별지 제5호서식의 신청인 제출서류란 중 제1호아목에서 "그 밖에 시·도조례로 정하는 서류"란 다음 각 호의 서류를 말한다.

1. 정비구역의 위치도 및 현황사진
2. 정비구역의 토지 및 건축물의 지형이 표시된 지적현황도
3. 법 제64조제1항제1호에 해당하는 매도청구대상자명부 및 매도청구계획서(재건축사업으로 한정한다)

제20조(조합의 설립인가 신청서류 등의 작성 방법)

① 시행규칙 별지 제5호서식에 따른 조합설립(변경) 인가신청서 및 제출서류의 작성방법은 다음 각 호와 같다.

1. 주된 사무소의 소재지는 사업시행구역이 소재하는 자치구의 관할구역 안에 두는 것을 원칙으로 한다.
2. 사업시행예정구역의 명칭 및 면적은 법 제9조에 따른 정비계획과 동일하게 작성한다.
3. 조합원 수는 신청서에 첨부된 조합원 명부의 인원을 기준으로 한다.
4. 정관은 법 제40조제2항에 따른 표준정관을 준용하여 작성함을 원칙으로 한다.
5. 조합원 명부에는 조합원 번호, 동의자의 주소, 성명 및 권리내역을 기재하여야 하며 동의율을 확인할 수 있는 동의 총괄표를 첨부한다.
6. 토지등소유자의 조합설립동의서는 시행규칙 제8조제3항 별지 제6호서식의 조합설립동의서를 말한다.
7. 임원선출에 관한 증명 서류로 토지등소유자의 대표자 추천서 또는 총회(창립총회를 포함한다) 회의록 등을 제출하여야 한다.

② 제1항제1호부터 제3호까지와 제5호 및 제7호는 시행규칙 제7조에 따른 추진위원회 승인신청서 작성에 준용한다. 이 경우 제7호의 "임원"은 "위원"으로 본다.

제22조(조합정관에 정할 사항)

영 제38조제17호에서 "그 밖에 시·도조례로 정하는 사항"이란 다음 각 호의 사항을 말한다.〈개정 2019.9.26〉

1. 이사회의 설치 및 소집, 사무, 의결방법 등 이사회 운영에 관한 사항
2. 특정무허가건축물 소유자의 조합원 자격에 관한 사항
3. 공유지분 소유권자의 대표자 선정에 관한 사항
4. 단독 또는 다가구주택을 건축물 준공 이후 다세대주택으로 전환한 주택을 취득한 자에 대한 분양권 부여에 관한 사항
5. 재정비촉진지구의 도시계획사업으로 철거되는 주택을 소유한 자 중 구청장이 선정한 자에 대한 주택의 특별공급에 관한 사항
6. 융자금액 상환에 관한 사항
7. 융자 신청 당시 담보 등을 제공한 조합장 등이 변경될 경우 채무 승계에 관한 사항
8. 정비구역 내 공가 발생 시 안전조치 및 보고 사항
9. 법 제87조에 따른 권리의 확정, 법 제88조에 따른 등기 절차, 법 제89조에 따른 청산금 등의 징수 및 지급이 완료된 후 조합 해산을 위한 총회 또는 대의원회의 소집 일정에 관한 사항

제26조(사업시행계획서의 작성)

① 영 제47조제2항에 따라 법 제52조제1항제13호에서 "시·도조례로 정하는 사항"이란 영 제47조제2항 각 호의 사항을 말한다. 이 경우 기존주택의 철거계획서에는 주택 및 상가 등 빈집 관리에 관한 사항, 비산먼지·소음·진동 등 방지대책 및 공사장 주변 안전관리 대책에 관한 사항을 포함하여 작성하여야 한다.
② 제1항에 따른 사업시행계획의 작성과 관련하여 필요한 서식 등은 규칙으로 정할 수 있다.

제33조(관리처분계획의 내용)

영 제62조제6호에서 "그 밖에 시·도조례로 정하는 사항"이란 다음 각 호의 사항을

말한다.

1. 법 제74조제1항제1호의 분양설계에는 다음 각 목의 사항을 포함한다.

   가. 관리처분계획 대상물건 조서 및 도면

   나. 임대주택의 부지명세와 부지가액ㆍ처분방법 및 임대주택 입주대상 세입자 명부(임대주택을 건설하는 정비구역으로 한정한다)

   다. 환지예정지 도면

   라. 종전 토지의 지적 또는 임야도면

2. 법 제45조제1항제10호에 따른 관리처분계획의 총회의결서 사본 및 법 제72조 제1항에 따른 분양신청서(권리신고사항 포함) 사본

3. 법 제74조제1항제8호에 따른 세입자별 손실보상을 위한 권리명세 및 그 평가액 과 영 제62조제1호에 따른 현금으로 청산하여야 하는 토지등소유자별 권리명 세 및 이에 대한 청산방법 작성 시 제67조에 따른 협의체 운영 결과 또는 법 제 116조 및 제117조에 따른 도시분쟁조정위원회 조정 결과 등 토지등소유자 및 세입자와 진행된 협의 경과

4. 영 제14조제3항 및 이 조례 제12조제3항에 따른 현금납부액 산정을 위한 감정 평가서, 납부방법 및 납부기한 등을 포함한 협약 관련 서류

5. 그 밖의 관리처분계획 내용을 증명하는 서류

제34조(관리처분계획의 수립 기준)

법 제74조제1항에 따른 정비사업의 관리처분계획은 다음 각 호의 기준에 적합하게 수립하여야 한다.

1. 종전 토지의 소유면적은 관리처분계획기준일 현재 「공간정보의 구축 및 관리 등에 관한 법률」 제2조제19호에 따른 소유토지별 지적공부(사업시행방식전환의 경우에는 환지예정지증명원)에 따른다. 다만, 1필지의 토지를 여러 명이 공유로 소유하고 있는 경우에는 부동산등기부(사업시행방식전환의 경우에는 환지예정 지증명원)의 지분비율을 기준으로 한다.

2. 국ㆍ공유지의 점유연고권은 그 경계를 기준으로 실시한 지적측량성과에 따라 관계 법령과 정관 등이 정하는 바에 따라 인정한다.

3. 종전 건축물의 소유면적은 관리처분계획기준일 현재 소유건축물별 건축물 대
   장을 기준으로 하되, 법령에 위반하여 건축된 부분의 면적은 제외한다. 다만,
   정관 등이 따로 정하는 경우에는 재산세과세대장 또는 측량성과를 기준으로
   할 수 있다.
4. 종전 토지 등의 소유권은 관리처분계획기준일 현재 부동산등기부(사업시행방식
   전환의 경우에는 환지예정지증명원)에 따르며, 소유권 취득일은 부동산등기부
   상의 접수일자를 기준으로 한다. 다만, 특정무허가건축물(미사용승인건축물을
   포함한다)인 경우에는 구청장 또는 동장이 발행한 기존무허가건축물확인원이
   나 그 밖에 소유자임을 증명하는 자료를 기준으로 한다.
5. 국·공유지의 점유연고권자는 제2호에 따라 인정된 점유연고권을 기준으로 한다.
6. 「건축법」 제2조제1항제1호에 따른 대지부분 중 국·공유재산의 감정평가는 법 제
   74조제2항제1호를 준용하며, 법 제98조제5항 및 제6항에 따라 평가한다.

제36조(재개발사업의 분양대상 등)

① 영 제63조제1항제3호에 따라 재개발사업으로 건립되는 공동주택의 분양대상
   자는 관리처분계획기준일 현재 다음 각 호의 어느 하나에 해당하는 토지등소
   유자로 한다.
   1. 종전의 건축물 중 주택(주거용으로 사용하고 있는 특정무허가건축물 중 조합의
      정관등에서 정한 건축물을 포함한다)을 소유한 자
   2. 분양신청자가 소유하고 있는 종전토지의 총면적이 90제곱미터 이상인 자
   3. 분양신청자가 소유하고 있는 권리가액이 분양용 최소규모 공동주택 1가구의
      추산액 이상인 자. 다만, 분양신청자가 동일한 세대인 경우의 권리가액은 세
      대원 전원의 가액을 합하여 산정할 수 있다.
   4. 사업시행방식전환의 경우에는 전환되기 전의 사업방식에 따라 환지를 지정
      받은 자. 이 경우 제1호부터 제3호까지는 적용하지 아니할 수 있다.
   5. 도시재정비법 제11조제4항에 따라 재정비촉진계획에 따른 기반시설을 설치
      하게 되는 경우로서 종전의 주택(사실상 주거용으로 사용되고 있는 건축물을
      포함한다)에 관한 보상을 받은 자

② 제1항에도 불구하고 다음 각 호의 어느 하나에 해당하는 경우에는 여러 명의 분양신청자를 1명의 분양대상자로 본다.

  1. 단독주택 또는 다가구주택을 권리산정기준일 후 다세대주택으로 전환한 경우

  2. 법 제39조제1항제2호에 따라 여러 명의 분양신청자가 1세대에 속하는 경우

  3. 1주택 또는 1필지의 토지를 여러 명이 소유하고 있는 경우. 다만, 권리산정기준일 이전부터 공유로 소유한 토지의 지분이 제1항제2호 또는 권리가액이 제1항제3호에 해당하는 경우는 예외로 한다.

  4. 1필지의 토지를 권리산정기준일 후 여러 개의 필지로 분할한 경우

  5. 하나의 대지범위에 속하는 동일인 소유의 토지와 주택을 건축물 준공 이후 토지와 건축물로 각각 분리하여 소유하는 경우. 다만, 권리산정기준일 이전부터 소유한 토지의 면적이 90제곱미터 이상인 자는 예외로 한다.

  6. 권리산정기준일 후 나대지에 건축물을 새로 건축하거나 기존 건축물을 철거하고 다세대주택, 그 밖에 공동주택을 건축하여 토지등소유자가 증가되는 경우

③ 제1항제2호의 종전 토지의 총면적 및 제1항제3호의 권리가액을 산정함에 있어 다음 각 호의 어느 하나에 해당하는 토지는 포함하지 않는다.

  1. 「건축법」 제2조제1항제1호에 따른 하나의 대지범위 안에 속하는 토지가 여러 필지인 경우 권리산정기준일 후에 그 토지의 일부를 취득하였거나 공유지분으로 취득한 토지

  2. 하나의 건축물이 하나의 대지범위 안에 속하는 토지를 점유하고 있는 경우로서 권리산정기준일 후 그 건축물과 분리하여 취득한 토지

  3. 1필지의 토지를 권리산정기준일 후 분할하여 취득하거나 공유로 취득한 토지

④ 제1항부터 제3항까지에도 불구하고 사업시행방식전환의 경우에는 환지면적의 크기, 공동환지 여부에 관계없이 환지를 지정받은 자 전부를 각각 분양대상자로 할 수 있다.

제38조(주택 및 부대 · 복리시설 공급 기준 등)

① 영 제63조제1항제7호에 따라 법 제23조제1항제4호의 방법으로 시행하는 주거

환경개선사업, 재개발사업 및 단독주택재건축사업의 주택공급에 관한 기준은 다음 각 호와 같다.

1. 권리가액에 해당하는 분양주택가액의 주택을 분양한다. 이 경우 권리가액이 2개의 분양주택가액의 사이에 해당하는 경우에는 분양대상자의 신청에 따른다.

2. 제1호에도 불구하고 정관등으로 정하는 경우 권리가액이 많은 순서로 분양할 수 있다.

3. 법 제76조제1항제7호다목에 따라 2주택을 공급하는 경우에는 권리가액에서 1주택 분양신청에 따른 분양주택가액을 제외하고 나머지 권리가액이 많은 순서로 60제곱미터 이하의 주택을 공급할 수 있다.

4. 동일규모의 주택분양에 경합이 있는 경우에는 권리가액이 많은 순서로 분양하고, 권리가액이 동일한 경우에는 공개추첨에 따르며, 주택의 동·층 및 호의 결정은 주택규모별 공개추첨에 따른다.

② 영 제63조제1항제7호에 따라 법 제23조제1항제4호의 방법으로 시행하는 주거환경개선사업과 재개발사업으로 조성되는 상가 등 부대·복리시설은 관리처분계획기준일 현재 다음 각 호의 순위를 기준으로 공급한다. 이 경우 동일 순위의 상가 등 부대·복리시설에 경합이 있는 경우에는 제1항제4호에 따라 정한다.

1. 제1순위 : 종전 건축물의 용도가 분양건축물 용도와 동일하거나 비슷한 시설이며 사업자등록(인가·허가 또는 신고 등을 포함한다. 이하 이 항에서 같다)을 하고 영업을 하는 건축물의 소유자로서 권리가액(공동주택을 분양받은 경우에는 그 분양가격을 제외한 가액을 말한다. 이하 이 항에서 같다)이 분양건축물의 최소분양단위규모 추산액 이상인 자

2. 제2순위 : 종전 건축물의 용도가 분양건축물 용도와 동일하거나 비슷한 시설인 건축물의 소유자로서 권리가액이 분양건축물의 최소분양단위규모 추산액 이상인 자

3. 제3순위 : 종전 건축물의 용도가 분양건축물 용도와 동일하거나 비슷한 시설이며 사업자등록을 필한 건축물의 소유자로서 권리가액이 분양건축물의 최

소분양단위규모 추산액에 미달되나 공동주택을 분양받지 않은 자

4. 제4순위 : 종전 건축물의 용도가 분양건축물 용도와 동일하거나 비슷한 시설인 건축물의 소유자로서 권리가액이 분양건축물의 최소분양단위규모 추산액에 미달되나 공동주택을 분양받지 않은 자

5. 제5순위 : 공동주택을 분양받지 않은 자로서 권리가액이 분양건축물의 최소분양단위규모 추산액 이상인 자

6. 제6순위 : 공동주택을 분양받은 자로서 권리가액이 분양건축물의 최소분양단위규모 추산액 이상인 자

제8장 정비사업의 공공지원

제77조(시공자 등의 선정기준)

① 법 제118조제6항에 따라 조합은 사업시행계획인가를 받은 후 총회에서 시공자를 선정하여야 한다. 다만, 법 제118조제7항제1호에 따라 조합과 건설업자 사이에 협약을 체결하는 경우에는 시공자 선정 시기를 조정할 수 있다.

② 제1항에 따라 조합은 사업시행계획인가 된 사업시행계획서를 반영한 설계도서를 작성하여 법 제29조제1항에 따른 경쟁입찰 또는 수의계약(2회 이상 경쟁입찰이 유찰된 경우로 한정한다. 이하 이 조에서 같다)의 방법으로 시공자를 선정하여야 한다.

③ 추진위원회 또는 조합은 총회에서 법 제29조제1항에 따른 경쟁입찰 또는 수의계약의 방법으로 「건축사법」 제23조에 따라 건축사사무소 개설신고 한 자를 설계자로 선정하여야 한다.

④ 추진위원회 또는 조합은 총회에서 법 제29조제1항에 따른 경쟁입찰 또는 수의계약의 방법으로 법 제102조에 따라 등록한 정비사업전문관리업자를 선정하여야 한다. 이 경우 법 제118조제5항에 따라 구청장이 정비사업전문관리업자를 선정하는 경우에는 제외한다.

⑤ 시장은 정비사업전문관리업자 · 설계자 · 시공자 및 법 제118조제7항제1호에 따른 건설업자의 선정방법 등에 대하여 다음 각 호의 내용을 포함하는 기준을 정할 수 있다.

1. 업체 선정에 관한 세부절차

2. 업체 선정 단계별 공공지원자 등의 기능 및 역할

3. 그 밖에 업체 선정 방법 등 지원을 위하여 필요한 사항

⑥ 시장은 제75조제2호에 따른 용역업체의 선정기준 등에 대하여 제5항을 준용하여 정할 수 있다.

[별지8]
본서 내용 관련
부산광역시 도시 및 주거환경정비조례

394

부산광역시 도시 및 주거환경정비 조례

부산광역시 도시 및 주거환경정비 조례

[시행 2020. 9. 30.] [부산광역시조례 제6243호, 2020. 9. 30., 일부개정]

부산광역시

제1장 총칙

제1조(목적)

이 조례는 「도시 및 주거환경정비법」, 같은 법 시행령 및 같은 법 시행규칙에서 위임된 사항과 그 시행에 필요한 사항을 규정함을 목적으로 한다.

제2조(정의)

이 조례에서 사용하는 용어의 뜻은 다음과 같다.

1. "기존무허가건축물"이란 1989년 3월 29일 이전에 발생한 무허가건축물(위법시공건축물을 포함한다. 이하 같다)을 말하며, 그 외의 무허가건축물은 "신발생무허가건축물"이라 한다.

2. "관리처분계획기준일"이란 「도시 및 주거환경정비법」(이하 "법"이라 한다) 제72조제2항에 따른 분양신청기간이 만료되는 날을 말한다.

3. "관리형 주거환경개선사업"이란 법 제23조제1항제1호에 해당하는 주거환경개선사업으로서 정비계획에서 정하는 범위에서 토지등소유자가 스스로 주택을 보전 · 정비하거나 개량하는 사업을 말한다.

4. "공동주택건설사업"이란 법 제23조제1항제2호 및 제4호에 해당하는 주거환경개선사업중 공동주택 및 그 부대시설 · 복리시설의 건설사업으로서 구청장 · 군수(이하 "구청장"이라 한다)가 직접 시행하거나 법 제24조제2항 각 호에 따라 구청장이 지정하는 자가 시행하는 사업을 말한다.

5. "환지방식사업"이란 법 제23조제1항제3호 및 제2항에 해당하는 주거환경개선사업 및 재개발사업으로서 정비계획에서 「도시개발법」의 환지에 관한 규정을 준용하여 시행하는 사업을 말한다.

6. "주택정비형 재개발사업"이란 정비기반시설이 열악하고 노후 · 불량건축물이 밀집한 지역에서 주거환경을 개선하기 위하여 시행하는 재개발사업을 말한다.

7. "도시정비형 재개발사업"이란 상업지역 · 공업지역 등에서 도시기능의 회복 및 상권활성화 등 도시환경을 개선하기 위하여 시행하는 재개발사업을 말한다.

8. "호수밀도"란 정비구역면적 1헥타르당 건축되어 있는 건축물의 동수를 말한다. 이 경우 공동주택은 세대수가 가장 많은 층의 소유권이 구분된 1세대를 건축물 1동으로 보며, 세대수가 가장 많은 층 외의 세대는 계상하지 아니한다.

9. "주택접도율"이란 구역내 폭 4미터 이상의 도로에 접한 건축물의 총수를 구역내 건축물 총수로 나눈 백분율을 말한다.

제3조(노후 · 불량건축물)

① 「도시 및 주거환경정비법 시행령」(이하 "영"이라 한다) 제2조제2항에서 "시 · 도 조례로 정할 수 있는 건축물"이란 다음 각 호의 건축물을 말한다.

  1. 「건축법」 제57조제1항에 따라 건축조례가 정하는 면적에 미달되거나 「국토의 계획 및 이용에 관한 법률」 제2조제7호에 따른 도시 · 군계획시설(이하 "도시계획시설"이라 한다) 등의 설치로 인하여 효용을 다할 수 없게 된 대지에 있는 건축물

  2. 공장의 매연 · 소음 등으로 인하여 위해를 초래할 우려가 있는 지역에 있는 건축물

  3. 해당 건축물을 준공일 기준으로 40년까지 사용하기 위하여 보수 · 보강하는데 드는 비용이 철거 후 새로운 건축물을 건설하는 데 드는 비용보다 클 것으로 예상되는 건축물

② 영 제2조제3항제1호에서 "준공된 후 20년 이상 30년 이하의 범위에서 시 · 도 조례로 정하는 기간이 지난 건축물"이란 다음 각 호와 같다.

  1. 공동주택

    가. 1995년 1월 1일 이후 준공된 건축물은 30년

    나. 1991년 1월 1일부터 1994년 12월 31일까지 준공된 건축물은 25년+(준공연도-1990)

다. 1990년 12월 31일 이전에 준공된 건축물은 25년

　2. 제1호 외의 건축물

　　가. 철근콘크리트조, 철골콘크리트조, 철골철근콘크리트조 또는 강구조 건축
　　　물은 30년

　　나. 가목 외의 건축물 25년

③ 영 제2조제3항 각 호 외의 부분에서 "시 · 도조례로 정할 수 있는 건축물"이란
　다음 각 호의 건축물을 말한다.

　1. 「국토의 계획 및 이용에 관한 법률」 제19조제1항제8호에 따른 도시 · 군기본
　　계획상의 경관에 관한 사항에 저촉되는 건축물

　2. 건축물의 급수 · 배수 · 오수설비 등이 노후화되어 수선만으로는 그 기능을
　　회복할 수 없게 된 건축물

제3장 정비사업의 시행

제16조(조합설립인가 신청서류)

시행규칙 별지 제5호서식 중 신청인 제출서류란의 제1호아목에서 "시·도조례로 정하는 서류"란 다음 각 호의 서류를 말한다.

1. 매도청구대상자 명부 및 매도청구계획서(재건축사업에 한정한다)
2. 정비구역위치도 및 현황사진
3. 토지 및 건축물의 지형이 표시된 지적현황도

제17조(조합설립인가 신청서류 등의 작성방법)

① 시행규칙 제8조에 따른 조합설립인가 신청서 및 첨부서류의 작성방법은 다음과 같다.

1. 정관의 작성은 법 제40조제2항에 따른 표준정관을 기준으로 작성함을 원칙으로 한다.
2. 조합의 명칭은 사업시행구역 명칭의 뒤에 "정비사업조합"이라는 문자를 사용하여야 한다.
3. 주된 사무소의 소재지는 사업시행구역이 소재하는 구·군의 관할지역 안에 두는 것을 원칙으로 한다.
4. 사업시행구역의 명칭 및 면적은 법 제8조 및 제9조에 따른 정비계획과 동일하게 한다.
5. 조합원수는 신청서에 첨부된 조합원 명부의 인원을 기준으로 한다.
6. 조합원명부에는 조합원 번호, 동의자의 주소, 성명 및 권리내역을 기재하고 동의율을 확인할 수 있는 별지 제7호서식의 동의총괄표를 작성 첨부한다.
7. 임원선정 증빙서류로 토지등소유자의 대표자추천서 또는 주민총회회의록 등을 제출한다.

② 제1항의 규정(제1호를 제외한다)은 시행규칙 제7조에 따른 추진위원회 승인신청서 작성에 관하여 이를 준용한다.

제24조(조합정관의 기재사항 및 경미한 변경)

① 영 제38조제17호에서 "시·도조례로 정하는 사항"이란 다음 각 호의 사항을 말한다.

1. 이사회의 설치 및 소집, 사무, 의결방법 등 이사회의 운영에 관한 사항

2. 기존무허가건축물 소유자의 조합원 자격에 관한 사항

3. 공유지분 소유권자의 대표자 선정에 관한 사항

4. 융자금액 상환에 관한 사항

5. 융자신청 당시 담보 등을 제공한 조합장 등이 변경될 경우 채무승계에 관한 사항

6. 정비구역 내 공가 발생 시 안전조치 및 보고 사항

② 영 제39조제12호에서 "시·도조례로 정하는 사항"이란 다음 각 호의 사항을 말한다.

1. 제1항제1호 및 제3호의 변경

2. 착오 또는 오기가 명백한 자구의 정정

3. 법령·조례 변경 및 법 제40조제2항의 표준정관에 따른 변경

제29조(사업시행계획서의 작성)

영 제47조제2항에서 "시·도조례로 정하는 사항"이란 다음 각 호의 사항을 말한다.

1. 정비사업의 종류·명칭 및 시행기간

2. 정비구역의 위치 및 면적

3. 사업시행자의 성명 및 주소

4. 설계도서

5. 자금계획

6. 철거할 필요는 없으나 개·보수할 필요가 있다고 인정되는 건축물의 명세 및 개·보수계획

7. 정비사업의 시행에 지장이 있다고 인정되는 정비구역의 건축물 또는 공작물 등의 명세

8. 토지 또는 건축물 등에 관한 권리자 및 그 권리의 명세

9. 공동구의 설치에 관한 사항

10. 정비사업의 시행으로 법 제97조제1항에 따라 용도가 폐지되는 정비기반시설의 조서·도면과 새로 설치할 정비기반시설의 조서·도면(토지주택공사등이 사업시행자인 경우만 해당한다)

11. 정비사업의 시행으로 법 제97조제2항에 따라 용도폐지 되는 정비기반시설의 조서·도면 및 그 정비기반시설에 대한 둘 이상의 감정평가업자의 감정평가서와 새로 설치할 정비기반시설의 조서·도면 및 그 설치비용 계산서

12. 사업시행자에게 무상으로 양여되는 국·공유지의 조서

13. 토지등소유자가 자치적으로 정하여 운영하는 규약

14. 빗물처리계획

15. 기존주택의 철거계획서(석면을 함유한 건축자재가 사용된 경우에는 그 현황과 그 자재의 철거 및 처리계획을 포함한다)

16. 정비사업 완료 후 상가세입자에 대한 우선 분양 등에 관한 사항

제35조(관리처분계획의 내용)

영 제62조제6호에 따른 "시·도조례로 정하는 사항"이란 다음 각 호의 사항을 말한다.

1. 임대주택 공급대상 세입자 명부(임대주택을 건설하는 정비구역에 한정한다)

2. 환지예정지 도면

3. 종전 토지의 지적 또는 임야도면

4. 영 제59조제2항제2호에 따른 분양신청서(권리신고사항 포함) 사본

5. 영 제14조제3항 및 조례 제11조제3항에 따른 현금납부액 산정을 위한 감정평가서, 납부방법 및 납부기한 등을 포함한 협약 관련 서류

6. 그 밖에 관리처분계획 내용을 증명하는 서류

제36조(재개발사업의 관리처분계획 기준 등)

법 제76조제1항에 따라 사업시행자가 수립하는 재개발사업의 관리처분계획은 다음 각 호의 기준에 따른다.

1. 종전 토지의 소유면적은 관리처분계획 기준일 현재 「공간정보의 구축 및 관리 등에 관한 법률」 제2조제19호에 따른 소유토지별 지적공부(제2조제5호에 따른 환지방식사업의 경우에는 환지예정지증명원)에 따른다. 다만, 1필지의 토지를 여러 명이 공유하고 있는 경우에는 부동산등기부(제2조제5호에 따른 환지방식사업의 경우에는 환지예정지증명원)의 지분비율을 기준으로 한다.

2. 국·공유지 점유자는 점유연고권이 인정되어 그 경계를 기준으로 실시한 지적측량성과에 따라 관계법령과 정관등이 정하는 바에 따른다.

3. 종전 건축물의 소유면적은 관리처분계획 기준일 현재 소유 건축물별 건축물대장을 기준으로 하며, 법령에 위반하여 건축된 부분의 면적(무허가건축물의 경우에는 기존무허가건축물에 추가된 면적을 말한다)은 제외한다. 다만, 정관 등이 정하는 바에 따라 재산세과세대장·측량성과 및 물건조서 기준으로 할 수 있다.

4. 종전 토지 또는 건축물의 소유권은 관리처분계획 기준일 현재 부동산등기부(제2조제5호에 따른 환지방식사업의 경우에는 환지예정지증명원)에 따르며, 소유권 취득일은 부동산등기부상의 접수일자를 기준으로 한다.

5. 기존무허가건축물인 경우에는 항공촬영판독결과와 재산세과세대장 등 소유자임을 입증하는 자료를 기준으로 하며, 국·공유지는 제2호 규정에 따라 인정된 점유연고권자를 기준으로 한다.

6. 「건축법」제2조제1항제1호에 따른 대지부분 중 국·공유재산의 감정평가는 법 제74조제2항제1호를 준용하며, 법 제98조제5항 및 제6항에 따라 평가한다.

제37조(재개발사업의 분양대상 등)

① 영 제63조제1항제3호 단서에 따라 재개발사업으로 조성되는 대지 및 건축시설 중 공동주택의 분양대상자는 관리처분계획기준일 현재 다음 각 호의 어느 하나에 해당하는 자로 한다.

1. 종전 건축물 중 주택(기존무허가건축물로서 사실상 주거용으로 사용되고 있는 건축물을 포함한다)을 소유한 자

2. 분양신청자가 소유하고 있는 종전 토지의 총면적이 「부산광역시 건축 조례」 제39조의 규모 이상인 자. 다만, 법 제77조에 따른 권리산정 기준일 이전에

분할된 1필지 토지로서 그 면적이 20제곱미터 이상인 토지(지목이 도로이며, 도로로 이용되고 있는 경우를 제외한다)의 소유자는 사업시행계획인가 고시일 이후부터 법 제83조제3항에 따른 공사완료 고시일까지 분양신청자를 포함한 세대원(세대주 및 세대주와 동일한 세대별 주민등록표상에 등재되어 있지 아니한 세대주의 배우자 및 배우자와 동일한 세대를 이루고 있는 세대원을 포함한다) 전원이 주택을 소유하고 있지 아니한 경우에 한정하여 분양대상자로 할 수 있다.

3. 분양신청자가 소유하고 있는 종전 토지 및 건축물의 가액이 분양용 최소규모 공동주택 1가구의 추산액 이상인 자

4. 사업시행방식이 전환되는 경우 전환되기 전의 사업방식에 의하여 환지를 지정받은 자. 이 경우 제1호부터 제3호까지의 규정은 적용하지 아니할 수 있다.

② 제1항에 따른 공동주택분양대상자중 다음 각 호의 어느 하나에 해당하는 경우에는 여러 명의 분양신청자를 1명의 분양대상자로 본다.

1. 단독주택 또는 다가구주택이 법 제77조에 따른 권리산정 기준일 후 다세대 주택으로 전환된 경우

2. 여러 명의 분양신청자가 하나의 세대인 경우. 이 경우 세대주와 동일한 세대별 주민등록표상에 등재되어 있지 아니한 세대주의 배우자 및 배우자와 동일한 세대를 이루고 있는 세대원을 포함한다.

3. 1주택 또는 1필지의 토지를 여러 명이 소유하고 있는 경우. 다만, 법 제77조에 따른 권리산정 기준일 이전에 공유지분으로 소유한 토지의 지분면적이 「부산광역시 건축 조례」 제39조에 따른 규모 이상인 자는 그러하지 아니하다.

4. 법 제77조에 따른 권리산정 기준일 후 1필지의 토지를 수개의 필지로 분할한 경우

5. 하나의 대지 범위에 속하는 동일인 소유의 토지와 주택을 법 제77조에 따른 권리산정 기준일 후 토지와 주택으로 각각 분리하여 소유한 경우

6. 법 제77조에 따른 권리산정 기준일 후 나대지에 건축물을 새로 건축하거나 기존 건축물을 철거하고 다세대주택, 그 밖의 공동주택을 건축하여

토지등소유자의 수가 증가하는 경우

③ 제1항제2호에 따른 토지면적 및 같은 항 제3호에 따른 종전 토지 등의 가액을 산정함에 있어 다음 각 호의 어느 하나에 해당하는 토지는 포함하지 아니한다.

1. 「건축법」제2조제1호에 따른 하나의 대지 범위에 속하는 토지가 여러 필지인 경우로서 법 제77조에 따른 권리산정 기준일 후에 그 토지의 일부를 취득하였거나 공유지분으로 취득한 경우

2. 하나의 건축물이 하나의 대지 범위에 속하는 토지를 점유하고 있는 경우로서 법 제77조에 따른 권리산정 기준일 후에 그 건축물과 토지를 분리하여 취득한 경우

3. 1필지의 토지를 법 제77조에 따른 권리산정 기준일 후 분할 취득하거나 공유지분으로 취득한 경우

④ 제1항부터 제3항까지의 규정에도 불구하고 사업시행방식이 전환되는 경우에는 환지면적의 크기, 공동환지 여부에 관계없이 환지를 지정받은 자 전부를 각각 분양대상자로 할 수 있다.

제39조(상가 등 부대복리시설의 분양대상자)

법 제74조제1항에 따라 사업시행자가 수립하는 관리처분계획 중 재개발사업의 상가 등 분양대상 부대복리시설의 분양대상자는 분양신청자 중 관리처분계획 기준일 현재 다음 각 호의 순위 및 자격을 기준으로 정관등이 정하는 바에 따른다.

1. 제1순위 : 종전 건축물의 용도가 분양건축물 용도와 동일하거나 유사한 시설이며 종전 건축물에서 영업을 영위하기 위한 사업자등록(인 · 허가 또는 신고 등을 포함한다. 이하 이 항에서 같다)을 마친 해당 건축물의 소유자로서 종전가액(공동주택을 분양받은 경우에는 그 분양가격을 제외한 가액을 말한다. 이하 이 항에서 같다)이 분양건축물의 최소분양단위규모 추산액 이상인 자

2. 제2순위 : 종전 건축물의 용도가 분양건축물 용도와 동일하거나 유사한 시설인 해당 건축물의 소유자로서 종전가액이 분양건축물의 최소분양단위규모 추산액 이상인 자

3. 제3순위 : 종전 건축물의 용도가 분양건축물 용도와 동일하거나 유사한 시설이

며 종전 건축물에서 영업을 영위하기 위한 사업자등록을 마친 건축물의 소유
자로서 종전가액이 분양건축물의 최소분양단위규모추산액에 미달되나 공동주
택을 분양받지 아니한 자

4. 제4순위 : 종전 건축물의 용도가 분양건축물 용도와 동일하거나 유사한 시설인
건축물의 소유자로서 종전가액이 분양건축물의 최소분양단위규모 추산액에
미달되나 공동주택을 분양받지 아니한 자

5. 제5순위 : 공동주택을 분양받지 않은 자로서 종전가액이 분양건축물의 최소분
양단위규모 추산액 이상인 자

6. 제6순위 : 공동주택을 분양받은 자로서 종전가액이 분양건축물의 최소분양단
위규모 추산액 이상인 자

7. 제7순위 : 그 밖에 분양을 희망하는 토지 등의 소유자

제40조(재개발사업의 관리처분 방법)

영 제63조제1항제7호에 따라 재개발사업의 분양주택 공급은 제37조에 따른 분양
대상자에게 다음 각 호의 기준에 따라 사업시행계획인가일을 기준으로 한 종전 토지
또는 건축물의 권리가액을 기준으로 공급한다.

1. 권리가액에 가장 근접한 분양주택가액의 주택을 분양한다. 이 경우 근접한 분
양주택가액이 2개인 때에는 분양대상자의 신청내용에 따른다.

2. 제1호에도 불구하고 정관등으로 정하는 경우에는 국민주택규모의 주택은 분양
대상자의 권리가액이 많은 액수순으로 분양할 수 있으며, 국민주택규모를 초
과하는 주택은 해당 주택의 총 건설세대수의 100분의 50 이하가 분양대상자에
게 분양될 경우에는 규모별 100분의 50까지 분양대상자에게 권리가액이 많은
액수순으로 분양할 수 있다.

3. 동일규모 주택 분양 시 경합이 있는 경우에는 권리가액이 많은 액수순으로 분
양하고, 권리가액이 동일한 경우에는 공개추첨에 따르며, 주택의 동·층·호
등의 위치 결정은 주택규모별 공개추첨에 따른다.

조현기 변호사의

쉽게 이해하는

재개발
재건축
정비조합
해설집

초판 1쇄 발행   2022. 4. 14.

지은이 조현기
펴낸이 김병호
펴낸곳 바른북스

편집진행 임윤영
디자인 양헌경

등록 2019년 4월 3일 제2019-000040호
주소 서울시 성동구 연무장5길 9-16, 301호 (성수동2가, 블루스톤타워)
대표전화 070-7857-9719 | **경영지원** 02-3409-9719 | **팩스** 070-7610-9820

•바른북스는 여러분의 다양한 아이디어와 원고 투고를 설레는 마음으로 기다리고 있습니다.

이메일 barunbooks21@naver.com | **원고투고** barunbooks21@naver.com
홈페이지 www.barunbooks.com | **공식 블로그** blog.naver.com/barunbooks7
공식 포스트 post.naver.com/barunbooks7 | **페이스북** facebook.com/barunbooks7

ⓒ 조현기, 2022
ISBN 979-11-6545-696-2 03360